BIBLIOTHECA APERTA

2

Diretta da
CRISTINA SORACI

Cristina Soraci

IL LESSICO DELLA SOTTOMISSIONE

Studi sul termine *stipendiarius*

«L'ERMA» di BRETSCHNEIDER
Roma - Bristol

Cristina Soraci

Il lessico della sottomissione

Via Marianna Dionigi, 57
00193 Roma – Italia
www.lerma.it

70 Enterprise Drive, Suite 2
Bristol, CT 06010 – USA
lerma@isdistribution.com

Progetto grafico, impaginazione e copertina
Dario Scianetti

Sistemi di garanzia della qualità
UNI EN ISO 9001:2015

Sistemi di gestione ambientale
ISO 14001:2015

In copertina:
R/ del denario di Mn. Aquillius Florus, 71 a.C.
(AR 3,81 gr; asta del 21/9/17: immagine tratta da www.coinarchives.com)

Il lessico della sottomissione. Studi sul termine stipendiarus - Roma : «L'Erma» di Bretschneider®, 2020 - 148 p., 24 cm. - (Bibliotheca Aperta : 2)

978-88-913-2126-8 (Brossura)
978-88-913-2129-9 (PDF)

CDD 330.09376

2 Economia - Storia

Stampato nel rispetto dell'ambiente su carta proveniente
da zone a deforestazione controllata.

(Tempestas) alioqui gubernatoris artem adeo non inpedit, ut ostendat; tranquillo enim, ut aiunt, quilibet gubernator est.

Sen. *epist.* 85.34

Indice

Introduzione

Usus et experientia dominantur in artibus, neque est ulla disciplina in qua non peccando discatur, affermava Columella ribadendo l'importanza dell'esperienza e l'inevitabile gradualità dell'apprendimento, spesso non scevro di errori[1].

Quest'assunto è tanto più valido quando si applica a tematiche complesse, come quelle concernenti la fiscalità antica. Lo stato, spesso lacunoso, delle testimonianze pervenute limita fortemente la nostra capacità interpretativa, chiamata a rileggere fonti di natura diversa e, non di rado, appartenenti a epoche molto lontane tra loro. Per tali motivi, non è infrequente riconoscere in lavori più o meno recenti l'applicazione di una precisa terminologia fiscale a periodi e contesti che non le erano originariamente propri[2]: per limitarci al lessico in lingua latina, sostantivi come *vectigal*, *tributum*, *stipendium* sono stati tradotti di volta in volta in modo differente per indicare imposte di vario tipo, tributi regolari o indennità di guerra, versamenti in natura o in moneta; analoga sorte è toccata ai corrispondenti aggettivi (gli ultimi dei quali non infrequentemente usati anche sostantivati) *vectigalis*, *tributarius*, *stipendiarius*.

D'altro canto, sia la relativa carenza sia la limitata conoscenza degli studi dedicati all'analisi del lessico tributario e, per contro, la frequente tendenza a riprendere in modo pressoché acritico teorie formulate in passato da studiosi certamente illustri, ma che non potevano tenere conto delle successive scoperte, ha portato al reiterarsi di posizioni interpretative oggi non del tutto o per nulla sostenibili[3].

---

[1] Colum. 1.1.16.

[2] Cfr. quanto osservato in proposito da Andreau, Chankowski 2007, I-V e, in partic., da France 2007b, 356-363. L'imposizione dello *stipendium* e la condizione di *civitas stipendiaria* sono state talvolta attribuite alle città o agli abitanti di alcune province anche in mancanza di espliciti riferimenti delle fonti; vd. in tal senso Mommsen 1869, 267 e Id. 1885a, 275; Cuntz 1926, 198 e 207; Grant 1949, 94, nn. 9, 10 e 29, che pure rinvia a studi precedenti; Luzzatto 1985, 85 (secondo cui alle città della Grecia sarebbe stato imposto lo *stipendium*: tuttavia, il passo di Liv. 45.29.4 citato a sostegno non parla di *stipendium*, bensì di *tributum* e di *pecunia*).

[3] Vd. gli studi raccolti in Soraci 2020a.

Un terzo ordine di problemi riguarda, infine, la natura stessa delle testimonianze disponibili. In effetti, solo in alcuni casi disponiamo di testi di carattere specialistico, nei quali termini considerati propri del lessico fiscale assumevano significati specifici, di tipo strettamente tributario[4]. Molto spesso, invece, questi stessi vocaboli venivano impiegati nella loro accezione semantica più ampia: com'è stato osservato, le categorie del vocabolario fiscale romano si basano su un gruppo ristretto di parole il cui significato è spesso impreciso[5].

Il presente studio è dedicato all'analisi del termine *stipendiarius*, negli ultimi anni oggetto di svariate indagini, per lo più incentrate, tuttavia, sulle occorrenze di esso nelle fonti letterarie[6]. Infatti, nonostante l'attenzione che in tempi recenti è stata rivolta al lessico tributario in genere e a singoli vocaboli in particolare, occorre constatare come tali indagini siano spesso limitate ad una sola tipologia di fonti, quelle letterarie, precludendo così la possibilità di abbracciare lo spettro semantico dei termini nella loro interezza.

Il presente lavoro si apre con un excursus storico che tenta di ricostruire l'evoluzione semantica del termine *stipendiarius* a partire dal vocabolo *stipendium*, da cui appare derivare. Per impiegare una felice espressione coniata proprio in relazione a tali tematiche, non ci si è, in questa sede, sottratti alla "tentazione di offrire uno svolgimento lineare del fenomeno"[7]: le riflessioni che seguono sono da considerare proposte di ricostruzione di processi molto complessi, la cui genesi si perde nei nebulosi secoli della Roma delle origini. Se lo *stipendium* era la paga introdotta per far fronte al mantenimento dei soldati impegnati in guerra, il termine *stipendiarius* dovette originariamente indicare colui che versava l'importo necessario a pagare lo *stipendium*. Ma, poiché il termine *stipendiarius* appare impiegato quasi sempre per indicare abitanti delle province via via soggette al dominio di Roma e solo eccezionalmente era usato in riferimento alla Penisola[8], si può ben affermare che la sua comparsa fosse connessa con il sorgere di una terminologia dell'amministrazione provinciale romana: tali caratteristiche contribuirono ad attribuire al vocabolo l'accezione negativa che lo contraddistingueva e lo connotava nella maggior parte dei testi.

Un'accurata analisi delle occorrenze del termine *stipendiarius* nelle tipologie di fonti in cui esso si trova menzionato – letterarie, epigrafiche, giuridiche e gromatiche – è parsa, quindi, opportuna e necessaria. Individuare ed esaminare le di-

---

[4] Cfr. già Cagnat 1911, 1515 e Lécrivain 1919, 431; Luzzatto 1953, 94 n. 60; Id. 1973, 852; Id. 1975, 587-588; Grelle 1963, 16-21; Lo Cascio 1986, 34 n. 11; Nicolet 1988, 202; Hermon 1996, 18; Storchi Marino 2004.

[5] France 2007b, 333.

[6] Canto 1996, in partic. 221-228, diversi lavori di Ñaco del Hoyo (in particolare, Ñaco del Hoyo 2003b, 2003d, 50-56, e 2019) e France 2007b, la cui indagine, estesa ai diversi termini del lessico tributario romano, è stata riservata al vocabolo *stipendiarius* nelle pp. 344-347.

[7] Gabba 1988 (1977), 117.

[8] Come nel passo di Tac. *ann.* 11.22, per un'interpretazione del quale vd. *infra*, § 1.2 n. 37.

verse accezioni semantiche del vocabolo consente, infatti, di instaurare eventuali relazioni tra queste e il contesto in cui erano impiegate, permettendo di comprendere quando e in che misura accezioni di significato più specialistiche siano ravvisabili nel linguaggio "comune" o nell'uso generalizzato, per quello che è dato conoscere attraverso le opere di storici ed eruditi dell'epoca.

Una questione a sé stante, sebbene strettamente connessa alla precedente, concerne il dibattito storiografico sul tema. A dispetto dell'evidenza documentaria, negli studi moderni il termine *stipendiarius* viene generalmente tradotto, se sostantivato o riferito a persone, con «individuo soggetto al pagamento dello *stipendium*», intendendo per *stipendium* una contribuzione forzosa, regolare e in moneta richiesta dai Romani, sia in età repubblicana sia nel corso dell'impero, alle popolazioni vinte in guerra. Naturalmente non sono mancate eccezioni a questo quadro e alcuni studiosi esperti di questioni tributarie hanno ben evidenziato, come si è già osservato, la molteplicità di accezioni semantiche dei termini riguardanti la terminologia fiscale. Lo scopo del presente lavoro, che, pur condividendole in parte, rielabora e approfondisce sulla base di criteri e parametri analitici differenti le conclusioni offerte negli studi che lo hanno preceduto, è quello di riprendere l'intero dossier documentario al fine di proporne una rilettura organica e ad ampio spettro.

La tematica affrontata nelle pagine che seguono è stata a più riprese esaminata e rielaborata dalla sottoscritta prima di essere pubblicata nella veste attuale[9]. Le conclusioni presentate in questa sede costituiscono, quindi, il frutto di una riflessione che ha avuto origine ormai diversi anni or sono e si è arricchita con il passare del tempo, nella convinzione che, come affermava Cicerone, *non possunt omnia simul*[10]: un apparente silenzio cela i segni di un'operosità "in-attesa"[11].

---

[9] I primi frutti di questa ricerca sono apparsi in Soraci 2010, seguiti poi dai risultati presentati in Soraci 2016b; lo studio delle fonti epigrafiche è affrontato, invece, in Soraci 2020b e c. Nel presente volume i contributi più antichi sono stati profondamente rivisti e aggiornati sul piano bibliografico; l'insieme dei testi, sottoposti ad un nuovo esame, è confluito in un lavoro organico e comprensivo dell'analisi di tutte le occorrenze del termine.

A Giovanni Salmeri che, con la preparazione e l'acume che lo contraddistinguono, ha letto pazientemente l'intero dattiloscritto, a Werner Eck, che ha arricchito con le sue osservazioni il capitolo dedicato alle fonti epigrafiche, a Francesco Grelle e a tutti coloro che, nel corso degli anni, mi sono stati prodighi di consigli nell'affrontare il tema in oggetto va il mio più sentito ringraziamento.

[10] Cic. *Att.* 14.15.3.

[11] Si noterà che, nel presente lavoro, alcuni testi sono stati tradotti (e, laddove ciò è avvenuto, le traduzioni sono opera di chi scrive), altri invece parafrasati. Si è ritenuto, in tal modo, di dover mediare, nella convinzione che *in medio stat virtus*, tra una tradizione abbastanza in voga in ambiente anglo-americano, in cui le fonti sono sistematicamente tradotte, e la tradizione accademica italiana delle discipline classiche, portata a giudicare negativamente il costante inserimento delle traduzioni dei testi antichi.

I. Dallo *stipendium* agli *stipendiarii*

1.1. Lo *stipendium*, il «soldo»

A detta di Livio, lo *stipendium* sarebbe nato come paga dei soldati al tempo dell'ultima guerra contro Veio e precisamente nel 406 a.C.:

> *senatus (sc. decrevit) ut stipendium miles de publico acciperet, cum ante id tempus de suo quisque functus eo munere esset*;
>
> il senato decretò che il soldato ricevesse una paga dal pubblico erario, poiché prima di questo momento ognuno aveva svolto il servizio a proprie spese[1].

Le precedenti occorrenze del termine riscontrabili nell'opera liviana sono, dunque, da attribuire ad anacronismi; secondo l'interpretazione che qui si propone, tuttavia, tali anacronismi avranno riguardato in alcuni casi non tanto la sostanza quanto l'uso del vocabolo stesso: altrimenti detto, i soldati potrebbero anche aver ricevuto prima del 406 a.C. un'occasionale e rudimentale forma di paga, ottenuta attingendo a risorse di volta in volta differenti (indennità di guerra, esazio-

---

[1] Liv. 4.59.11. Cfr. anche Diod. 14.16.5 (Κατὰ δὲ τὴν Ἰταλίαν ʻΡωμαίοις πρὸς Βηίους πόλεμος συνέστη διὰ τοιαύτας αἰτίας. Τότε πρώτως ἐπεψηφίσαντο ʻΡωμαῖοι τοῖς στρατιώταις καθ' ἕκαστον ἐνιαυτὸν εἰς ἐφόδια διδόναι χρήματα) e il tardo Zonar. 7.20, p. 146 ll. 29-32 (διὸ τήν τε λείαν αὐτοῖς οἱ δυνατοὶ διέδοσαν καὶ μισθὸν τοῖς πεζοῖς, εἶτα καὶ τοῖς ἱππεῦσιν ἐψηφίσαντο· ἀμισθὶ γὰρ μέχρι τότε καὶ οἰκόσιτοι ἐστρατεύοντο· τότε δὲ πρῶτον μισθοφορεῖν ἤρξαντο). Più imprecisi sul piano temporale e vaghi dal punto di vista terminologico sono Fest. p. 267 (*privato sumptu se alebant milites Romani paene ad id tempus, quo Roma est capta a Gallis*) e Lyd. *mag*. 1.45 (τότε σιτηρέσιον τὸ δημόσιον πρώτως τοῖς στρατιώταις ἐπιδέδωκεν ὡρισμένον, τὸ πρὶν ἑαυτοὺς ἀποτρέφουσιν ἐν πολέμῳ); fugace la menzione di Flor. *epit*. 1.6.8 (*…taxata stipendio hibernis…*), poco più ampia quella di Dion. Halic. 4.19.3 (οὐ γὰρ ἐλάμβανον ἐκ τοῦ δημοσίου τότε ʻΡωμαῖοι στρατιωτικοὺς μισθούς, ἀλλὰ τοῖς ἰδίοις τέλεσιν ἐστρατεύοντο).

ni di varia natura, bottino[2], ecc...), ma non è affatto certo che in tali circostanze sia stato adoperato il vocabolo *stipendium*[3]. L'equivalente greco[4] ὀψωνιασμός riportato da Dionigi di Alicarnasso, dal canto suo, è attestato solo a partire dalla fine del IV sec. a.C.[5]

Nella tabella che segue è possibile confrontare tra loro le occorrenze del termine *stipendium* e quelle di ὀψωνιασμός inserite nella narrazione di eventi precedenti il 406 a.C. (tab. 1).

---

[2] Nei secoli successivi, il bottino di guerra era venduto e destinato, in tutto o in parte, a ridurre l'ammontare del *tributum* o direttamente impiegato nel pagamento dello *stipendium* o ancora distribuito in aggiunta allo *stipendium*: Gabba 1988 (1977), 124-126; sull'importanza del bottino per i soldati romani cfr., tra gli altri, Harris 1979, specialmente 74-77 e 101-104; Gruen 1984, 289-290; Muñiz Coello 2011, 132-134; Kay 2014, 21-85, la cui analisi è, tuttavia, dedicata in particolare agli anni successivi alla seconda guerra punica; ma vd. le considerazioni di Rosenstein 2016b, che mira a ridimensionarne il contributo in termini di finanziamento delle spese di guerra. Simili forme di ricompensa del servizio prestato dai soldati contribuiscono a rappresentare l'altra faccia della medaglia di quel sistema, basato sul guadagno, volto a minare il tradizionale sistema fondato sul dono; all'opposizione tra tali sistemi è stata dedicata in tempi recenti l'analisi di Coffee 2017. In ogni caso, nonostante tutto, il livello impositivo della Repubblica romana non fu particolarmente alto rispetto a quello di altri stati coevi: Taylor 2020.

[3] Sebbene il suo ragionamento sia applicato in riferimento all'età arcaica e all'opera di Dionigi, Marchetti 1977, 133 ben esprime considerazioni valide anche per altri autori e altri periodi storici: "il est évident que Denys est prisonnier d'un vocabulaire inadéquat". Secondo Boren 1983, invece, il termine sarebbe stato usato prima del 406 a.C. per denotare pagamenti, "in money or in kind" (p. 431), "extracted by the conqueror from the conquered as punishment" (p. 428). Opportune interpretazioni dei passi di Livio qui discussi (1.20.3 e 2.54.1) sono offerte da Zehnacker 1990, 319-321.

[4] Altri due termini, μισθός e ὀψώνιον, vengono impiegati in Dionigi di Alicarnasso per indicare lo *stipendium* in quanto paga dei soldati, ma mentre il secondo è usato solo in contesti militari, il primo copre uno specchio semantico più ampio; ὀψωνιασμός è, comunque, il vocabolo più usato da Dionigi per tradurre il latino *stipendium*. Il termine ὀψώνιον appare tre volte nell'opera dionigiana: in 9.36.2 (per cui vd. più avanti nella stessa tabella), in 9.58.8 (468 a.C.: ἐπὶ τούτοις κύριος γενόμενος τῆς πόλεως ὁ ὕπατος, καὶ λαβὼν ὀψώνιά τε καὶ τἆλλα, ὅσων ἔδει τῇ στρατιᾷ, καὶ φρουρὰν ἐγκαταστήσας, ἀπῆγε τὴν δύναμιν, «essendosi impadronitosi della città e avendo preso l'equivalente per la paga e quant'altro fosse necessario all'esercito, lasciò un presidio e portò via le milizie») e in 15.3.3 (343 a.C.: κύριος ὁ ὕπατος, ὅσοις ἦν βουλομένοις ὀψώνια καὶ μισθοὺς φέρεσθαι τῆς φυλακῆς, τούτους καθίστησιν ἐν ταῖς πόλεσιν, «il console distribuì nelle città quanti volevano ottenere paghe e ricompense proprie della guarnigione»). Per quanto concerne μισθός, è utilizzato nel senso di soldo o, meglio, di ricompensa militare, in 3.59.2 (al tempo di Tarquinio Prisco: οὐδ' ἐξεγένετο παρ' οὐδεμιᾶς τῶν πόλεων κοινὴν ἀποσταλῆναι τοῖς Τυρρηνοῖς συμμαχίαν, ἀλλ' ἐθελονταί τινες ἐπεκούρησαν αὐτοῖς ὀλίγοι μισθοῖς μεγάλοις ὑπαχθέντες, «né accadeva che fossero state inviate ai Tirreni le truppe da nessuna delle città dell'alleanza, ma solo pochi volontari vennero in soccorso, raccolti grazie ad un soldo elevato»), 4.19.3 (per cui vd. *infra*), 10.15.5 (460 a.C.: ὁ μὲν Κλαύδιος οὐθὲν ἠξίου δεῖσθαι τοιαύτης συμμαχίας, ἥτις οὐχ ἑκούσιος, ἀλλ' ἐπὶ μισθῷ καὶ οὐδὲ τούτῳ μετρίῳ βοηθεῖν βούλεται τῇ πατρίδι, «Claudio non riteneva opportuno domandare una simile alleanza, che desidera soccorrere la patria non per slancio volontario, ma in cambio di un compenso») e 15.3.3 citato in questa stessa nota.

[5] Men. *fr*. 1050.

Evento	**Livio**	**Dionigi di Alicarnasso**
Numa Pompilio attribuisce un "compenso" alle Vestali	Liv. 1.20.3: *his ut adsiduae templi antistites essent stipendium de publico statuit*[6].	
L'ordinamento centuriato introdotto da Servio Tullio non prevedeva compensi per i soldati		Dion. Halic. 4.19.3-4: οὐ γὰρ ἐλάμβανον ἐκ τοῦ δημοσίου τότε ʽΡωμαῖοι στρατιωτικοὺς μισθούς, ἀλλὰ τοῖς ἰδίοις τέλεσιν ἐστρατεύοντο. Οὔτε δὴ χρήματα συνεισφέρειν τοὺς οὐκ ἔχοντας, ὁπόθεν συνεισοίσουσιν, ἀλλὰ τῶν καθ' ἡμέραν ἀναγκαίων ἀπορουμένους ᾤετο δεῖν, οὔτε μηδὲν συμβαλλομένους στρατεύεσθαί τινας ἐκ τῶν ἀλλοτρίων ὀψωνιαζομένους χρημάτων, ὥσπερ [τοὺς] μισθοφόρους[7].
507 a.C.: la paga dei soldati nell'accampamento del re Porsenna	Liv. 2.12.7: *ibi cum stipendium militum forte daretur*...[8]	Dion. Halic. 5.28.2: ὁ δ' ἦν ἄρα γραμματεὺς τοῦ βασιλέως, ἐκάθητο δ' ἐπὶ τοῦ βήματος διαριθμῶν τοὺς στρατιώτας καὶ διαγράφων αὐτοῖς τοὺς ὀψωνιασμούς[9].
486 a.C.: condizioni imposte agli Ernici per ottenere la pace		Dion. Halic. 8.68.3: τῶν δὲ πρεσβευτῶν <εἰπόντων> ποιήσειν τὰ δυνατὰ καὶ μέτρια ἐκέλευσεν αὐτοῖς ἀργύριόν τε, ὃ κατ' ἄνδρα τοῖς στρατιώταις εἰς ὀψωνιασμὸν ἔθος ἦν <ἓξ> μηνῶν δίδοσθαι καὶ διὰ μηνὸς τροφὰς ἀποφέρειν[10].

---

[6] «Per loro (*sc.* le Vestali), perché fossero assidue custodi del tempio, stabilì un compenso su fondi pubblici».

[7] «I Romani allora, infatti, non ricevevano dal pubblico erario ricompense militari, ma combattevano a proprie spese. Non ritenevano né che dovessero contribuire quanti non avevano ricchezze, ma erano privi del necessario per vivere ogni giorno, né che chi non versava nulla combattesse pagato con le ricchezze altrui, come i mercenari».

[8] «Mentre accadeva che si distribuisse la paga dei soldati...».

[9] «Era, invece, il segretario del re e sedeva sulla tribuna contando i soldati e annotando le loro paghe».

[10] «Poiché gli ambasciatori dichiararono di fare ciò che fosse possibile e ragionevole, egli ordinò loro di consegnare il denaro che era giusto dare ad ogni soldato per la paga di sei mesi e vettovaglie per un mese». Sulla base di un confronto con 9.36.2 e 59.4, il Kiessling, nella sua edizione del 1867 (p. XXII), proponeva di leggere διμήνου invece del tradito διὰ μηνὸς; in effetti, anche in 9.17.1 appare διμήνου; in Liv. 10.5.12 si parla di *duum mensum frumento*, ma in Liv. 8.2.4 e in 9.43.21 il frumento richiesto è *trium mensum*. La correzione in διμήνου è, dunque, possibile (è accettata nel vol. V dell'edizione curata per la Loeb da Earnest Cary nel 1940), ma non del tutto ovvia. Si noti che anche il tradito *bimestri* di Liv. 9.43.6 (*bimestri stipendio frumentoque*, ed. M. Hertz) è stato corretto da Mommsen 1844, 38 in *VImestri*, ossia *semestri*, con un ragionamento ineccepibile sul piano paleografico; tuttavia, potrebbe essersi trattato anche di *semestri stipendio bimestri frumentoque*: vd. *infra*, n. 32. Già a detta di Marquardt 1851, 74 n. 357 "vielleicht hat Livius

486 a.C.: Appio Claudio propone di affittare le terre pubbliche e di destinare il ricavato dell'affitto per pagare i soldati		Dion. Halic. 8.73.3: τὸ δὲ προσιὸν ἐκ τῶν μισθώσεων ἀργύριον εἰς τοὺς ὀψωνιασμοὺς τῶν στρατευομένων ἀναλοῦσθαι καὶ εἰς τὰς μισθώσεις ὧν οἱ πόλεμοι χορηγιῶν δέονται. 8.73.5: καὶ ὅτι κρεῖττον αὐτοῖς ἐστιν, ὅταν ἐξίωσιν ἐπὶ τοὺς πολέμους ἐκ τοῦ δημοσίου ταμιείου τὸν ἐπισιτισμόν τε καὶ ὀψωνιασμὸν λαμβάνειν, ἢ ἐκ τῶν ἰδίων οἴκων εἰς τὸ ταμιεῖον ἕκαστον <εἰσφέρειν>[11].
478 a.C.: i Veienti chiedono una tregua e promettono la consegna di frumento e paga dei soldati		Dion. Halic. 9.17.1: ἵνα δ' αὐτοῖς ἐγγένηται ταῦτα πράττειν, σῖτόν τε ὡμολόγησαν τῇ 'Ρωμαίων στρατιᾷ διμήνου παρέξειν, καὶ χρήματα εἰς ὀψωνιασμὸν ἓξ μηνῶν, ὡς ὁ κρατῶν ἔταξε[12].
474 a.C.: tregua con i Veienti, che si impegnano a consegnare frumento e paga dei soldati	Liv. 2.54.1: *indutiae in annos quadraginta petentibus datae frumento stipendioque imperato*[13].	Dion. Halic. 9.36.2: τοῦ δὲ Μαλλίου κελεύσαντος αὐτοῖς ἀργύριόν τ' εἰς ὀψωνιασμὸν ἐνιαυτοῦ τῇ στρατιᾷ καὶ διμήνου τροφὰς ἀποφέρειν, ὅταν δὲ ταῦτα ποιήσωσιν εἰς 'Ρώμην ἀποστέλλειν τοὺς διαλεξομένους τῇ βουλῇ περὶ τῶν διαλύσεων, ἐπαινέσαντες ταῦτα καὶ διὰ ταχέων τό τ' ὀψώνιον τῇ στρατιᾷ καὶ τὸ ἀντὶ τοῦ σίτου συγχωρηθὲν ὑπὸ τοῦ Μαλλίου κατενέγκαντες ἀργύριον ἧκον εἰς τὴν 'Ρώμην[14].
467 a.C.: condizioni imposte agli Equi per ottenere la pace		Dion. Halic. 9.59.4: ὁ δ' ὕπατος δύο τε μηνῶν τροφὰς τῇ στρατιᾷ καὶ δύο χιτῶνας κατ' ἄνδρα καὶ ἀργύριον εἰς ὀψωνιασμὸν ἑξαμήνου καὶ εἴ τι ἄλλο κατήπειγεν εἰσπραξάμενος...[15]

ungenau dies verbunden" o il *bimestre stipendium* sarebbe stato solo un anticipo dello stipendio semestrale. Nella successiva edizione dell'opera, invece, lo studioso sembra preferire la lettura mommseniana: Marquardt 1884², 93-94 n. 5.

[11] Appio Claudio propose che «il ricavato dell'affitto fosse speso per pagare il soldo ai militari e le ricompense della cui fornitura hanno bisogno i soldati (...) È meglio per loro, nel caso in cui partano per la guerra, ricevere il vettovagliamento e la paga dall'erario pubblico, invece che versare ogni volta all'erario dalle proprie sostanze».

[12] «Affinché accadesse che si realizzassero queste cose per loro, furono d'accordo nel consegnare all'esercito dei Romani grano per due mesi e denaro per la paga di sei mesi, come aveva stabilito il vincitore».

[13] «A loro che lo chiedevano fu concessa una tregua di quarant'anni e ordinata la consegna di frumento e della paga per i soldati».

[14] «Manlio ordinò loro di portare denaro per la paga militare di sei mesi e viveri per due mesi; quando avessero fatto ciò, mandassero a Roma ambasciatori al senato per la riconciliazione. Avendo accettato queste cose e avendo raccolto in fretta la paga per l'esercito e il denaro al posto del grano richiesto da Manlio, si recarono a Roma».

[15] «Il console, avendo chiesto per l'esercito viveri per due mesi, due tuniche per ogni soldato e denaro per la paga di sei mesi e quant'altro fosse necessario...».

424 a.C.: promessa di imposizione di tasse ai proprietari terrieri da destinare alla paga dei soldati	Liv. 4.36.2: *Agri publici dividendi coloniarumque deducendarum ostentatae spes et vectigali possessoribus agrorum imposito in stipendium militum erogandi aeris*[16].	

Tab. 1: Occorrenze dei termini *stipendium* e ὀψωνιασμός prima del 406 a.C.

Tra le occorrenze sopra ricordate, quelle certamente anacronistiche riguardano l'imposizione di tasse sulle proprietà terriere (riportate da Dionigi per il 486 e da Livio per il 424 a.C.), i cui proventi avrebbero coperto le spese per il mantenimento dei soldati: entrambi i racconti presentano questioni più tarde, sorte nel IV o addirittura nel II sec. a.C.[17]

Stipendium deriva dalla parola *stips*, che, dal canto suo, nella tarda Repubblica aveva tre significati: "moneta", "offerta monetaria destinata alla divinità" e "contributo versato dai mobilitabili"[18]. La connotazione pecuniaria del vocabolo *stips* si trasmette anche al suo derivato *stipendium*, come osservarono già Varrone, Festo, Plinio e Isidoro: per la Roma di fine V secolo, tuttavia, l'uso del termine *stipendium*, se impiegato nel senso di paga in denaro, appare inappropriato, giacché all'epoca non circolavano ancora né le monete d'argento di tipo greco né quelle di bronzo, adottate tra la fine del IV l'inizio del III sec. a.C.[19]

Diverse le ipotesi formulate per spiegare tale incongruenza.

Una prima soluzione è considerare erronea la notizia, posticipando la data d'introduzione dello stipendio militare di almeno un secolo[20].

---

[16] «Venivano manifestate le speranze della divisione dell'agro pubblico e della deduzione di colonie e della distribuzione di denaro per la ricompensa dei soldati, denaro derivante dall'imposizione di una tassa ai proprietari terrieri».

[17] Sull'anacronismo del passo di Livio vd. in partic. Nicolet 1976, 82; su quello di Dionigi cfr. Roselaar 2010, 27; su entrambi Gabba 1988 (1977), 127-128 e Soraci in cds.

[18] Toutain 1911, 1515-1516; Scheid 1984, 955-956 e Canto 1996, 221 e n. 48. Sul secondo significato vd., da ultimo, Golosetti 2019.

[19] Varro *ling.* 5.182: *stipendium a stipe dictum, quod aes quoque stipem dicebant... militis stipendia ideo, quod eam stipem pendebant*; vd. anche Id. *v. pop. rom.* 77: *stipendium appellabatur quod aes militi semenstre aut annuum dabatur*. Fest. p. 379: *stipem esse nummum signatum, testimonio est et de eo quae datur in stipendium militi, et cum spondetur pecunia, quod stipulari dicitur*; Plin. *nat.* 33.13.43: *militum stipendia, hoc est stipis pondera*; *D.* 50.16.27 (Ulp.): '*stipendium' a stipe appellatum est, quod per stipes, id est modica aera, colligatur* (per cui vd. *infra*, § 4.2 n. 38); Isid. *orig.* 16.18.8: *stipendium a stipe pendenda nominatum, antiqui enim appendere pecuniam soliti erant magis quam adnumerare*. Sulla datazione delle prime monete romane vd. Zehnacker 1973, in partic. 197-269; Id. 1979, 169-181; Nicolet 1984, 105-135; Crawford 1985, 17 e 25-51; Morel 2007, 496-497. È, comunque, innegabile che l'economia romana, in particolare quella repubblicana, fosse in gran parte fondata sulla guerra, come ha fatto rilevare, da ultimo, Chemain 2016, 37-42.

[20] Nicolet 1966, 38-42; Humm 2005, 381-382.

Secondo altri, invece, il termine *stipendium* avrebbe avuto in origine un significato diverso da quello strettamente monetario, che rimandava all'ambito alimentare: la paga dei soldati sarebbe stata, dunque, versata in natura[21]. In tal senso, Scheid ha osservato che, in un passo di Polibio, la traduzione greca di *stipendium* è ὀψώνιον, vocabolo composto di ὄψον (genericamente "cibo" ma, soprattutto al tempo di Omero, "carne", o, specie ad Atene, "pesce") + ὠνέομαι ("comprare", "procurarsi"); lo studioso ne ha dedotto che la ricompensa offerta ai soldati, separata dalla razione di cereali, fosse «messa in rapporto con la carne»[22]. Tuttavia, il passo evidenzia piuttosto la netta separazione tra il compenso monetario e la razione di cereali, separazione più volte attestata in Livio e in Dionigi di Alicarnasso[23]: come si è già osservato, un termine di uguale radice (ὀψωνιασμός) appare indicare il corrispettivo greco dello *stipendium* anche in diversi brani di Dionigi di Alicarnasso; in base a quanto affermato in alcuni di essi, si può dedurre che l'ὀψωνιασμός fosse ben distinto non solo dal vero e proprio σίτος, ma anche dai più generici τροφαί ed ἐπισιτισμός, e che fosse corrisposto in ἀργύριον[24].

Un'ulteriore, preferibile, ipotesi consiste nel ritenere che lo *stipendium* del 406 a.C. fosse stato pagato in "paleomonete" (ossia lingotti di metallo, "ces termes impliquant, par rapport à la monnaie, une anteriorité non seulement dans le temps mais aussi dans le dévelopment"), in *aes rude* o *aes signatum*, e che si fosse trattato di un versamento unico, un'indennità eccezionale di carattere soprattutto onorifico, anche se i pagamenti potrebbero essere divenuti periodici molto presto[25].

È assolutamente verosimile, a mio avviso, che nel 406 a.C. sia stata formalmente riconosciuta, e in qualche modo istituzionalizzata, la necessità di ricompensare i soldati per il servizio svolto, ma che tale ricompensa sia stata ufficialmente indicata con il termine *stipendium* solo in seguito, probabilmente al tempo della censura di Appio Claudio, quando ebbero luogo importanti mutamenti di or-

---

[21] Secondo Clerici 1943, 435-437, nel 406 sarebbe stato fornito ai legionari cibo e non moneta; simile l'ipotesi di Marchetti 1977, 119, a detta del quale prima dell'introduzione della moneta sarebbero state ditribuite ai soldati forniture militari e razioni alimentari.

[22] Pol. 6.39.12: 'Οψώνιον δ' οἱ μὲν πεζοὶ λαμβάνουσι τῆς ἡμέρας δύ' ὀβολούς, οἱ δὲ ταξίαρχοι διπλοῦν, οἱ δ' ἱππεῖς δραχμήν. Σιτομετροῦνται δ' οἱ μὲν πεζοὶ πυρῶν 'Αττικοῦ μεδίμνου δύο μέρη μάλιστά πως... («come paga i fanti prendono due oboli al giorno, i centurioni il doppio, i cavalieri una dracma. Come razione di viveri, invece, i fanti ricevono circa due terzi di un medimno attico di grano...»); Scheid 1984, 955-956 (cfr. anche Id. 1988, 267-292); sul brano polibiano vd. i commenti, benché privi di considerazioni etimologiche sul termine ὀψώνιον, di Brunt 1950, 50-51, Watson 1958 e Zehnacker 1983 (e, a margine, anche Lo Cascio 1989).

[23] Vd. n. successiva e *infra*, § 2.2.1 n. 67.

[24] Dion. Halic. 8.68.3 (τροφαί), 8.73.5 (ἐπισιτισμός), 9.17.1 (σῖτος), 9.36.2 (τροφαί), 9.59.4 (τροφαί). Che lo *stipendium* sia la paga in contanti versata da popolazioni sconfitte nei confronti dei vincitori ritiene anche France 2007b, 340.

[25] Cfr. Gabba 1988 (1977), 128-129 e Zehnacker 1990, 307-326, che si basano su Liv. 4.60.6-8. A conclusioni simili era giunta anche Gatti 1970, 131-135, secondo cui il soldo ai legionari sarebbe stato pagato come "contributo straordinario" e facendo ricorso all'*aes rude*; secondo Crawford 1985, 22-23, "it is in any case certain that the adoption of pay antedates the adoption of coinage": la parola *stipendium* implicherebbe, "as Roman antiquarians saw, that pay was originally weighed out, not counted out".

dine politico, militare, monetario e censitario[26]. Non è improbabile che nello stesso periodo sia stato introdotto il termine ὀψωνιασμός, che, come si è detto, appare allora per la prima volta attestato[27].

Riferito ad eventi occorsi prima del 406 a.C., dunque, il termine *stipendium* costituisce, secondo l'interpretazione proposta in questa sede, un anacronismo linguistico volto a indicare una ricompensa occasionale per il servizio prestato dai soldati; esso verrà impiegato nelle narrazioni successive, forse sempre in modo anacronistico, per designare la ricompensa istituzionalizzata a partire dal 406 a.C., ma non ancora regolare né corrisposta nel primo tipo di moneta coniata, l'*aes grave*; solo dalla fine del IV secolo, all'incirca al tempo della censura di Appio Claudio, sarà stato introdotto il termine *stipendium* per indicare la paga, ora regolarmente versata e liquidata ai soldati in moneta.

Da questo primo significato di paga militare il termine passò ad indicare gli anni di servizio prestati dai soldati: *stipendium merere* significa "guadagnarsi lo stipendio", dunque, per metonimia, "prestare servizio"[28].

1.2. Lo *stipendium* come indennità di guerra e l'origine del termine *stipendiarius*

Le somme dovute per il pagamento dello *stipendium* erano di norma coperte dal *tributum*, un'imposta soprattutto inizialmente a carattere straordinario che ogni cittadino romano versava allo stato per il mantenimento dell'esercito[29]. Si è a lungo discusso sulla natura di quest'ultimo; in particolare, non è chiaro se fosse un'"imposta per quotità" o un' "imposta di ripartizione": nel primo caso, si fissava una quota proporzionale all'intero ammontare imponibile dei contribuenti, mentre nel secondo il totale dovuto era predeterminato e poi suddiviso tra i contribuenti in modo proporzionale al censo di ciascuno. Gli studi più recenti hanno ritenuto preferibile questa seconda interpretazione[30].

---

[26] Su tali mutamenti vd. Stuart Stavelei 1959, 420-433; Loreto 1991, 191-197; Garzetti 1996 (1947); Humm 2005, 375-384.

[27] Vd. *supra*, § 1.1 n. 5.

[28] Nicolet 1966, 38; Boren 1983, 433; Canto 1996, 222; France 2006, 340; Speidel 2014, 53.

[29] Cfr. Fest. p. 508: *Vectigal aes appellatur, quod ob tri<bu>tum et stipendium et aes equestre et hordiar<ium> populo debetur*. La riscossione del *tributum* dipendeva strettamente dalla volontà di pagarlo: "the state could not function without *tributum* and (…) *tributum* could not be collected without the consent of those who paid it" (Tan 2017, 173; Soraci in cds.).

[30] Sul *tributum* quale "imposta per quotità" vd. già Marquardt 1884[2], 165-166; Marchetti 1977, in partic. 113, Gabba 1988 (1977), 137-141; ad un' "imposta di ripartizione" pensano, invece, Nicolet 1976, in partic. 66-67 e Id. 1984 (1977), 179, Cerami 1997, 44-45 e 55-56, Humm 2005, 390-394 e Bleckmann 2016, 87. Clerici 1943, 441 e n. 6 (alle pp. 449-450) pensava ad "un'imposta straordinaria sul capitale", determinata in base al "fabbisogno presunto per ciascuna campagna di guerra" e divenuta fissa solo "in tarda età", quando "poté commisurarsi in rapporto percentuale alla ricchezza posseduta dai singoli contribuenti". Un modello più sofisticato volto a determinare le modalità di ripartizione del carico tributario tra i cittadini è stato offerto in tempi recenti da Rosenstein 2016b, in partic. 83-96. Spagnuolo Vigorita, Mercogliano 1992, 92-94, non si pronunciano in merito all'alternativa "imposta per quotità" – "imposta di ripartizione".

Quando possibile, tuttavia, i Romani tendevano a far ricadere le spese sostenute nelle varie guerre sulle popolazioni sottomesse, secondo la nota frase posta da Livio sulla bocca di Catone: *bellum se ipsum alet*[31].

È in tal senso che le fonti parlano di *stipendium* richiesto alle città della Penisola sconfitte tra il IV e il III secolo a.C. come condizione per ottenere la pace. Alla stregua della tipologia di *tributum* inizialmente versato dai cittadini romani, non si doveva trattare ancora di un'imposta vera e propria, regolarmente esatta, ma di una punizione di guerra limitata nel tempo e variabile di volta in volta in base alla consistenza numerica dell'esercito mobilitato e alla durata delle campagne; una conferma di ciò è costituita dai passi di Dionigi di Alicarnasso e Livio, secondo i quali veniva richiesto ai vinti l'ammontare dello *stipendium* di sei mesi o di un anno[32]. In seguito, invece, probabilmente sul finire del III sec. a.C., gli alleati italici furono costretti a fornire a turno, secondo un ciclo di reclutamento stabilito, un certo numero di soldati per le esigenze militari dell'Urbe e a sostenerne le spese di mantenimento[33].

---

[31] Liv. 34.9.12. Vd. Gabba 1988 (1977), 131-132; González Román 1979, 83 e Ñaco del Hoyo 2011, in partic. 381, con riferimento alle azioni militari condotte in Spagna nel corso della seconda guerra punica; Corbier 1990, 97; Buraselis 1996; García Riaza 1999, in partic. 46-47; Bleckmann 2016, 96. Rosenstein 2016a, tuttavia, mette in guardia dall'intendere la frase di Catone in modo letterale, poiché, per quanto ingenti, i proventi delle guerre non erano regolari e costanti. L'espressione catoniana è stata, inoltre, in tempi recenti interpretata come una rottura, applicata nel caso spagnolo, rispetto alla pratica precedentemente in uso: Erdkamp 1998, 95; per un commento più approfondito del brano nel suo complesso, che si presta a molteplici intepretazioni, vd. Erdkamp 1995, 170-171. Cfr. anche n. successiva.

[32] Si ricordi, a tal proposito, il già citato passo di Varrone (*v. pop.rom.* 77: *stipendium appellabatur quod aes militi semenstre aut annuum dabatur*). Nel 486 a.C., punizione imposta agli Ernici: Dion. Halic. 8.68.3 (ὀψωνιασμός ἕξ μηνῶν); nel 478 e nel 474, ai Veienti: Dion. Halic. 9.17.1 (ὀψωνιασμός ἕξ μηνῶν) e 9.36.2 (ὀψωνιασμός ἐνιαυτοῦ); nel 467, agli Equi: Dion. Halic. 9.59.4 (ὀψωνιασμός ἑξαμήνου). Dal 467 si passa, con un curioso balzo in avanti, al 394, quando l'ammenda venne inflitta ai Falisci: Liv. 5.27.15 (*Faliscis in stipendium militum eius anni, ut populus Romanus tributo vacaret, pecunia imperata*); nel 391 fu imposta invece agli abitanti di Volsinii: Liv. 5.32.5 (*donec Volsiniensibus fessis bello, ea condicione ut res populo Romano redderent stipendiumque eius anni exercitui praestarent, in viginti annos indutiae datae*); nel 341, ai Sanniti: Liv. 8.2.4 (*foedere icto cum domum revertissent extemplo inde exercitus Romanus deductus annuo stipendio et trium mensum frumento accepto, quod pepigerat consul ut tempus indutiis daret quoad legati redissent*); nel 323, sempre ai Sanniti: Liv. 8.36.12 (*his cladibus subacti Samnites pacem a dictatore petiere; cum quo pacti ut singula vestimenta militibus et annuum stipendium darent*); nel 308, agli Etruschi: Liv. 9.41.7 (*stipendium exercitu Romano ab hoste in eum annum pensum et binae tunicae in militem exactae*); nel 306, agli Ernici: Liv. 9.43.6 (*triginta dierum indutias ita ut ad senatum Romam legatos mitterent pacti sunt bimestri stipendio frumentoque et singulis in militem tunicis*: per una diversa possibile lettura vd. *supra*, §1.1 n. 10); nello stesso anno, ancora ai Sanniti: Liv. 9.43.21 (*tum trium mensum frumento imperato et annuo stipendio ac singulis in militem tunicis ad senatum pacis oratores missi*); nel 301, agli Etruschi: Liv. 10.5.12 (*et pacto annuo stipendio et duum mensum frumento permissum ab dictatore*); nel 293, di nuovo ai Falisci: Liv. 10.46.12 (*et Faliscis pacem petentibus annuas indutias dedit, pactus centum milia gravis aeris et stipendium eius anni militibus*). Vd. già Marquardt 1884², 93-94 n. 5; Brunt 1950, 50; Richardson 1976, 148; Boren 1983, 433; Spagnuolo Vigorita, Mercogliano 1992, 91-92. Cfr. anche García Riaza 1999, 44-45 e le osservazioni di Rosenstein 2016b, secondo cui le guerre condotte da Roma tra la fine del IV e il 167 a.C. non furono finanziate soprattutto dal bottino e dalle indennità provenienti dalle vittorie, ma si basarono sui pagamenti del *tributum*.

[33] Sul tributo e le prestazioni fornite dalle comunità italiche, di fatto analoghe a quelle versate dai cittadini romani, vd. Luzzatto 1953, 74-80; Toynbee 1965, 256, De Martino 1973², 110 e i già

Analogamente accadde quando Roma cominciò ad espandersi nel Mediterraneo: alle somme versate a titolo di *tributum* dai cittadini vennero ad aggiungersi quelle che, in un primo tempo forse sporadicamente ma in seguito regolarmente, i Romani esigevano dalle loro prime province. Così dicasi ad esempio per la Sicilia (il cui contributo era però essenzialmente granario), per la Sardegna, la Spagna e l'Africa.

A questo periodo, compreso tra la fine del III secolo e l'inizio del II a.C., dunque, è possibile che risalga l'impiego del termine *stipendium* nel significato di tributo versato più o meno regolarmente dalle popolazioni vinte e in particolare dalle province. Come asserisce Richardson, "it is precisely within this period (in the late third and early second centuries, n.d.r.) that the machinery and the terminology of Roman provincial administration was first being shaped"[34].

Tra la fine del III secolo e l'inizio del II a.C. si sarà diffuso anche il termine *stipendiarius*, che in origine doveva indicare coloro i quali pagavano lo *stipendium* destinato ai soldati[35]. È bene, tuttavia, precisare che le più antiche occorrenze del vocabolo nella documentazione pervenuta rimontano solo alla fine del II sec. a.C., quando venne incisa la *lex agraria epigraphica* che le contiene; le prime attestazioni riportate nelle fonti letterarie risalgono, invece, al 70 a.C. e sono contenute nelle opere di Cicerone[36].

Non stupisce che l'espressione tacitiana *stipendiaria iam Italia*, messa peraltro in stretta relazione con l'altra *accedentibus provinciarum vectigalibus*, rimandi chiaramente all'ambito tributario. L'Italia, infatti, contribuì a mantenere l'esercito in primo luogo grazie al versamento occasionale di stipendio, frumento e vesti da parte delle popolazioni sconfitte nelle guerre del IV e III secolo; in secondo luogo, tramite le città che avevano ricevuto il titolo di *municipia* e che, quindi, partecipavano dei *munera* richiesti agli stessi Romani, tra cui il *tributum* impiegato per lo *stipendium*; un notevole contributo in uomini e mezzi era offerto poi dagli alleati italici. L'Italia, dunque, continuava a mantenere l'esercito quando già le province inviavano tributi a Roma, e perciò viene detta, con gli occhi di un Romano di parecchi secoli dopo, *stipendiaria*[37].

---

citati Nicolet 1978 e Gabba 1988 (1977), 126-127. Sui turni di reclutamento degli alleati italici vd. Ilari 1974, 87-103.

[34] Richardson 1976, 151.

[35] García Fernández 2000, 583-584 ritiene che la condizione di *stipendiaria*, intesa non in senso generico ma come categoria amministrativa specifica, propria delle comunità peregrine, "pudo tener su origen en Hispania (y Sicilia) pues ese fue el destino a que la sometió lo que podríamos denominar 'el plan escipiónico' que decidió que las tropas acantonadas en Hispania habían de mantenerse con los recursos locales al menos en lo que a la paga del ejército afectaba"; "esta contribución no fue en principio ni regular ni sistemática, hasta que con el tiempo tal obligación acabaría definiendo un status administrativo quizá desde el momento en que Hispania se convierte en una provincia administrativa de Roma, circustancia que obligará entre otras cosas a definir y regularizar los estatutos jurídicos de las distintas comunidades y sus respectivas obligaciones fiscales".

[36] Cfr., rispettivamente, *infra*, § 3.1 e 2.1.

[37] Tac. *ann.* 11.22. Cfr. le definizioni di municipio date da Gell. 16.13.6 e Ulpiano (*D.* 50.1.1.1), su cui vd. Humbert 1978, in partic. 3-43. Un'interpretazione del passo tacitiano analoga a quella proposta in questa sede è data da García Fernández 2000, 588-589. Secondo Ilari 1974, 116, invece,

Nel 167 a.C., in seguito alla guerra contro Perseo, il *tributum* versato dai cittadini romani fu abolito il peso del mantenimento dell'esercito ricadde esclusivamente sui provinciali e sugli alleati italici, che alcuni anni dopo, tra il 90 e l'88 a.C., si ribellarono a Roma probabilmente anche per questa ragione[38]. Il *tributum* fu poi ripristinato per un breve arco di tempo, dal 43 al 37 a.C., in un periodo di difficoltà economiche per la Repubblica[39].

Il termine rimase, comunque, in uso per indicare, insieme con *stipendium*, le imposte che gravavano sulle province. Con l'instaurazione del Principato si nota, tuttavia, una graduale preferenza per l'utilizzo del termine *tributum*, che di fatto sostituirà, specie nell'uso della cancelleria imperiale, il vocabolo *stipendium*, come ha ben messo in evidenza Grelle[40].

1.3 La scomparsa degli *stipendiarii*

D'altro canto, anche il termine *tributarius* conosce una fortuna analoga a quella del vocabolo *tributum*: se tra le fonti di età repubblicana *tributarius* è impiegato solo una volta da Cicerone e in riferimento a missive contenenti promesse di denaro[41], già a partire dai primi decenni del I sec. d.C. inizia, invece, ad essere ampiamente utilizzato nel senso di «soggetto a tributo»[42]. In maniera inversamente proporzionale alla fortuna conosciuta da *tributarius*, il vocabolo *stipendiarius* viene sempre più relegato a poco più che una variante stilistica nei testi letterari di età imperiale in cui

---

non sarebbe "credibile che nel III sec. a.C. l'Italia fosse sottoposta allo *stipendium*, come afferma Tacito"; ma lo studioso intende per *stipendium* il tributo regolare imposto alle province secondo la concezione mommseniana, che in questo, come in altri casi, appare giustamente inappropriato. Inoltre, il periodo cronologico in cui collocare la condizione di *stipendiaria* attribuita da Tacito all'Italia non sarà stato limitato agli anni "tra la conclusione della guerra tarantina e la repressione della ribellione di Volsinii" (in tal senso, vd. Loreto 1993, 495-496): l'Italia continuò ad essere *stipendiaria* anche dopo l'istituzione delle prime province e la conseguente imposizione dei *vectigalia*.

38 Così Caiazza 1970, 25-28; Nicolet 1978; González Román 1979, 84; Boren 1983, 459-460.

39 Cic. *Fam*. 12.30.4: *incredibiles angustiae pecuniae publicae*; vd. Lécrivain 1919, 431; Nicolet 1976, 87-98; Gabba 1988 (1977), 121-122, 126 e 134; Spagnuolo Vigorita, Mercogliano 1992, 95-97; Zecchini 1994b, 267.

40 Grelle 1963, 16-21; Giliberti 1996, 211-212; Orejas, Sastre 1999, 161 e n. 1; Chouquer, Favory 2001, 99; France 2001b, 362-364. Il fenomeno è ugualmente riscontrabile nelle fonti epigrafiche: France 2007b, 350 e n. 101.

41 *Verr*. 2.4.66.148. Vd. Ñaco del Hoyo 2003d, 64-65.

42 Non è questa la sede per intraprendere una rassegna del termine, offerta da Ñaco del Hoyo 2003d, 64-65 limitatamente alle fonti di I e II sec. d.C.; ci si limiterà, dunque, ad elencare i testi che lo menzionano tra I e V sec. d.C. (settantadue occorrenze in tutto, eccettuate le dieci contenute nelle traduzioni latine del Primo Testamento; tra VI e VIII sec. ve ne sono altre quarantasette, come si può notare effettuando una ricerca nella Library of Latin Texts - Series A, reperibile all'indirizzo http://clt.brepolis.net/llta/pages/QuickSearch.aspx): Vell. 2.38.5; Curt. 10.2.23; Petron. 57.4; Frontin. *grom*. 1.3; Plin. *nat*. 12.3.6; Suet. *Aug*. 40.6; Flor. *epit*. 1.39.1; Tert. *nat*. 1.10 (2 occorrenze), *apol*. 13.6 (2 occorrenze), *fug*. 12 (2 occorrenze); Iustin. 1.7.2, 5.2.2 e 7.3, 22.7.3, 32.2.1; Ambr. *in psalm*. 8.4, *epist*. 5.24.7 e 9.62.19; Heges. 2.9.3; Rufin. *hist*. 1.6.6, *Orig. in Iesu Naue hom*. 24.1; Amm. 14.8.15, 16.5.15, 17.10.10, 19.11.6, 20.4.1, 27.8.7, 28.5.15; Hist. Aug. *Sept. Sev*. 18.2; Aur. Vict. *Caes*. 20.16; Anon. *de mach. bell*. 5.1; Paul. Nol. *epist*. 16.6; Petr. Chrys. *serm*. 26.5; Aug. *epist*.

ricorre: Asconio e Velleio Patercolo nel I sec. d.C., Tacito e Floro tra I e II, Svetonio e Giustino nel II, Tertulliano nel III, Servio, Ambrogio, Eutropio e l'*Epitome de Caesaribus* nel IV, Girolamo e Agostino tra IV e V, fino a giungere, con un significativo salto cronologico, a Beda nell'VIII[43]. *Stipendiarius* e *tributarius* assumeranno, invece, significati specifici nei testi giuridici e gromatici; in essi è ugualmente riscontrabile la preferenza del secondo termine rispetto al primo, che viene dal canto suo impiegato esclusivamente in riferimento ai terreni[44].

Nonostante sia indubbio che i vocaboli *tributarius* e *stipendiarius* continuassero a pesare entrambi come segni di sottomissione[45], la preferenza, in epoca imperiale, dei termini *tributum* e *tributarius* rispetto ai loro quasi sinonimi *stipendium* e *stipendiarius*[46] è stata in tempi recenti interpretata su un piano politico; secondo l'ipotesi di France[47], che mi sembra di poter condividere, la ricerca del *consensus* tra i provinciali avrebbe spinto gli imperatori romani a prediligere, in occasione della revisione operata sul vocabolario fiscale già in età augustea, la parola *tributum* e soprattutto il termine *tributarius*: tale vocabolo, infatti, rimandava ad un'imposta introdotta di comune accordo, almeno in teoria[48], e, soprattutto, ad un'imposta gravante sui cittadini romani; *stipendiarii*, invece, che in origine doveva indicare coloro che versavano la paga dei soldati, aveva finito per assumere la connotazione negativa di persone costrette a pagare un tributo per diritto di conquista[49], giuridicamente ed economicamente inferiori, prive di quell'indipendenza e di quella libertà proprie del *civis Romanus*, e mal si accordava, dunque, con l'evoluzione

220.7, *quaest. hept.* 1.73, 6.20, 6.21.2-3 (quattro occorrenze), 7.7, 7.10, 7.12 (due occorrenze), *in psalm.* 57.11, 59.1 e 5, *serm.* 113A.8, 229V.2, 308A.7, *cathech. rud.* 21, civ. 17.2 e 23, 18.45.3; *Hil. psalm. instr.* 58.7; Sulp. Sev. *chron.* 1.48.1; Hier. *in Dan.* 3.9, *in Matth.* 3.17.24; Salv. *gub.* 5.6.25, 7.29, 8.35 (tre occorrenze), 8.38; Oros. 1.19.11, 4.6.29, 7.41.7; Vict. Vit. 1.14; Fulg. *myth.* 1.7.

[43] Si tratta di ventiquattro occorrenze, per un'analisi dettagliata delle quali si rimanda a quanto osservato nel § 2: Ascon. *Pis.* 15; Vell. 2.38.1, 37.5, 38.4, 39.2 e 3, 97.4; Tac. *ann.* 4.20.1 e 11.22; Flor. *epit.* 1.33.7; Suet. *Iul.* 71.1; Iustin. 11.5.2-3; Tert. *fug.* 12; Serv. *Aen.* 3.20; Ambr. *obit. Valent.* 2; Hier. *in Matth.* 3.22.15; Aug. *in Iob* 31, *catech. rud.* 23.43, *in psalm.* 90.2.2, *serm.* 351.3.5, *c.Faust.* 5.9; *Eutr.* 6.17; Ps. Aur. Vict. *epit.* 1.7; Beda *de temp. ratione* 66.253. L'unica eccezione di rilievo è rappresentata dalle dodici menzioni dell'opera pliniana, per cui vd. § 2.1.1. Sono escluse da questa rassegna le numerose occorrenze presenti nell'opera di Livio, composta agli albori dell'età imperiale, nonché l'impiego del termine nel significato di «soldato mercenario», per cui vd. § 2.4.

[44] Vd. *infra*, § 4 e 5.

[45] Corbier 1988, 259.

[46] Il processo di identificazione dei due termini doveva essere già in stadio avanzato nel II sec. d.C., se Pomponio e poi Porfirione li considerano, nei fatti, come sinonimi: *'stipendium' a stipe appellatum est, quod per stipes, id est modica aera, colligatur. Idem hoc etiam 'tributum' appellari Pomponius ait. Et sane appellatur ab intributione tributum vel ex eo quod militibus tribuatur* (D. 50.16.27); *<Stipendium> quasi tributum uult intellegi* (Porph. *Hor. epod.* 17.136). Vd. Grelle 1963, 16-17 e 39; Luzzatto 1971, 444. Cfr. anche *infra*, § 4.2.

[47] France 2006, in partic. 12-13; Id. 2007b, 350-352. Sul graduale cambiamento di mentalità, caratteristico dei primi secoli dell'impero, nel modo di trattare i popoli tributari vd. Frézouls 1986, a giudizio del quale progressivamente si venne a smorzare l'attitudine dominatrice nei confronti dei provinciali.

[48] Cfr. Soraci in cds.

[49] Cic. *Verr.* 2.3.6.12: *impositum vectigal est certum, quod stipendiarium dicitur, ut Hispanis et plerisque Poenorum quasi victoriae praemium ac poena belli, aut censoria locatio constituta est*; Caes. *Gall.* 1.44.2: *stipendium capere iure belli, quod victores victis imponere consuerint*. Cfr. *infra*, § 2.3.

del pensiero politico in epoca imperiale, che mirava ad includere, per ragioni di opportunità politica e fiscale, sempre più provinciali nel novero dei cittadini[50].

D'altro canto, se nelle fonti letterarie e in quelle epigrafiche – seguendo la lettura della *Lex agraria epigraphica* proposta in questo volume – il termine *stipendiarius* è impiegato in riferimento a singoli individui, popoli e città, nelle fonti giuridiche e in un'opera di agrimensura esso viene accostato, in qualità di attributo, ai campi[51]. Il processo di scomparsa del vocabolo *stipendiarius* deve essere stato, quindi, affiancato da un altro: tra il I e il IV secolo la cancelleria ufficiale preferì qualificare come stipendiarie le terre provinciali e non più le persone.

Infatti, se, come pare, augustea è la distinzione tra i praedia presente nell'opera gaiana[52], già a partire dagli inizi del I sec. d.C. nei documenti pubblici rappresentati dai testi giurisprudenziali – che restituiscono comunque poche occorrenze del termine perché nella maggior parte dei casi sono stati emendati all'epoca di Giustiniano – *stipendiarius* viene adoperato per indicare i campi[53].

Le scarne testimonianze in cui, tra II e VIII sec. d.C., il vocabolo è riferito a persone, come nell'iscrizione di Henchir-Mettich, vanno considerate alla stregua di sporadiche reliquie o, ed è il caso della maggior parte delle occorrenze contenute in documenti non provenienti dalla cancelleria ufficiale e redatti specie in ambito africano, quali varianti stilistiche e arcaizzanti di *tributarius*[54].

Il trasferimento metonimico del termine dagli individui ai terreni, percepibile nei documenti ufficiali, potrebbe essere spiegato con la volontà di rendere più gradito agli occhi dei provinciali il governo di Roma, attraverso l'attribuzione di un vocabolo dalla connotazione negativa, indicante quasi un "marchio di sottomissione", non più a coloro che abitavano fuori dalla penisola italica, che nel 212 d.C. vennero peraltro inclusi tra i cittadini romani[55], ma alle terre provinciali. Si trattava di uno slittamento semantico, iniziato con la generale preferenza dei termini *tributum* e *tributarius* e portato alle sue estreme conseguenze dagli imperatori e dalle loro cancellerie, che intendevano così rendere il sistema fiscale meno gravoso anche sul piano linguistico agli occhi dei propri sudditi, indispensabili contribuenti.

---

[50] Della sterminata bibliografia sul tema cfr. Marotta 2009 e, in partic. sulla *Constitutio Antoniniana*, Mastino 2013; sull'ideale cosmopolitico che avrebbe ispirato l'agire di Caracalla vd. Corbo 2018; di misura onorifica, situata in un quadro di ordine morale e religioso, parla anche Besson 2020, 62-63.

[51] Vd. *infra*, § 4 e 5. France 2006, 11. Per una diversa lettura della *Lex agraria epigraphica* vd. *infra*, § 3.1.

[52] Cfr. § 4.1 n. 8.

[53] Non si può non osservare che, scrivendo nella seconda metà del I sec. d.C., Plinio usa *stipendiarius* in riferimento alle popolazioni: tuttavia, se le fonti cui attinge risalgono comunque all'età augustea (cfr. *infra*, § 2.1.1), la sua opera non rivestiva certo lo stesso carattere di ufficialità dei testi giuridici; essa rappresenta, invece, una testimonianza del fatto che l'originario significato di *stipendiarius* conobbe ancora una discreta fortuna nel I secolo d.C. e faticò ad essere abbandonato almeno fino all'età severiana.

[54] Si vedano, in particolare, le opere degli africani Tertulliano e Agostino: cfr. quanto osservato *supra*, § 1.3 n. 43 e *infra*, § 5.1 n. 15 e Conclusioni 3.

[55] Ma sui quali continuava a ricadere il *tributum capitis*: vd., da ultimo, Bryen 2016, 36; Marotta 2017a, in partic. 192-194, con un'interessante proposta di integrazione della l. 9 del *Papyrus Giessen*.

II. Significati del termine *stipendiarius* nelle fonti letterarie

Le fonti letterarie forniscono le testimonianze più estese ed organiche relative alla tematica oggetto d'esame e, pertanto, offrono l'opportunità di ricavare un articolato quadro d'insieme sull'uso del termine.

Stipendiarius viene generalmente tradotto, se sostantivato o riferito a persone, con «individuo soggetto al pagamento dello *stipendium*», intendendo per *stipendium* una contribuzione forzosa, regolare e in moneta richiesta dai Romani alle popolazioni vinte in guerra[1]. La disamina effettuata in questa sede consente di affermare che tale equivalenza non è sempre legittima, poiché nei testi letterari a noi pervenuti il termine presenta diverse sfumature di significato: la prima ad essere attestata è quella di «individuo sottomesso», contrapposto nella gerarchia valoriale del mondo romano al *socius*, al *foederatus*, al *liber*; una seconda accezione vede il termine impiegato in associazione con *vectigalis*, in una sorta di endiadi rafforzativa che solo di rado lascia trapelare eventuali differenze semantiche; una terza accezione, più ristretta, è quella di «soggetto a tributo», la cui tipologia, comunque, non sempre è precisabile[2].

Com'è possibile rilevare osservando il grafico qui sotto (fig. 1), il termine ricorre sessantacinque volte nelle fonti letterarie (escluse le opere dei gromatici, oggetto di una trattazione specifica): in diciotto di esse presenta il significato più generico di «individuo sottomesso» (in contrapposizione ad altre condizioni privilegiate), in ventinove quello di «sottomesso» dal punto di vista politico e tributario (anche in senso figurato), in tredici è impiegato in associazione con *vectigalis*, in cinque, infine, indica il soldato mercenario. Naturalmente, la suddivisione semantica qui presentata non va intesa in maniera rigida, giacché in alcuni casi non è facile stabilire quale sia l'esatto significato da dare al vocabolo; anche al termine

[1] Cfr. Rostovtzeff 1926, 195-196.

[2] Secondo Erdkamp 1998, 94, che si riferisce in particolare ai contesti bellici, "the *civitates stipendiariae* had to pay tribute, either in money or in kind, to Rome".

stipendiarius si può applicare, dunque, quanto più volte affermato in generale sulla "fluidità" semantica della terminologia tributaria[3].

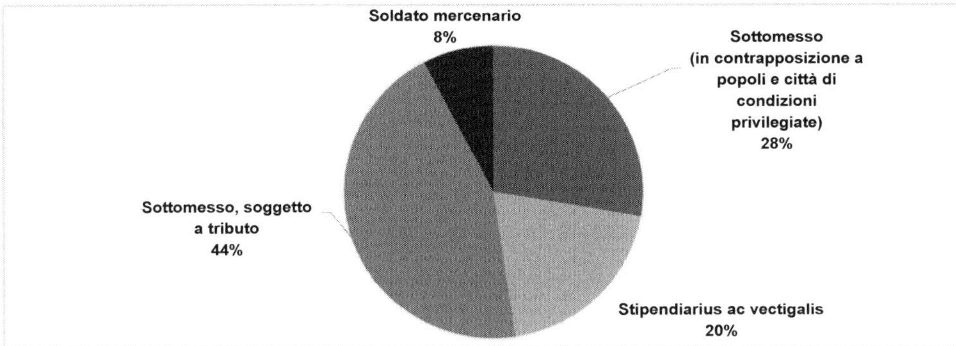

Fig. 1: Suddivisione semantica delle occorrenze del termine *stipendiarius* nelle fonti letterarie

2.1 *Stipendiarius* contrapposto a popoli e città di condizioni privilegiate

Una prima accezione di significato, più ampia, indicava genericamente le popolazioni soggette; dal contesto non si può desumere la natura del tributo pagato né si possono ricavare certezze in merito allo stesso obbligo di pagamento.

In diversi casi, lo stato di sottomissione si rende evidente dalla contrapposizione con altre condizioni in qualche modo privilegiate e spesso con popolazioni «alleate», «amiche» o «libere»[4].

È il caso di un passo della *Divinatio in Q. Caecilium* (70 a.C.), che rappresenta la più antica attestazione del termine nelle fonti letterarie:

> *Populatae, vexatae, funditus eversae provinciae, s o c i i s t i p e n d i a r i i q u e populi Romani adflicti...*[5]

L'oratore allude qui alle province che subirono la rapacità di Verre, ossia l'Acaia, l'Asia, la Cilicia, la Panfilia (quando Verre fu legato e poi pro questore di Dolabella nell'80-79 a.C.), oltre che, ovviamente, la Sicilia[6].

Analogamente, così si esprime l'Arpinate nell'orazione *In Pisonem* (55 a.C.):

> *te indemnatum videri putas, quem s o c i i , quem f o e d e r a t i , quem l i b e r i p o p u l i , quem s t i p e n d i a r i i , quem negotiatores, quem publicani, quem universa civitas, quem legati, quem tribuni militares, quem reliqui milites*

[3] Duncan-Jones 1990, 196-197, che si basa su considerazioni già avanzate da Marquardt 1884, 184-185 n. 5; France 2007b, 333-335 e 344-347: il vocabolo avrebbe "dès l'origine combiné les aspects juridiques et leurs modalités financiéres".

[4] Cfr. Ñaco del Hoyo 2003c, 533 e n. 9.

[5] Cic. *div. in Caec.* 3.7; cfr. Ñaco del Hoyo 2003d, 53 e d 139.

[6] Sulle province che subirono la rapacità di Verre vd. Cic. *div. in Caec.* 2.6.

> *qui ferrum, qui famem, qui morbum effugerunt, omni cruciatu dignissimum putent*[7].

Cicerone si rivolge in questo caso a Pisone, che, in qualità di governatore della Macedonia negli anni tra il 57 e il 55 a.C., si era reso meritevole di supplizio secondo ogni categoria di persone, dagli alleati ai tributari. Da notare che in precedenza, nella stessa orazione, la Macedonia era definita *vectigalis provincia*[8].

In un passo del *De legibus* (la cui stesura si protrasse dal 52 a.C. fino a data imprecisata), l'Arpinate si sofferma ad elencare i compiti di un senatore, tra cui rientra la conoscenza di tutto ciò che riguarda lo stato:

> *senatori necessarium nosse rem publicam – idque late patet: quid habeat militum, quid ualeat aerario, quos socios res publica habeat, quos a m i c o s, quos s t i p e n d i a r i o s, qua quisque sit lege, condicione, foedere*[9].

Il termine *stipendiarius* appare assumere il significato generico di «sottomesso» anche nel discorso che Livio fa pronunciare al re Eumene di Pergamo nel 189 a.C., dopo le vittorie riportate dai Romani su Antioco III: il sovrano mette in guardia i senatori romani dall'operato dei Rodii poiché, si chiede,

> *cui dubium est, quin et a nobis aversuri sint non eas modo c i v i t a t e s, q u a e l i b e r a b u n t u r, sed etiam veteres s t i p e n d i a r i a s nostras, ipsi autem tanto obligatos beneficio verbo socios, re vera subiectos imperio et obnoxios habituri sint?*[10]

In un brano del commento all'orazione *In Pisonem*, Asconio menziona *socios stipendiariosque*:

---

[7] Cic. *Pis.* 41.98 (nella sua edizione, Nisbet preferisce accogliere la lezione di Garatoni *[te] indemnatum*). Il termine *socii* potrebbe essere inteso come sinonimo di *foederati* (vd. De Martino 1973², 108-112, 323-324), e in tal caso la *reduplicatio* servirebbe a ribadire il concetto, o come vocabolo dal significato più ampio, giacché dopo la guerra sociale esso sarebbe stato impiegato anche in riferimento a "freien, aber nicht verbündeten Gemeinden, die nicht zur Provinz gerechnet werden": così Marquardt 1881², 72-73; i *socii*, tra l'altro, potrebbero anche non essere stati vincolati dalla stipula di un trattato, come invece dovevano esserlo i *foederati*: sul tema, molto dibattuto, si vd. Cimma 1976, in partic. 168-173. In altri contesti, secondo quanto ha precisato Badian 1984, 114 sulla scia di Accame 1946, 54 n. 3, il termine *socii* viene impiegato per indicare quanti erano stati "sottomessi".

[8] Cic. *Pis.* 36.87.

[9] Cic. *leg.* 3.18.41.

[10] Liv. 37.53.3-4; cfr. Pol. 21.19.9: τὸ γὰρ τῆς ἐλευθερίας ὄνομα καὶ τῆς αὐτονομίας ἡμῖν μὲν ἄρδην ἀποσπάσει πάντας οὐ μόνον τοὺς νῦν ἐλευθερωθησομένους, ἀλλὰ καὶ τοὺς πρότερον ἡμῖν ὑποταττομένους. Vd. Gelzer 1956, 24-25, secondo cui Polibio (da cui è tratta in parte la versione di Livio: vd. Magie 1950, 950 n. 59) avrebbe riprodotto in modo sostanzialmente fedele i discorsi presentati in quell'occasione e riportati nelle fonti da lui consultate. Dubitano, invece, della storicità delle parole attribuite ad Eumene Schmitt 1957, 82 e Will 1967, 188-190, per il quale, tuttavia, il discorso deve essere ritenuto vero quantomeno nella sostanza, se non nella forma, peraltro un po' schematica; vd. anche Hopp 1977, 48 n. 74.

> *quod populari illi sacerdoti sescentos ad bestias socios stipendiariosque misisti*;

nel corrispondente passo dell'Arpinate, tuttavia, non si parla di *stipendiarii*, ma piuttosto di *amicos sociosque*:

> *quod populari illi sacerdoti sescentos ad bestias amicos sociosque misisti*[11].

Ritengo che la svista del commentatore o del copista (giacché altri manoscritti presentano la variante *amicos sociosque*) vada attribuita al carattere retorico dell'affermazione e alla consuetudine di accostare, tra le altre, anche queste due categorie politico-amministrative, i *socii* e gli *stipendiarii*. Nel passo originario, invece, Cicerone intendeva sottolineare la gravità di una condanna a morte pronunciata non ai danni di popolazioni soggette, ma contro amici e alleati del popolo romano[12].

Questa accezione del termine *stipendiarius*, che nel contesto in cui viene usato indica una forma di sottomissione non meglio precisata, si riferisce più alla sfera amministrativa che a quella tributaria in senso stretto ed è confermata da un passo di Servio il quale, commentando un verso dell'Eneide, annota che venivano fatti sacrifici al dio Libero dalle città "libere" come manifestazione dello *status* politico-amministrativo delle città stesse:

> *quod autem de Libero diximus, haec causa est, ut signum sit liberae civitatis: nam apud maiores aut stipendiariae erant, aut foederatae, aut liberae*[13].

Il quadro amministrativo, certamente semplificato, è indice tuttavia delle principali denominazioni assunte dalle città, che potevano essere, quindi, o stipendiarie, o federate, o libere.

2.1.1 *Stipendiarius* nella *Naturalis historia*

Particolarmente interessante risulta l'analisi delle occorrenze del termine nella *Naturalis historia* di Plinio il Vecchio: come si potrà notare dalle pagine che seguono, *stipendiarius* è impiegato da Plinio per indicare le popolazioni «sottomesse», anche (ma non solo) dal punto di vista tributario, ben distinte da altre che occupavano differenti gradini nella gerarchia istituzionale dell'impero. Le occor-

---

[11] Ascon. *Pis*. 15; Cic. *Pis*. 36.89. Vd. Ñaco del Hoyo 2003d, 53 n. 139.

[12] Negli altri passi qui citati, d'altro canto, l'interesse era ben diverso: si trattava di mettere in luce l'importanza del malcontento dei tributari (*div. in Caec.* e *Pis.*), o la necessità, per un senatore, di conoscere la reale situazione dello stato in ogni suo aspetto, non ultimo quello delle popolazioni soggette.

[13] Serv. *Aen*. 3.20.

renze pliniane costituiscono, dunque, un sottoinsieme all'interno dell'ampia accezione di significato di cui si è sopra discusso.

L'aggettivo sostantivato *stipendiarius* è impiegato esclusivamente nei libri III, IV e V dell'opera, in riferimento alle province della *Baetica*, dell'*Hispania Citerior* o *Tarraconensis*, della *Sicilia*, della *Lusitania* e dell'*Africa proconsularis*.

Nell'elencare le città della B e t i c a, Plinio asserisce che in essa vi sono centosettantacinque *oppida*[14], di cui nove colonie, dieci *municipia civium Romanorum*, ventisette città alle quali da tempo era stato concesso il diritto latino (*Latio antiquitus donata XXVII*), sei città libere, tre federate, centoventi stipendiarie:

> *oppida omnia numero CLXXV, in iis coloniae VIIII, municipia c. R. X, Latio antiquitus donata XXVII, libertate VI, foedere III, s t i p e n d i a r i a CXX*[15];

di alcune, quelle *digna memoratu aut Latio sermone dictu facilia*, tra cui non vi erano che poche stipendiarie, lo scienziato comasco presenta i nomi poco più avanti:

> *stipendiaria Callet, Callicula, Castra Gemina, Ilipula Minor, Marruca Sacrana, Obulcula, Oningi, Sabora, Ventip<p>o* (...);

> *s t i p e n d i a r i a Besaro, Belippo, Barbesula, <B>lacippo, Ba<e>sip<p>o, Callet, Cappa cum Oleastro, I<p>tuci, <I>brona, Lascu<t>a, Saguntia, Saudo, Usaepo*[16].

Il testo pliniano è stato, in questo passo, oggetto di numerose discussioni, volte a precisare il significato dell'espressione *municipia civium Romanorum*, che,

---

[14] Sull'uso diffuso del termine *oppidum* nell'opera pliniana, vd. le interessanti osservazioni di Le Roux 1986, 339: "L'*oppidum* définissait un certain degré d'urbanisation et d'organisation locale susceptible de conduire à la municipalisation"; il termine aveva, dunque, un senso giuridico-politico, che non può indicare l'esclusiva e automatica equivalenza dello stesso con il *municipium*. Vd. anche Le Roux 1991, 580: Plinio "emploie oppidum lorsqu'il n'a pas de précision sur le statut réel des cités", giacché, sin dall'età repubblicana, il termine poteva indicare, col vantaggio di raggrupparle in un'unica definizione, sia le colonie sia i municipi e, a volte, anche le città peregrine: Capalvo Liesa 1986, 55; Chastagnol 1987, 6-7; Tarpin 1999; Sisani 2011, 727-740; Le Roux 2015, 162.

[15] Plin. *nat*. 3.3.7.

[16] Plin. *nat*. 3.3.12 e 15. Sulla decisione di non menzionare che le città *effatu digna aut facilia nomina* vd. anche 3.21.139 e 5.1.1. Cfr., relativamente alla Narbonense, Christol 1994, 58-61. Anche nel ricordare le popolazioni africane comprese nel numero di cinquecentosedici, ma non divise per categoria politica, preferì elencare solo qualche nome, omettendone altri, come ben evidenzia la scelta dell'avverbio *ut*: *ex reliquo numero non civitates tantum, sed plerique etiam nationes iure dici possunt, ut Nattabudes, Capsitani,* ecc... (*nat*. 5.4.29-30). Circa il caso betico, vd. Saéz Fernández 2002. Diverse città della provincia, alcune delle quali menzionate da Plinio, ricevettero lo statuto municipale in epoca flavia; tra queste città va annoverata anche quella della cui *lex municipalis* è stato recentemente pubblicato un frammento: Saquete Chamizo, Iñesta Mena 2009. Sulle città *Latio antiquitus donata* e su quelle definite in modo analogo nelle altre province della penisola iberica vd. Espinosa Espinosa 2018, il quale ritiene che tali espressioni si riferiscano "to a significant number of Augustan *municipia Latina* in Hispania which originated as Latin colonies".

quasi un *hapax* nelle fonti letterarie (giacché si trova impiegata, oltre che in questo caso, solo altre due volte nella stessa *Naturalis historia* a proposito della città di Olisipo, in Lusitania[17]), risulta invece, anche se di rado, presente nelle fonti epigrafiche: la *Lex agraria*, che sembra attestarne l'esistenza in un lacunoso passo, la *Tabula Heracleensis* e la *Tabula Siarensis*[18].

Nella Tarraconense esistevano, invece, centosettantanove *oppida*, di cui dodici colonie, tredici *oppida* abitati da cittadini romani, diciotto da *Latinorum veterum* ("antichi Latini", ossia individui che avevano ottenuto da tempo il diritto latino), uno da federati, mentre i restanti centotrentacinque erano stipendiari:

> *oppida CLXXVIIII, in iis colonias XII, oppida civium Romanorum XIII, Latinorum veterum XVIII, foederatorum unum, stipendiaria CXXXV*[19].

Anche in questo caso, i nomi di alcune città appartenenti alle diverse categorie vengono elencati nel prosieguo del discorso; tra le stipendiarie viene ricorda-

---

[17] Plin. *nat*. 4.35.117, su cui vd. *infra*, § 2.1.1 n. 22. La definizione di *municipium civium Romanorum* è stata oggetto di dibattito tra gli studiosi. Per Saumagne 1965a, 13-22 l'espressione sarebbe frutto dell'errore di un copista: quella tecnica, effettivamente usata tra il I sec. a.C. e il I d.C., doveva essere, invece, *oppida civium Romanorum*; Gascou 1971, 133-136 ritiene, invece, che il passo non sia interpolato e che la definizione, benché rara nell'opera pliniana (alla stregua dello stesso termine *municipium*, impiegato esclusivamente due volte nei libri 'geografici': 3.20.134 e 138), sia stata quella effettivamente scelta dallo scienziato comasco: in tal senso, vd. anche Desanges 1972, 353-373, a detta del quale, inoltre, la definizione di *oppida civium Romanorum* indicherebbe spesso *municipia civium Romanorum*, e Capalvo Liesa 1986, 54-55 che considera equivalenti le due espressioni (in tal senso vd. anche Espinosa Espinosa 2018, 233 e 238-240, per il quale Plinio ricorderebbe ventisei *municipia civium Romanorum*); secondo Gonzáles 1986, che accoglie l'ipotesi di Saumagne, l'esistenza di *municipia civium Romanorum* non è dimostrata in Hispania e sarebbe "completamente innecesaria"; Le Roux 1991, 573 ritiene che il *municipium civium Romanorum* sia stato un municipio situato nelle province, costituito da cittadini romani "d'une nature – et d'une culture – historiquement différente de celle des citoyens des municipes d'Italie, plus proches de Rome" ; infatti, se Plinio si preoccupa "de séparer les colonies et d'établir une hiérarchie de prestige entre les villes, il est impensable qu'il n'ait pas employé le terme *municipium* si l'équivalence avait été totale dans ses sources".

[18] *Lex agraria*: *CIL* 1.585 = *FIRA* I, 8, l. 31. Qui si riporta il testo nell'edizione di Sisani 2015 che aggiorna e rivede il testo offerto in Crawford 1996: *c[olonieis seive moi]nicipieis seiue quae pro moinicipieis colo[nieisve sunt ceivium R(omanorum)] nominisve Latini poplice deve senati sententia ager fruendus datus [est*; nell'interpretazione di Sisani, la definizione, nella *lex*, di *pro municipiis civium Romanorum*, tradotta con l'espressione «comunità paramunicipali», alluderebbe, "in opposizione a *coloniae* e *municipia*, ai comparti rurali dell'*ager Romanus*, strutturati su entità amministrative a carattere non urbano che assolvevano alle stesse funzioni svolte in altri ambiti territoriali dagli organismi municipali". Per la *Tabula Heracleensis* vd. *CIL* 1.593 = *FIRA* I, 13 = *ILS* 6085 = Crawford 1996, nr. 24, ll. 83: *queiquomque in municipieis colon<i>eis praefectureis foreis conciliabuleis c(ivium) R(omanorum) IIvir(ei) IIIIvir(ei) erunt aliove*; l. 108: *quae municipia colonia<e> praefectura<e> fora conciliabula c(ivium) R(omanorum) sunt erunt*; l. 142: *quae municipia coloniae praefecturae c(ivium) R(omanorum) in Italia sunt erunt*. Sulla *Tabula Siarensis* vd. Gonzales 1984, 55-100 = *AÉ* 1984, 508 (cfr. anche *AÉ* 1991, 20): *[qui i(ure) d(icundo) p(raerunt) in] municipio aut colonia c(ivium) R(omanorum) aut Latinorum.*

[19] Plin. *nat*. 3.4.18.

ta la città di Dianio (*Dianium stipendiarium*)[20], poi si passa alla menzione dei popoli stipendiari:

> *stipendiariorum Aquicaldenses, Aesonenses, Baeculonenses (...);*
>
> *stipendiarios Arcobrigenses, Andelonenses, Aracelitanos, Bursaonenses, Calagurritanos qui Fibularenses cognominantur, Conplutenses, Carenses, Cincienses, Cortonenses, Damanitanos, <I>spallenses, Ilursenses, Iluberitanos, Lacetanos, Libienses, Pompelonenses, Segienses (...);*
>
> *stipendiariorum autem celeberrimi Alabanenses, Bastitani, Consaburrenses, Dianenses, Egelestani, Ilorcitani, Laminitani, Mentesani qui et Oretani, Mentesani qui et Bastuli, Oretani qui et Germani cognominantur, caputque Celtiberiae Segobrigenses, Carpetaniae Toletani Tago flumini inpositi, dein Viatienses et Virgilienses*[21].

In Lusitania Plinio menziona quarantacinque *populi*, tra i quali erano annoverate cinque colonie, un municipio di cittadini romani, tre città che da tempo avevano ottenuto il diritto latino (*Latii antiqui III*), trentasei stipendiarie; ne elenca poi di seguito i nomi, ma solo la lista delle stipendiarie risulta incompleta:

> *tota populorum XLV, in quibus coloniae sunt quinque, municipium civium Romanorum, Latii antiqui III, stipendiaria XXXVI (...);*
>
> *stipendiariorum quos nominare non pigeat, praeter iam dictos in Baeticae cognominibus, Augustobrigenses, Aemin<i>enses, Aranditani, A<r>abricenses, Balsenses, Caesarobrigenses, Caperenses, Caur<i>enses, Colarni, Cibilitani, Concordienses, E<l>bocori, Interan<ni>enses, Lancienses, Mirobrigenses qui Celtici cognominantur, Medubrigenses qui Plumbari, Ocelenses, Turduli qui Bardili et Tapori*[22].

Sulle differenze tra l'organizzazione amministrativa della Betica, fortemente urbanizzata e romanizzata, e quella delle altre due province della penisola iberica, per le quali Plinio insiste sulla struttura dei popoli che le compongono, è stato giustamente affermato: "En Citerior y Lusitania son *populi* los que se agrupan en los *conventus* y constituyen la base demográfica provincial. Los *oppida* [...] aparecen como entitades que dan coexión administrativa a los *populi*, vinculándolos a lo urbano. En Bética la estructura tribal ya no se menciona como significativa y ha dado paso a los *oppida* como única referencia válida que agrupa a toda la población conventual"[23].

---

[20] Plin. *nat*. 3.4.20.

[21] Plin. *nat*. 3.4.23-25. Tra gli *stipendiariorum autem celeberrimi* (3.4.25) vi erano gli abitanti di Segobriga: Le Roux 2015.

[22] Plin. *nat*. 4.35.117-118.

[23] Muñiz Coello 1986, 311-312 n. 11.

D'altro canto, la menzione della categoria delle popolazioni o degli *oppida* stipendiari, contrapposta alle colonie e ai centri che avevano già da tempo ottenuto il diritto latino o la cittadinanza romana, rivela una precisa scelta del naturalista, il quale, nell'offrire un quadro della penisola iberica, non si preoccupa di aggiornare i dati relativi allo status politico-istituzionale e giuridico delle singole città, ma rimanda ad una condizione anteriore all'età flavia, quando, a detta dello stesso Plinio, tutta l'*Hispania* ottenne da Vespasiano il diritto latino[24].

Il motivo di questa scelta risiede, certo, com'è stato autorevolmente affermato, soprattutto nel fatto che il naturalista avesse a disposizione essenzialmente fonti di epoca augustea e precisamente, secondo la maggioranza degli studiosi: 1) un periplo, forse risalente al 44-29 a.C., la cui stesura Desanges attribuisce, sulla scia di Detlefsen e Klotz, a Varrone; 2) i *Commentarii* di Agrippa; 3) le liste provinciali posteriori al 27 a.C.[25]

Plinio, quindi, benché fosse consapevole che Vespasiano avesse esteso il diritto latino a tutti gli abitanti della penisola iberica, non mancò di evidenziare l'esistenza di alcuni *oppida* che godevano di tale diritto già da tempo, ossia prima della concessione vespasianea[26], volendo in tal modo distinguerli da quanti, da lui annoverati tra gli stipendiari, ottennero lo *ius Latii* solo in epoca flavia[27]. È lecito chiedersi se, nella scelta di continuare a menzionare le città stipendiarie come contrapposte alle altre, pur in presenza di una chiara volontà livellatrice manife-

---

[24] Plin. *nat*. 3.3.30: *universae Hispaniae Vespasianus Imperator Augustus iactatum procellis rei publicae Latium tribuit*. Pletorica la bibliografia concernente tale provvedimento; in questa sede ci si limiterà a citare: cfr. Muñiz Coello 1986, in partic. 324-330; D'Ors 1986, 13, 183 e *passim*; Zecchini 1990; Stylow 1991; Le Roux 1986, 335-336; Olivares Pedreño 1998, 262-271; Andreu Pintado 2005; Bravo Bosch 2009; Gonzáles 2012.

[25] Desanges 2003² (1980), 12-27; Zehnacker 2004, XIII-XVIII. Cfr. Detlefsen 1886; Detlefsen 1901; Detlefsen 1908, 55 e 63-104; Klotz 1906, 82; Pallu de Lessert 1908, 215-298; per una panoramica delle teorie concernenti le fonti di Plinio vd. Sallmann 1971, 89-164. In particolare sui *Commentarii* di Agrippa e sul loro legame con la famosa carta collocata nella *porticus Vipsania*, vd. Roddaz 1984, 573-591; Rizzo 1994. Sulle *formulae provinciarum* e la loro data di stesura vd. Christol 1994, 47-48 (per la struttura della descrizione della Narbonense e circa le altre fonti di Plino vd. pp. 51 e 57; in particolare sul caso di Nîmes cfr. anche Bats 2007); secondo Teutsch 1962, 29-30, le fonti impiegate da Plinio per la stesura delle liste provinciali risalirebbero, invece, ad anni precedenti l'epoca augustea. Sullo spirito augusteo che avrebbe pervaso l'opera vd. recentemente Espinosa Espinosa 2013.

[26] Cfr. Gonzáles 1986, 223-224, e Gonzáles 2012, 98-100, a detta del quale Plinio avrebbe attinto a fonti databili tra il 7 a.C. e il 14 d.C. Cfr. Canto 1996, 230-238.

[27] Andreu Pintado 2005, 119-139; Saquete Chamizo, Iñesta Mena 2009, 297: "debió tratarse de una *civitas stipendiaria* que fue promocionada a municipio en época de Vespasiano". Secondo un'altra teoria (Canto 1996, 212-243), che non ha opportunamente incontrato il favore della comunità scientifica (*contra*, vd. in partic. García Fernández 2000, 571-591), Plinio, che rivestì la carica di *procurator* nella penisola iberica (Plin. *epist*. 3.5.17: *cum procuraret in Hispania*), non avrebbe potuto non aggiornare i dati relativi alla condizione amministrativa delle comunità ispaniche e avrebbe inteso riferirsi alle città stipendiarie come a quelle cui venne elargito il diritto latino: gli *oppida stipendiaria* pliniani sarebbero stati, di fatto, *municipia*, *Latini novi* rispetto a quelle città che in Plinio sono indicate come *Latini veteres*.

stata dall'amministrazione imperiale, non abbiano giocato anche altri fattori, tra i quali il desiderio di sottolineare la differenza tra un privilegio in origine riservato a pochi ed in seguito concesso (non senza la disapprovazione di chi ne vantava il possesso da generazioni[28]) sempre più frequentemente.

In riferimento alla Sicilia il termine *stipendiarius* è usato nella *Naturalis historia* per distinguere le quarantaquattro popolazioni stipendiarie dalle cinque colonie, dai due *oppida civium Romanorum* e dalle tre città di diritto latino. L'elenco delle popolazioni stipendiarie siciliane è riportato, in questo come in altri casi, in ordine alfabetico:

> *Stipendiarii Assorini, Aetnenses, Agyrini, Acestaei, Acrenses, Bidini, Citarini, Drepanitani, Ergetini, Echet<l>ienses, Erycini, Entellini, E<n>ini, Egguini, Gelani, Galacteni, Hal<a>esini, Hennenses, Hyblenses, Herbitenses, Herbe<sse>nses, Herbulenses, Halicuenses, Hadranitani, <I>ma<c>arenses, I<ch>anenses, Ietenses, Mutustra<ti>ni, Magel<l>ini, Murgentini, Mut<y>censes, Menaini, Naxi, Noini, Pet<r>ini, Paropini, Phintienses, Semelitani, Scher<i>ni, Selinunti, Symaethii, <T>alarenses, Tissienses, Triocalini, Tyraci<n>enses*[29].

Secondo la maggioranza degli studiosi, il termine *stipendiarii* indicherebbe qui inequivocabilmente il pagamento dello *stipendium* cui le città siciliane sarebbero state soggette[30] in età flavia o addirittura già in epoca augustea se, come pa-

---

[28] Di tale disapprovazione si ha un riflesso nelle parole con le quali Svetonio (*Aug.* 40.5) riferisce l'opinione di Augusto sul tema: *Magni praeterea existimans sincerum atque ab omni colluvione peregrini ac servilis sanguinis incorruptum servare populum, et civitates Romanas parcissime dedit.*

[29] Plin. *nat.* 3.14.91.

[30] Tale ipotesi, che Marquardt 1884[2], 191 aveva avanzato con cautela ("wahrscheinlich"), è stata condivisa dalla maggioranza degli studiosi, tra cui Holm 1898, 231; Carcopino 1914, 285-290; Finley 2001[6] (1968), 175; Pinzone 2008, 127; si tratta di una teoria che fatica ad essere abbandonata: Lo Cascio 2015, 243. Mommsen 1885b, 651-652, dal canto suo, riteneva che la Sicilia non avesse perso neppure in epoca imperiale il suo ruolo di fornitrice di grano (dal contesto, sembra poter dedurre che si tratti anche di quello "fiscale", citato poco sopra in riferimento all'Africa repubblicana) per Roma, sebbene tale ruolo dovesse essere stato fortemente ridimensionato: "nachdem unter Augustus die ägyptischen Getreidelieferungen eigerichtet waren, rechnete man für den dritten Theil des in Rom verbrauchten Getreides auf Nordafrica und für eben so viel auf Aegypten, während das verödete Sicilien, ferner Sardinien und Baetica nebst der eigenen Production Italiens den übrigen Bedarf deckten". In tal senso si sono pronunciati anche altri studiosi, restii a ritenere valida la teoria della conversione della decima siciliana nello *stipendium*: vd. Brunt 1981, 161-162; Garnsey 1983, 120-121 e Garnsey 1997 (1988), 323-326; Manganaro 1988, 20-21 e 35-38, a detta del quale Augusto avrebbe imposto lo *stipendium* solo ad alcune città; altre, quelle definite da Plinio *oppida*, avrebbero dovuto pagare la decima, mentre invece l'*ager publicus* siciliano avrebbe continuato a fornire a Roma "una certa quantità di frumento per l'annona urbana"; Wilson 1990, 34-35; Vera 1996, secondo cui lo *stipendium* sarebbe stato esatto in un primo momento in natura ed il processo di "emancipazione dell'isola dall'annona di Roma" si sarebbe compiuto solo nel corso del I sec. d.C.; Tarpin 1998, 58-63; vd., da ultimo, Soraci 2011, 97-203, su cui cfr. Walthall 2017, 737, il quale, pur rilevando come "the nature of the surviving evidence is ultimately too fragmentary to inspire

re ai più, augustee sono le fonti cui Plinio attinse per la descrizione di questa provincia[31]. Tuttavia, le numerose contraddizioni riscontrabili nei paragrafi della *Naturalis historia* relativi alla Sicilia rendono le informazioni in essi contenute non immediatamente attendibili e suscettibili di accurata verifica; ma soprattutto, per dirla con Brunt, "Pliny's use of '*stipendiariae*' need not have this precise meaning"[32].

Anche in questo caso, infatti, come negli altri (ciceroniani, pliniani, ecc...) sopra menzionati, il termine appare impiegato per indicare una condizione inferiore rispetto ad altre; dunque, come si dirà poco più avanti, invece di considerarlo equivalente all'espressione "soggetto al pagamento dello *stipendium*", è preferibile intenderlo nel senso generico di «sottomesso», politicamente ed economicamente.

Per quanto concerne l'A f r i c a, il naturalista ricorda cinquecentosedici popoli, di cui sei colonie, quindici *oppida civium Romanorum*, uno di diritto latino e uno stipendiario, *Castra Cornelia*:

> *o p p i d u m s t i p e n d i a r i u m unum Castriis Corneliis*[33].

Proprio in Africa, del resto, la presenza di popolazioni stipendiarie è confermata da Cicerone, Livio e dalle fonti epigrafiche[34].

Ai summenzionati centri vanno aggiunte trenta città libere e diverse popolazioni indigene, definite solo, senza alcuna precisazione di tipo politico-istituzionale, *non civitates tantum, sed plerique etiam nationes iure dici possunt*[35].

Come si può agilmente osservare, le province nelle quali Plinio ricorda l'esistenza di popolazioni stipendiarie appartengono tutte all'area occidentale dell'impero; degna di nota, a tal proposito, l'assenza degli *stipendiarii* di Sardegna, ricordati per l'età repubblicana da Cicerone e Livio[36].

---

much confidence or consensus among scholars", riconosce che un'analisi approfondita e comparativa dei dati provenienti dalle fonti archeologiche (scavi di siti rurali, relitti navali, distribuzione dei prodotti di importazione, ecc...) potrebbe in qualche misura confermare la teoria della mancata conversione delle imposte sulla produzione cerealicola siciliana in tributi monetari.

[31] In merito alle fonti utilizzate da Plinio per la descrizione della Sicilia vd. SALLMANN 1971, 89-107 e in partic. p. 100, n. 35, dove l'Autore passa brevemente in rassegna le teorie degli studiosi vissuti tra la fine del XIX secolo e gli inizi del XX, alcuni dei quali ritenevano di dover ricondurre le informazioni di carattere politico-amministrativo ad epoca cesariana. Pensano piuttosto a fonti di età augustea RODDAZ 1984, 572-591; WILSON 1990, 37-38 ove ulteriore bibliografia; VERA 1996, 38-42; ZEHNACKER 2004, 192.

[32] BRUNT 1981, 161-162; ÑACO DEL HOYO 2006, 227 n. 41. L'attendibilità delle singole informazioni relative alla Sicilia e contenute nel testo pliniano era stata messa in discussione già da HOLM 1898, 228-229 e ZIEGLER 1923, col. 2509; vd. anche MANGANARO 1988, 18-21; WILSON 1990, 35-43.

[33] Plin. *nat*. 5.4.29. La presenza di un solo *oppidum stipendiarium* in Africa appare problematica; sul punto, vd. quanto osservato *infra*, § 3.3.

[34] Cic. *Balb*. 9.24 (*stipendiarios ex Africa, Sicilia, Sardinia*) e Liv. 22.54.11, su cui vd. *infra*, § 2.3. Per le fonti epigrafiche si vd. *infra*, § 3.

[35] Plin. *nat*. 5.4.30.

[36] Cic. *Balb*. 9.24 e Liv. 41.17.2, su cui vd. *infra*, § 2.3.

A dispetto di un'antica interpretazione, dalla quale lo stesso Mommsen mostrò di voler prendere le distanze e secondo cui il termine *stipendiarius* sarebbe stato impiegato nell'opera pliniana per indicare le città provinciali sottoposte a tributo, distinte da quelle che ne erano esenti[37], o, addirittura, la soggezione delle città provinciali ad un particolare tipo di tributo, qual è lo *stipendium*[38], da tempo gli studiosi che non si sono limitati ad analizzare la situazione di una singola provincia hanno attribuito al vocabolo un significato giuridico-amministrativo, volto cioè ad indicare la deteriore condizione delle città dette stipendiarie rispetto alle altre.

Nel redigere i libri III-V della *Naturalis historia*, infatti, lo scienziato comasco mirava soprattutto a fornire a tutti i suoi lettori un quadro abbastanza chiaro, e geograficamente definito, del grado di romanizzazione delle province dell'impero.

In particolare, la rielaborazione dei dati provenienti dal periplo, con la significativa aggiunta pliniana dello statuto politico delle città, rispecchia, come ha ben osservato Desanges in riferimento alla parte africana, proprio l'esigenza di rendere manifesta l'opera di romanizzazione della provincia: "c'est que Pline, procurateur equestre de l'Empire, devait s'efforcer de surimposer les cadres de l'administration romaine à la description du littoral et de la compléter par un réseau urbain dont les statuts variés constituaient pour ses contemporains la mesure la plus exacte et la plus claire de l'état de la romanisation dans ces provinces"[39].

Un simile obiettivo non stupisce in un'epoca, come il primo secolo dell'impero, caratterizzata da frequenti mutamenti dello statuto politico e giuridico delle città provinciali, mutamenti che ebbero inizio col principato augusteo, aumentarono significativamente in epoca flavia e si protrassero per tutto il secondo secolo[40]. Per tale motivo, anche le differenze negli ordinamenti territoriali locali evidenziate nell'opera dello Pseudo-Agennio, risalente all'epoca domizianea e, quindi, alla stessa temperie politica, culturale e sociale cui va attribuita la stesura della *Naturalis historia*, "sembrano diventare differenze di valore in una graduatoria il cui canone di misura rimane il modello offerto da Roma"[41].

---

[37] Mommsen 1887³, III, 684-685 presentava con cautela quest'ipotesi in relazione alla situazione della penisola iberica: "In den spanischen Städtelisten bei Plinius werden die zu Augustus Zeit mit lateinischen Recht bewidmeten spanischen Städte den stipendiaren entgegen gestellt: es ist möglich, aber nicht sicher, dass damit den ersteren Tributfreiheit beigelegt werden soll". La stessa teoria si ritrova, invece, applicata al caso siciliano da Beloch 1886, 327 (= Beloch 1909, 311); Pais 1888, 207; Holm 1898, 231 e Scramuzza 1937, 347.

[38] Per quanto concerne ancora il caso siciliano cfr. *supra*, § 2.1.1, n. 30.

[39] Desanges 2003² (1980), 20. Più scettico circa la possibilità di definire la romanizzazione dei vari centri urbani è Le Roux 2015, 162, secondo il quale il quadro delle province dell'impero elaborato da Plinio "n'est ni géographique, ni politique, ni juridique mais inclut tout cela et n'a pas pour objectif de mesurer la «romanisation» des communautés ou des peuples mais de rendre compte avec efficacité de l'extension et de la diversité multiforme de l'empire de Rome pour des lecteurs familiers de l'Italie et curieux de l'histoire des terres qui furent le théâtre de l'expansion de la *Res publica*".

[40] De Martino 1965, 666-688.

[41] Grelle 1963, 48.

Nell'opera pliniana, dunque, la distinzione è operata sulla base dello status politico-istituzionale che legava ogni singolo *oppidum* a Roma, dalla condizione ritenuta più vicina al modello dell'Urbe, quella delle colonie, a quella che più se ne discostava, rappresentata dai popoli "sottomessi", gli *stipendiarii* appunto[42]; naturalmente, la scelta di quest'ultimo termine, che doveva rimontare ai documenti ufficiali, aveva il vantaggio di combinare gli aspetti politici (indicando il gradino più basso della gerarchia istituzionale) con quelli fiscali[43] (alludendo in tal modo ai tributi cui queste popolazioni erano soggette, al pari di altri centri privilegiati dal punto di vista istituzionale); voler, tuttavia, desumere dal testo conclusioni sul tipo di imposta che le città stipendiarie dovevano pagare significa, a mio avviso, forzare il dato della fonte.

Peraltro, Plinio non usa mai la parola *stipendium* per indicare i tributi pagati dalle popolazioni sottomesse a Roma o ad altre potenze, ma preferisce adoperare *tributa* o *vectigalia*[44]; inoltre, questi tre termini non compaiono mai nei libri III-V della *Naturalis historia* per indicare il tributo cui sarebbero state soggette alcune città, diversamente da quanto accade, invece, nel caso dell'aggettivo *inmunis* / *immunis* che viene menzionato sette volte proprio nei libri suddetti[45].

---

[42] In tal senso, vd. già Cuntz 1888, 41; Nicolet 1989 (1988), 213-214, il quale, a proposito degli elenchi pliniani relativi alle province, parla di "liste di città in ordine alfabetico all'interno delle categorie giuridiche (colonie di diritto latino, stipendiarie ecc.)"; sullo statuto coloniale considerato migliore rispetto agli altri nell'opera di Plinio e non solo cfr. Capalvo Liesa 1986, 53.

[43] France 2007b, 344-347, in partic. 345 n. 63: "la qualification *stipendiarius* apparaît aussi très fréquemment dans les livres géographiques de l'*Histoire naturelle* de Pline, pour qualifier les communautés dont le statut est le moins privilégié. La documentation de Pline sur ces questions était d'origine administrative et comprenaît notamment les *formulae* provinciales (...); il est donc assuré que le qualificatif *stipendiarius* était celui qui figurait dans les archives et documents officiels". Di differente parere Jones 1971, 520-521, per il quale "in fact there was no official term (per indicare "the ordinary provincial cities", n.d.r.) The terminology used suggests that the Romans regarded the subject cities of the provinces as being in the same general category as the free and federate cities, foreign cities".

[44] *Stipendium* viene usato da Plinio sempre per indicare il soldo militare (*nat.* 7.46.149; 8.61.143; 33.13.43 e 45; 34.11.23) o la "campagna militare" (*nat.* 7.29.104); in un caso (*nat.* 33.47.137: *stipendium quinque mensum frumentumque pollicitus*) il termine assume il significato di punizione di guerra limitata nel tempo e variabile di volta in volta in base alla consistenza numerica dell'esercito mobilitato e alla durata delle campagne per cui vd. *supra*, § 1.2, in partic. n. 32. *Tributum*: *nat.* 6.30.119; 12.8.17, 8.19, 32.61 (in senso figurato: *religioni tributum*), 54.112; 16.11.32; 19.26.79; 21.45.77; 33.15.51 (*miror populum Romanum victis gentibus in tributo semper argentum imperasse, non aurum*; secondo Canto 1996, 225, da questo passo sembrerebbe potersi evincere che Plinio chiama *tributum* quello che per Cicerone e Cesare era lo *stipendium*, ma, considerato l'ampio spettro semantico ricoperto dal termine *tributum*, l'impiego di quest'ultimo avrebbe potuto indicare anche altri tipi di prelievi: probabilmente, più in generale, alludeva all'insieme dei tributi monetari imposti ai vinti); 33.17.56. *Vectigal*: *nat.* 6.24.84; 12.3.6, 32.63; 18.3.11; 19.19.56; 33.40.118; 37.33.111 (col significato di "profitto", il termine è impiegato anche in 9.79.168; 10.27.53; 17.1.9, 26.8.15; 29.2.4; con quello di "rendita", in 31.39.77; 34.49.165). *Tributarius* è usato una sola volta come attributo riferito al suolo in Plin. *nat.* 12.3.6: Ñaco del Hoyo 2003d, 64-65.

[45] Plin. *nat.* 4.4.7 (in riferimento ai Locresi Ozolesi), 4.4.8 (attribuito alla città di Anfisa), 5.3.23 (a proposito dell'*oppidum* di Theudalis) e 5.33.124 (in riferimento alla città di Ilio); l'attributo viene impiegato anche per descrivere la condizione di quattro colonie della Betica (Tucci/ Augusta

Lungi dal distinguere, dunque, le città soggette a tributo da quelle che non lo erano, Plinio preferisce ricordare solo i casi di immunità, che nella sua opera si riducono a sette in tutto e che sono attribuiti a centri o a popoli appartenenti a vari status politico-istituzionali e a differenti categorie giuridiche; altre città, la cui immunità è testimoniata per altra via[46], non ricevettero la qualifica di *immunes* nel testo pliniano forse perché il naturalista non era a conoscenza della concessione, o perché dimenticò (?) di indicarne l'esenzione o, più probabilmente, perché tale privilegio veniva spesso elargito "a tempo"[47] e, all'epoca in cui venne redatta la *Naturalis historia* (o, meglio, cui risalgono le fonti da lui consultate, in particolare le *formulae provinciae*), era già stato revocato o non ancora attribuito. Il testo pliniano, il cui uso della terminologia amministrativa e fiscale non era, peraltro, sempre rigoroso[48], fotografa, quindi, una situazione politica e tributaria soggetta a continui mutamenti.

La supposta contrapposizione, nell'opera dello scienziato comasco, tra città esenti da tributo (colonie, municipi, città libere, città di diritto latino) e città stipendiarie, nel senso di soggette al versamento delle imposte, è, dunque, solo presunta: nei passi in cui viene presentata la lista di queste città, la contrapposizione è impostata sulla base del regime politico-istituzionale e non dell'assetto tributario, giacché buona parte delle città "privilegiate" dal punto di vista istituzionale era soggetta al versamento delle imposte[49], mentre la prerogativa dell'immunità, peraltro concessa eccezionalmente, veniva di norma indicata in modo esplicito nell'opera pliniana. Plinio presenta, dunque, elenchi di città gerarchicamente ordinate, dalla condizione ritenuta più prestigiosa, propria delle colonie, a quella meno vantaggiosa, propria delle stipendiarie.

A maggior ragione, la natura del tributo (in natura o in moneta) cui le varie città vennero sottoposte non è desumibile dall'opera pliniana, che mirava solo ad evidenziare, nei libri "geografici", la differenza tra gli statuti istituzionali delle varie realtà cittadine provinciali e non le caratteristiche dell'imposizione fiscale riservata da Roma ad ognuna di queste.

Alla luce di quanto sopra discusso, si può affermare che anche nella *Naturalis historia*, come già altrove, il termine *stipendiarius* ha un significato essenzial-

---

Gemella, Ituci/ Virtus Iulia, Ucubi/ Claritas Iulia, Urso/ Genetiva Urbanorum: Plin. *nat.* 3.2.12) e di due della Tarraconense (Ilici e Caesaraugusta: Plin. *nat.* 3.2.12 e 3.3.19 e 24). In tutt'altro contesto, tale aggettivo viene riferito al re delle api, esonerato da qualsiasi dovere (Plin. *nat.* 11.17.53)... Sull'immunità nell'opera pliniana cfr. Soraci 2016b, 564-570.

[46] Altri autori e ritrovamenti epigrafici o numismatici testimoniano, ad esempio, l'immunità ottenuta nei primi due secoli dell'Impero da Sparta (Str. 8.5.5, C 365: πλὴν τῶν φιλικῶν λειτουργιῶν ἄλλο συντελοῦντες οὐδέν), Cos (Tac. *ann.* 12.61), Pallantium (Paus. 8.43.1), dalle città della Grecia (*Syll.* 3, 814), Mylasa (*OGI* 515), ecc...: cfr. già Jones 1939, 116-117.

[47] Bernhardt 1982, 345; Jacques 1991, 588 n. 25. Diversa la spiegazione proposta da Bernhardt 1980, 199-201 (ripresa in Bernhardt 1982, 348-349): Plinio avrebbe attribuito la qualifica di *immunes* solo alle città che godevano dell'immunità più completa; tuttavia, come ammette lo stesso studioso, questo criterio non è costantemente applicato dal naturalista e, dunque, non convince del tutto.

[48] Cfr. Ferrary 2014², 7 n. 7.

[49] Vd. *infra*, § 5.2.

mente giuridico-amministrativo, desunto dalle *formulae provinciarum* o da altri documenti pubblici, ed indica le città o le popolazioni che godevano degli statuti meno favorevoli; non è lecito, invece, né ritenere che il vocabolo indicasse i centri sottoposti al pagamento di tributi rispetto a quelli che ne erano esenti, né, tantomeno, desumere, dal solo impiego del termine *stipendiarius* nel testo pliniano, la natura dei tributi che tali centri erano costretti a versare.

2.2. *Stipendiarius ac vectigalis*

Una diversa accezione assume il termine se associato a *vectigalis*: non sempre si può però stabilire se l'abbinamento delle due parole alluda ad una differenza semantica propria di una precisa terminologia tributaria, o sia semplicemente indice della volontà di accostare due aggettivi (a volte sostantivati) considerati come sinonimi e associati in una sorta di endiadi rafforzativa.

Nel *De provinciis consularibus* (56 a.C.) l'oratore elenca le malefatte di Gabinio in Siria, accusandolo, tra l'altro, di aver liberato dal pagamento dei tributi molti provinciali:

> *vectigalis multos ac stipendiarios liberavit*[50].

È difficile determinare se in questo passo Cicerone intendesse indicare genericamente le popolazioni provinciali, forse alludendo con *vectigalis* ad una situazione di dipendenza finanziaria e con *stipendiarius* ad uno stato di subordinazione politica, o se invece avesse volutamente distinto le popolazioni soggette a un non meglio precisato *vectigal* da quelle obbligate al pagamento dello *stipendium*[51].

Nell'opera di Livio ricorrono più volte i due termini associati.

Nel 218 a.C., in un'arringa al suo esercito, P. Cornelio Scipione, il padre dell'Africano, esorta a constatare se «questo Annibale sia l'emulo, come egli stesso asserisce, delle peregrinazioni di Ercole, o se invece non sia contribuente e tributario e servo del popolo romano, sulla scia del padre»:

> *an vectigalis stipendiariusque et servus populi Romani a patre relictus*[52].

In questo brano i tre aggettivi paiono essere posizionati in una sorta di *climax*: la condizione del *vectigalis* sembrerebbe essere preferibile, quella dello *stipendiarius* meno favorevole, quella del *servus*, ovviamente, la più svantaggiosa; in ogni ca-

---

[50] Cic. *prov*. 5.10.

[51] Lécrivain 1919, 431 n. 25 ritiene che in questo passo i *vectigales* siano "sans doute les fermiers du domaine", gli *stipendiarii* "les contribuables". Secondo Ñaco del Hoyo 2003d, 54 n. 144, i due termini indicherebbero, almeno in Livio (per quanto concerne Cicerone cfr. p. 52), una situazione teorica di subordinazione, "en la cual *vectigalis* podría haber correspondido más concretamente a la dependencia financiera..., *stipendiarius* reflejaría el estatuto de sumisión política de los *deditici* sometidos a tales tratos una vez concluído un determinado conflicto bélico".

[52] Liv. 21.41.7.

so, l'uso delle congiunzioni copulative (l'enclitica *–que* e il semplice *et*) indica che, secondo l'opinione, non imparziale, di un romano del I secolo a.C., Annibale poteva essere definito *vectigalis*, *stipendiarius* e *servus* nel medesimo tempo. La connotazione di sottomissione, caratteristica del vocabolo, è qui esemplarmente manifesta.

Trattando della sconfitta subita a Canne, nel 216, Livio istituisce un paragone tra questa ed altre gravi disfatte patite dagli avversari, come quella delle isole Egadi, in seguito alla quale i Cartaginesi si ritirarono dalla Sicilia e dalla Sardegna e dovettero accettare di essere resi *vectigales ac stipendiarii*:

> *compares cladem ad Aegates insulas Carthaginiensium proelio navali acceptam, qua fracti Sicilia ac Sardinia cessere, inde v e c t i g a l e s a c s t i p e n d i a r i o s fieri se passi sunt*[53].

I Cartaginesi furono, in effetti, soggetti al pagamento di un'indennità di guerra, da pagare in talenti[54].

Nel 213 a.C., secondo Livio, i Romani chiesero agli Arpini per quale motivo essi, Italici, avessero mosso guerra agli antichi alleati in favore dei Cartaginesi, barbari e stranieri, e perché, così facendo, volessero rendere l'Italia *vectigalem ac stipendiariam* dell'Africa:

> *percontantibus Romanis quid sibi vellent Arpini, quam ob noxam Romanorum aut quod meritum Poenorum pro alienigenis ac barbaris Italici adversus veteres socios Romanos bellum gererent et v e c t i g a l e m a c s t i p e n d i a r i a m Italiam Africae facerent*[55].

L'espressione appare non altrimenti precisabile, essendo retoricamente riferita ad un'ipotetica condizione di sottomissione politica ed economica che si verificò invece in senso inverso, quando l'Africa divenne tributaria dell'Italia.

---

[53] Liv. 22.54.11. van Gils, Kroon 2019, 226. Per la definizione di *clades* attribuita alla disfatta romana a Canne e, più in generale, sull'atteggiamento positivo tenuto da Roma di fronte alle sconfitte vd., da ultimo, il bel volume di Engerbeaud 2017, 86 e *passim*. Anche Oros. 4.11.2 sapeva che la cessione della Sardegna, insieme con quella della Sicilia, era parte integrante del trattato di pace: *condiciones autem erant, ut Sicilia Sardiniaque decederent proque inpensis bellicis puri argenti tria milia talentum Euboicorum aequis pensionibus per annos viginti penderent*. In realtà, com'è noto, la conquista della Sardegna, diversamente da quella della Sicilia, non fu unicamente conseguenza della vittoria romana alle Egadi, ma venne favorita da una rivolta dei mercenari presenti nell'isola: Pol. 1.79.1-7 e 88.8-12. Sul punto, si vd. Lippold 1963, 122-123 n. 187. Di certo il contributo della Sicilia, visto in termini di bottino, era stato fondamentale per l'economia romana anche negli anni di guerra: Loreto 2007, in partic. 182-196.

[54] Nel 241 a.C. fu richiesto il pagamento di 2200 talenti, cui vanno aggiunti i 1200 talenti pretesi dai Romani nel 227: Pol. 1.62.9, 1.88.12, 3.27.5 e 8. Secondo App. *Sik.* 2.4, la somma richiesta nel trattato di pace del 241 a.C. sarebbe stata di 2000 talenti, mentre Oros. 4.11.2 riporta la cifra di 3000. Braund 1984, 63 n. 52 (a p. 71) sottolinea come in questo caso, nonostante la terminologia delle fonti possa essere fuorviante, sembra probabile si sia trattato non di un tributo, ma di un'indennità di guerra.

[55] Liv. 24.47.6. Vd. Ñaco del Hoyo 2003d, 54 n. 144.

Nel 199 a.C., in occasione del concilio degli Etoli, alle obiezioni poste da alcuni di loro sul comportamento dei Romani, che offrivano alleanza e protezione ma che in realtà si impadronivano delle varie città, come accadde in Sicilia (*et Messanam et Syracusas et totam Siciliam ipsi habent vectigalemque provinciam securibus et fascibus subiecerunt*), il legato romano, L. Furius Purpurio, rispose di riconoscere che la Sicilia era una provincia romana e che le città

> *quae in parte Carthaginiensium fuerunt et uno animo cum illis adversus nos bellum gesserunt, stipendiarias nobis ac vectigales esse*[56].

È possibile che in questo caso ci si trovi davanti ad un uso sinonimico dei due termini: se la provincia di Sicilia è detta *vectigalis*, alcune città dell'isola, quelle che durante la guerra (dal contesto, deve trattarsi della seconda punica) erano state dalla parte dei Cartaginesi, sono definite *stipendiariae ac vectigales*[57].

Sorge però spontanea una domanda: perché Livio avrebbe deciso di menzionare solo Messana e Siracusa come esempio di città siciliane sottomesse a Roma? La ragione principale va probabilmente ricercata nell'importanza dei due centri, forse i più famosi al di fuori dell'isola; eppure la scelta potrebbe essere stata dettata anche da altre considerazioni. Messana, che con la sua richiesta di aiuto e protezione aveva causato lo scoppio della prima guerra punica, al termine della seconda era stata inglobata nella provincia romana, pur mantenendo la condizione privilegiata di città *foederata*; Siracusa, invece, alleata dei Romani fino alla morte di Ierone, si era resa colpevole, nella persona di Ieronimo, di un voltafaccia: è soprattutto a questa città che Furius, e con lui Livio, verosimilmente alludeva nel rispondere che alcune città siciliane *uno animo cum illis adversus nos bellum gesserunt*. Quindi, da un lato, gli Etoli ricordavano due città che erano state alleate dei Romani per dimostrare che la sete di dominio di questi ultimi non si arrestava neppure di fronte alle alleanze, dall'altra proprio la menzione di Siracusa dà modo a Furius di rispondere generalizzando: i Siciliani erano colpevoli di aver tradito l'alleanza con Roma e perciò andavano puniti[58].

---

[56] Liv. 31.31.9.

[57] Liv. 31.29.7: *vectigalemque provinciam*; per il diverso trattamento riservato ai centri siciliani, vd. anche Liv. 25.40.4; cfr. adesso Soraci 2016a. Il termine *vectigalis* riferito all'intera provincia avrebbe avuto un significato generico, volto ad indicare una situazione di sottomissione, secondo la condivisibilissima intepretazione di Ñaco del Hoyo 2003a, 297 n. 17.

[58] Le città che nel corso della seconda guerra punica avevano parteggiato per i Cartaginesi dovevano essere non solo le sei *vi captae* ma anche, probabilmente, le 20 occupate per tradimento, tra cui Agrigento e la stessa Siracusa, di cui parla Liv. 26.40.14 (cfr. anche Eutr. 3.14: *Laevinus... XL civitates in deditionem accepit, XXVI expugnavit*); vd. Pareti 1952, 425-427; Manganaro 1979, 415-416; Marino 1988, 89-90 e n. 214. Secondo Pinzone 1999 (1979), 8-9 n. 27 e Pinzone 1999 (1990), 178-179, invece, le città siciliane che avevano parteggiato per i Cartaginesi e che erano divenute *stipendiariae ac vectigales* sarebbero esclusivamente quelle *vi captae*, il cui territorio era divenuto agro pubblico ed era stato perciò soggetto al *vectigal certum quod stipendiarium dicitur*, mentre "le altre città, quelle datesi *in fidem*", sarebbero state, "tranne le *immunes ac liberae*, tutte «decumane»". Appare, tuttavia, preferibile ritenere che Livio, interessato a giustificare l'operato ro-

Nel 195 a.C., a proposito della legge Cincia, emanata nel 205 e avente, tra l'altro, lo scopo di evitare che un avvocato ricevesse doni o denaro per condurre un processo, Livio fa chiedere a Catone il censore, allora console, quale motivazione avesse portato all'emanazione di tale legge *de donis et muneribus* se non quella per cui la plebe aveva cominciato a diventare *vectigalis iam et stipendiaria* del senato:

> *quid legem Cinciam de donis et muneribus nisi quia vectigalis iam et stipendiaria plebs esse senatui coeperat?*[59].

Si tratta evidentemente di un'endiadi, il cui significato è in questo caso metaforico.

L'uso sinonimico dei due termini riscontrato sinora non figura, invece, in un passo delle *Verrine* nel quale *stipendiarius* e *vectigalis* appaiono piuttosto contrapposti tra loro: secondo Cicerone, gli antichi Romani permisero di possedere le opere d'arte sia agli alleati (*socii*), perché potessero vivere una vita il più possibile splendida e lussuosa, sia alle popolazioni sottomesse, *vectigales aut stipendiarii* (che nel caso specifico indicavano probabilmente due diverse categorie), perché servissero loro di conforto pur in una condizione di subordinazione (*ut illi... haberent haec oblectamenta et solacia servitutis*); il termine è, in questo caso, contrapposto non solo al vocabolo *socii* ma anche, e più esplicitamente, a *vectigales*:

> *apud eos autem quos vectigalis aut stipendiarios fecerant tamen haec relinquebant, ut illi, quibus haec iucunda sunt quae nobis levia videntur, haberent haec oblectamenta et solacia servitutis*[60].

Un caso particolare è rappresentato da un brano degli *Annales* tacitiani in cui i due termini si trovano accostati e, in qualche modo, contrapposti, sebbene *stipendiarius*, impiegato in funzione di attributo, sia qui associato al sostantivo *vectigal* e non all'aggettivo *vectigalis*. L'autore ripercorre le tappe della questura, precisando che in origine i questori erano solo due, con incarichi militari, e che poi, col moltiplicarsi dell'attività pubblica, ne vennero aggiunti altri due specifica-

---

mano, non intendesse indicare in questo passo la precisa condizione amministrativa e tributaria di alcuni centri siciliani, ma piuttosto evidenziare l'errore delle città che si erano schierate contro l'Urbe. Propende per l'ipotesi dell'uso generico dei due termini anche Briscoe 1973, 136.

[59] Liv. 34.4.9. Cfr. Casavola 1960, 12-19: "Evidentemente qualunque prestazione che la *plebs* fosse stata costretta a richiedere agli organi giudiziari e dell'amministrazione – non va dimenticato che i *iudices* appartengono all'ordine senatorio – era accompagnata da *dona* e *munera*, che la richiesta sopraffattrice aveva reso ormai usuali. Ed è questo carattere di costante ed invalsa sistematicità che rivelano le parole di Catone «*vectigalis iam et stipendiaria plebs esse senatui coeperat*»". Cfr. anche Boren 1983, 431 n. 12. Per una ricostruzione del testo della legge alla luce dei frammenti vaticani vd. anche Stein 1985. Da ultimo, cfr. Coffee 2017, 40-43 e nn. a p. 210, ove ulteriore bibliografia.

[60] Cic. *Verr*. 2.4.60.134.

mente destinati alla città di Roma (421 a.C.); in seguito il numero sarebbe stato raddoppiato, quando l'Italia divenne stipendiaria e si poteva contare sulle imposte delle province; invece, dopo la legge di Silla ne furono creati venti per venire in aiuto al senato al quale erano state affidate le cause giudiziarie:

> *sed quaestores regibus etiam tum imperantibus instituti sunt, quod lex curiata ostendit ab L. Bruto repetita. Mansitque consulibus potestas deligendi, donec eum quoque honorem populus mandaret. Creatique primum Valerius Potitus et Aemilius Mamercus sexagesimo tertio anno post Tarquinios exactos, ut rem militarem comitarentur. Dein gliscentibus negotiis duo additi qui Romae curarent: mox duplicatus numerus, stipendiaria iam Italia et accedentibus provinciarum vectigalibus: post lege Sullae viginti creati supplendo senatui, cui iudicia tradiderat*[61].

Secondo Alicia Mª Canto, in questo passo il termine *stipendiarius* non avrebbe accezione negativa, giacché non si riferirebbe ad una forma di subordinazione politica ed economica "umiliante" ma sarebbe usato per indicare la condizione municipale di cui buona parte delle città italiane aveva goduto tra il 338 e l'89 a.C. Tale ipotesi ha però suscitato non poche perplessità ed è stata in più punti contestata; in questa sede si è preferito proporre una diversa interpretazione del passo: poiché l'Italia continuava a mantenere l'esercito quando già le province inviavano tributi a Roma, venne detta, con gli occhi di un Romano di parecchi secoli dopo, *stipendiaria*[62].

2.2.1 *Vectigal certum stipendiarium*

L'aggettivo *stipendiarius* è usato in un solo caso come attributo di *vectigal*: si tratta del noto passo delle *Verrine*, in cui Cicerone distingue le imposte fondiarie delle varie province e afferma che il *vectigal certum stipendiarium* veniva richiesto agli Hispani e alla maggior parte dei Punici, mentre l'Asia e la Sicilia erano soggette ad un altro tipo di imposte; in questo caso si tratta di un'associazione, per così dire, negativa, poiché si riferisce alla constatazione che questo tipo di *vectigal* non sarebbe stato esatto in Sicilia:

> *Inter Siciliam ceterasque provincias, iudices, in agrorum vectigalium ratione hoc interest, quod ceteris aut impositum vectigal est certum, quod stipendiarium dicitur, ut Hispanis et plerisque Poenorum quasi*

---

[61] Tac. *ann.* 11.22.

[62] Si vd. *supra*, § 1.2 e n. 37. Per l'aumento del numero avvenuto nel 421 vd. Liv. 4.43.12. Più problematico stabilire in che anno furono introdotti gli altri quattro questori; Loreto 1993, 494-502, ritiene che non si possa indicare una sola data, giacché "la stessa natura sfumata dell'espressione cronologica vuole indicare che tra il 421 e tale momento il numero era progressivamente e non istantaneamente aumentato"; cfr., da ultimo, Pina Polo, Díaz Fernández 2019, 25-50. Sul significato del termine *stipendiarius* nel passo tacitiano vd. Canto 1996, 224; *contra*, si vd. García Fernández 2000.

> *victoriae praemium ac poena belli, aut censoria locatio constituta est, ut Asiae lege Sempronia: Siciliae civitates sic in amicitiam fidemque accepimus ut eodem iure essent quo fuissent, eadem condicione populo Romano parerent qua suis antea paruissent.*

Si propone qui di seguito una traduzione letterale del passo di Cicerone:

> Tra la Sicilia e le altre province, o giudici, vi è questa distinzione per quanto riguarda i campi soggetti ad imposte, che nelle altre o è stato stabilito un tributo fisso, che viene detto stipendiario, come agli Hispani e alla maggior parte dei Punici in quanto premio per la nostra vittoria e punizione per la guerra (mossa contro di noi), oppure è stato introdotto l'appalto da parte dei censori, come in Asia in forza della legge Sempronia: (invece) le città della Sicilia le abbiamo accolte in amicizia e fiducia affinché rimanessero con le stessi leggi che avevano prima e fossero sottoposte al popolo romano alle stesse condizioni alle quali erano soggette prima ai loro connazionali[63].

Innanzi tutto è opportuno inquadrare il passo nel suo contesto specifico, ossia quello di un'orazione dedicata ai nefasti effetti dell'operato di Verre sulla produzione cerealicola dell'isola: appare così chiaro come Cicerone intendesse distinguere la particolare condizione tributaria della Sicilia da quella delle altre province solo per quanto concerneva l'ambito agrario (*in agrorum vectigalium ratione*) e non la totalità del sistema impositivo provinciale[64].

In secondo luogo, l'uso dell'espressione *vectigal... certum, quod stipendiarium dicitur* al posto della più ovvia *vectigal... certum, quod stipendium dicitur*, dovrebbe, a mio avviso, mettere in guardia il lettore; l'equivalenza del termine *vectigal stipendiarium* con *stipendium*, adottata da quasi tutti gli studiosi, è invece da dimostrare. Quasi una trentina di anni fa Genovese osservava "come non risulti soddisfacente l'approccio della dottrina relativamente al senso dell'espressione *vectigal certum quod stipendiarium dicitur*, che o appare ritenuto sinonimo di *stipendium*, o più o meno radicalmente distinto da questo"[65].

---

[63] Cic. *Verr.* 2.3.6.12. Preferisco tradurre *in agrorum vectigalium ratione* con "per quanto riguarda i campi soggetti ad imposte" invece di "in materia di imposte fondiarie", perché a mio avviso *agrorum vectigalium* è genitivo plurale di *agri vectigales* e non di *agrorum vectigalia*: la prima espressione ricorre più volte nello stesso Cicerone (*Verr.* 2.3.50.119, 52.122; *leg. agr.* 2.24.64; *Fam.* 13.7.1), mentre la seconda appare solo in *leg. agr.* 2.29.81 (*hoc agri Campani vectigal*); il senso del discorso, comunque, rimane sostanzialmente invariato. Per quanto concerne la bibliografia sul passo, si rimanda a quanto osservato in Soraci 2011, 124 n. 62.

[64] Vd., in tal senso, già Genovese 1993, 174; Aguilar Guillén, Ñaco del Hoyo 1997, 73-75; Ñaco del Hoyo, Prieto Arciniega 1999, 237; Gebbia 2003, 27-40; Ñaco del Hoyo 2003d, 370; *contra*, cfr. France 2007a, 169-176, secondo cui l'espressione avrebbe un significato molto più ampio, che oltrepasserebbe "le cadre particulier de l'organisation de la fiscalité agraire", designando "l'organisation des territoires redevanciers dans leur ensemble".

[65] Genovese 1993, 239-240 n. 119 e 235 n. 114. Sulla non equivalenza dell'espressione ciceroniana con lo *stipendium*, cfr. Ñaco del Hoyo, Prieto Arciniega 1999, 237-238; Ñaco del Hoyo 2005, 371, a detta del quale sarebbe "plausible que *stipendiarium* no derivase de *stipendium* sino

A mio avviso, l'espressione *vectigal... certum quod stipendiarium dicitur* non dovrebbe essere considerata sinonimo di *stipendium* innanzi tutto perché quest'ultimo non compare mai, fino all'epoca augustea, quale tassa sui terreni[66]; inoltre, diversamente dallo *stipendium* che, in quanto risarcimento delle spese sostenute nelle guerre, era essenzialmente destinato alla paga dei soldati e versato in moneta (e infatti nelle fonti viene contrapposto alla fornitura di grano o di cibarie in genere)[67], il *vectigal certum stipendiarium* poteva anche essere un'imposta in natura, pagata cioè con gli stessi prodotti del campo; ciò che lo distingueva dalla decima o da altre analoghe contribuzioni era la caratteristica di tributo dall'ammontare fisso[68]. Sebbene non vi possano essere, allo stato attuale della documentazione in nostro possesso, prove certe a riguardo che inducano a propendere per l'una o per l'altra interpretazione, appare questa la lettura più corretta del passo delle *Verrine*.

---

del adjetivo sustantivado *stipendiarii*, que podría traducirse por "pueblos sometidos". Quest'ultima ipotesi, a dire il vero, mi sembra solo in parte condivisibile: *stipendiarium* è la forma neutra dell'aggettivo *stipendiarius*, da cui deriva anche il plurale sostantivato *stipendiarii*, sebbene nelle opere di Cicerone il termine sia presente solo al plurale e in forma sostantivata; la sua probabile origine da *stipendium* non inficia, comunque, l'ipotesi dello studioso, giacché il vocabolo mantiene comunque un'accezione negativa, segno di subordinazione politica ed economica.

[66] L'unica eccezione a quanto appena affermato è rappresentata dal noto, ma discusso caso, della *lex agraria* del 111 a.C. (*FIRA* I, *Leges*, nr. 8, ll. 77-80), su cui vd. *infra*, § 3.1. Cfr. Luzzatto 1953, 94 n. 60: "il significato di *vectigal* è sempre, nell'età repubblicana così distinto da quello di *stipendium*, che quando i termini vengono ravvicinati, come è p. es. il caso di Cic. *in Verr.* 3, 6, 12... questo avviene sempre in modo da mantenere inalterate le caratteristiche particolari dello *stipendium* «...*vectigal certum... quod stipendiarium dicitur*»".

[67] Cfr. quanto affermato *supra*, § 1.1. Sull'accostamento/contrapposizione di *stipendium* e *frumentum*, ai passi tratti da Livio (8.2.4, 9.43.6, 10.5.12, 23.21.1-5, 23.41.6-7, 23.48.4, 29.3.5, 30.37.5, 37.59.6: *stipendium militare et frumentum duplex post triumphum datum*), e citati da Genovese 1993, 239-240 n. 119, si aggiunga: Caes. *b.c.* 3.53.5; Cic. *Verr.* 2.1.14.36, 2.1.27.70, 2.5.24.60-61 e 25.62; Id. *Font.* 6.13; Id. *Pis.* 7.14; Cic. *ad Q. fr.* 1.1.5 (*nullam inopiam stipendi aut rei frumentariae*); Sall. *or. Cottae* 6, *epist. Pomp.* 3 e 9; Liv. 2.54.1, 9.43.21, 23.12.5, 35.49.11, 40.35.4; Plin. *nat.* 33.47.137; Val. Max. 7.6.1; Gran. Lic. 35.77; Suet. *Iul.* 26.3 e 68.1; Tac. *hist.* 3.8 e 4.26. Sull'accostamento/contrapposizione di *stipendium* e *commeatus* cfr. Liv. 24.8.14, 28.12.5; Sall. *Iug.* 36.1, 86.1, 90.2; su quella di *stipendium* e *cibaria* vd. Caes. *b.c.* 3.53. (dove però *veste, cibariis* è correzione del tradito *vespeciariis*: vd. ed. R. Du Pontet); Liv. 26.35.4. Ciò nonostante, alcuni studiosi hanno ritenuto di poter identificare lo *stipendium* con un'imposta versata anche in natura: già Marquardt 1884², 192-193 ebbe ad affermare che esso era originariamente una "Kriegscontribution", "dass es in Geld oder in Naturallieferungen oder in beiderlei Weise gefordert werden kann"; Lécrivain 1919, 432 parlava, a proposito dell'Africa, di "*stipendium* fixe, probablement en blé"; secondo Luzzatto 1971, 444, lo *stipendium* consisteva, "in linea di principio, in una contribuzione fissa in natura o in denaro"; Garnsey 1978, 349 n. 70 ha ritenuto lo *stipendium* "a levy of cash for the payment of soldiers, or of kind for their supplies".

[68] Vd. Spagnuolo Vigorita, Mercogliano 1992, 98, in cui vengono distinte le "contribuzioni percentuali, come la *decuma* o il *vectigal*" dalle "imposte fisse, quali, ad esempio, il "*vectigal certum stipendiarium* e lo *stipendium*"; cfr. però *ibid.* p. 99, dove si parla di "somme": "l'esazione di somme fisse (*vectigalia certa stipendiaria, stipendia*) versate annualmente da alcune città veniva, in prevalenza, riservata a queste *civitates stipendiariae*, che realizzavano l'ammontare complessivo tramite imposte proporzionali ricadenti sul patrimonio dei singoli o grazie a contribuzioni in natura o mediante regolari entrate cittadine di vario tipo (*vectigalia*) o per mezzo di ipoteche e prestiti".

La distinzione di Cicerone non si basa, quindi, sulla differenza tra imposte pagate in denaro e imposte pagate in natura (come ha ritenuto buona parte della moderna dottrina fondandosi univocamente su una delle possibili letture dell'espressione *vectigal... certum, quod stipendiarium dicitur*); la condizione privilegiata della Sicilia rispetto alle altre province era dovuta ad altri fattori: l'isola, infatti, diversamente da quanto accadeva in Spagna e in Africa, entrambe costrette al pagamento di un tributo fisso sui campi, era tenuta a versare un quantitativo di grano variabile in base al raccolto; era privilegiata anche rispetto all'Asia, che, pur pagando un tributo variabile, subiva la *locatio censoria*, in forza della quale la gara d'appalto per la riscossione delle tasse veniva espletata a Roma; la Sicilia, invece, godeva della prerogativa, sua propria, di potere svolgere la gara d'appalto delle decime cerealicole nello stesso territorio isolano, a Siracusa[69].

2.2.2 Città d'Asia *stipendiariae*

Il termine *stipendiarius* viene menzionato in Livio anche per indicare la particolare condizione amministrativa e tributaria di alcune città dell'Asia soggette ad Antioco e poi liberate dai Romani.

Duncan-Jones 1990, 188, che riporta l'espressione *certum stipendium* al posto di quella effettivamente presente nel succitato testo ciceroniano, afferma: "it is usually assumed that because the amount was fixed, payment of direct taxes in Spain and Africa was in money and continued to be so under the Principate", attribuendo così a questa presa di posizione un valore dato dalla consuetudine; più avanti, tuttavia, lo stesso studioso aggiunge: "it is worth noticing in this context that a tax whose amount was fixed could in fact be paid in grain" (p. 192); del resto, già Schwahn 1939, col. 10 riteneva che un'imposta di ammontare fisso potesse essere versata in natura o in moneta. France 2001b, 364, pur ammettendo l'equivalenza del termine *vectigal* con *stipendium*, pensa ad una somma fissa richiesta *generalmente* in contanti: "le *vectigal* (ou *stipendium*) *certum* qui repose sur le paiement d'une somme fixe dont le montant est déterminé par Rome généralement en espèces monétaires". Nei successivi lavori, pur ritenendo "peu concluant", l'accostamento "entre la terminologie fiscal et le mode de versement, en nature ou en espèces, de l'impôt" (France 2007b, 340 n. 36) lo studioso ha precisato che la possibilità di effettuare i versamenti in natura o in denaro doveva dipendere, tra la fine della Repubblica e l'inizio dell'Impero, "des situations et des opportunités régionales, voire provinciales et locales" e dalle necessità dello Stato romano (France 2007a, 180-181).

[69] *Verr*. 2.3.6.14-15. Cfr. France 2007a, 179: "Le point important est d'abord l'épithète *certum* qui désigne quelque chose de fixe, régulier, déterminé à l'avance, notamment pour un prix, et aussi quelque chose de ferme, qui est certain d'être accompli. De ce point de vue, l'opposition semble claire avec la dîme dont le produit prélevé sur la base d'une quotité est par définition variable". Vd. anche *infra*, § 3.1. Per un commento del passo e per un confronto con la situazione asiana, vd. da ultimo, Merola 2001, 40, che però accetta l'equivalenza *vectigal certum stipendiarium* = *stipendium*. Sull'imposta per quote in Asia, vd. Cic. *Manil*. 6.15 (*ex decumis... vectigal*); Id. *Flacc*. 8.19; App. *b.c.* 5.4.18. Secondo diversi studiosi, comunque, l'Asia avrebbe pagato prevalentemente in moneta le decime cui era sottoposta in epoca repubblicana, anche se le fonti in proposito non sono per nulla esplicite: Rostowzew 1910, coll. 154-155; Lécrivain 1919, 432; Frank 1933, 255-256 (ma cfr. p. 274, sulla possibilità che le decime non venissero talvolta convertite in moneta); Magie 1950, 164 e 1054 nn. 16 e 18; Rickman 1980, 42-45; Lo Cascio 1986, 36 e n. 19; Pierobon-Benoit 1994, 306; Garnsey 1997, 302; Merola 2001; Ead. 2004, 185-186 n. 52. Diversa appare l'opinione di Broughton 1938, 511-512, che parla di "payment in kind".

Nel primo passo in questione, il sovrano seleucida rimprovera ai Romani (193 a.C.), suoi alleati e quindi posti su un piano di parità, di volergli imporre quali città dell'Asia rendere libere e immuni e quali stipendiarie; in questo caso, il termine potrebbe essere contrapposto non solo, come si è visto sopra, alla condizione di libertà, ma anche a quella di immunità; l'opposizione sarebbe, dunque, estesa ad entrambi i campi, quello amministrativo e quello tributario, mentre nei passi successivi il riferimento riguarderà esplicitamente l'ambito finanziario:

> *ex eo genere cum Antiochus esset, mirari se quod Romani aequum censeant leges ei dicere quas Asiae urbium liberas et immunes, quas stipendiarias esse velint, quas intrare praesidia regia regemque vetent*[70].

Il rimprovero mosso dal sovrano seleucida è reiterato da Minnione, l'ambasciatore di Antioco, il quale accusa i Romani di incoerenza: da un lato, avevano assoggettato i Greci di Napoli, Reggio e Taranto, da cui esigevano la fornitura di navi e il pagamento di uno *stipendium*; dall'altro, si opponevano all'atteggiamento tenuto da Antioco stesso il quale voleva riportare Smirne, Lampsaco e le città della Ionia o dell'Eolide, sconfitte in guerra dai suoi antenati e rese *stipendiarias ac vectigales*, all'antica condizione di tributarie:

> *qui enim magis Zmyrnaei Lampsacenique Graeci sunt quam Neapolitani et Regini et Tarentini, a quibus stipendium, a quibus naves ex foedere exigitis? Cur Syracusas atque in alias Siciliae Graecas urbes praetorem quotannis cum imperio et virgis et securibus mittitis? Nihil aliud profecto dicatis quam armis superatis vos iis has leges imposuisse. Eandem de Zmyrna, Lampsaco civitatibusque quae Ioniae aut Aeolidis sunt causam ab Antiocho accipite. Bello superatas a maioribus et stipendiarias ac vectigales factas in antiquum ius repetit*[71].

Al termine della guerra con Antioco (189 a.C.), conclusasi con la vittoria dei Romani, giunsero nell'Urbe le ambascerie di diverse popolazioni dell'Asia, tra cui quella del re Eumene sopra menzionata; in tale occasione il senato decise di man-

---

[70] Liv. 34.57.10. Sugli avvenimenti di quegli anni vd. John 2002. Per una trattazione delle città stipendiarie d'Asia vd. il pur datato, ma ancora utile Accame 1946, 28-45.

[71] Liv. 35.16.3-6. Canto 1996, 223 ritiene, sulla base di un confronto con l'affermazione di Liv. 35.46.10 (secondo cui nessuna città greca era sottoposta ai Romani *foedere iniquo*) che il *foedus* di cui si parla a proposito di Napoli, Reggio e Taranto sia stato *aequus* e non *iniquus*; la studiosa ne deduce che, nel mezzo secolo intercorso tra la seconda guerra punica e la sottomissione definitiva della Grecia (ma va osservato che i trattati tra Roma e le tre città della penisola italiana dovevano essere stati stipulati molto prima, a meno che non si pensi ad un improbabile rinnovo), il concetto di *stipendium* si andò ampliando e da contribuzione forzosa passò ad indicare anche quella nata da "un tratado de amistad entre iguales, lo que supone una aportación casi voluntaria". Il paragone non mi sembra, tuttavia, valido se si considera la differenza sostanziale tra la situazione di Napoli, Reggio e Taranto, annesse al dominio romano, e quella delle città greche che, nel periodo cui si riferisce il passo di Livio, erano ancora libere. Sul concetto di *foedera aequa* e *iniqua* cfr. Toynbee 1965, 261-263; in merito al pagamento dello *stipendium* da parte dei *socii navales* vd. Ilari 1974, 105-112.

dare dieci legati a dirimere le controversie e rese nota la sorte delle città della penisola anatolica: il territorio appartenuto al re Antioco sarebbe stato diviso tra i Rodii ed Eumene; le città che erano state *stipendiariae* di Attalo avrebbero dovuto pagare il tributo (*vectigal*) ad Eumene, mentre quelle già *vectigales* di Antioco sarebbero divenute *liberae atque immunes*:

> *ceterae civitates Asiae, quae Attali stipendiariae fuissent, eaedem vectigal Eumeni penderent; quae vectigales Antiochi fuissent, eae liberae atque immunes essent*[72].

Nel libro seguente Livio narra come queste disposizioni furono messe in atto nel 188 a.C. dai dieci legati, che introdussero come elemento discriminante il principio della fedeltà alla causa romana: alle città *stipendiariae* del re Antioco che avevano appoggiato il popolo romano fu concessa l'immunità, mentre a quelle schieratesi dalla parte di Antioco o *stipendiariae* del re Attalo venne imposto il pagamento del tributo (*vectigal*) ad Eumene:

> *civitatium autem cognitis causis decem legati aliam aliarum fecerunt condicionem. Quae stipendiariae regi Antiocho fuerant et cum populo Romano senserant, iis immunitatem dederunt; quae partium Antiochi fuerant aut stipendiariae Attali regis, eas omnes vectigal pendere Eumeni iusserunt*[73].

Anche in questi due casi la condizione di tributario e quella di libero e immune sono contrapposte tra loro, ma i termini *stipendiarius* e *vectigalis* sembrano essere usati nel testo di Livio indifferentemente, alla stregua di sinonimi; quest'interpretazione viene confermata da un confronto con la terminologia polibiana in riferimento agli stessi eventi: le città tributarie, distinte da Livio in *stipendiariae* o *vectigales*, sono infatti nelle *Storie* polibiane definite sempre come "città che pagavano il φόρος". Non doveva, dunque, trattarsi di contribuzioni di natura diversa; è, invece, probabile che il termine *stipendiarius* sia stato qui impiegato per indicare una condizione tributaria diversa da quelle in uso nel mondo romano[74].

---

[72] Liv. 37.55.6; il brano pare essere l'esatto corrispettivo di Pol. 21.24.7-8, dove però il corrispondente di *stipendiariae* e di *vectigales* è "città che pagavano il φόρος" e l'espressione è resa mediante l'uso di verbi diversi: … τῶν (δὲ) πόλεων τῶν Ἑλληνίδων ὅσαι μὲν Ἀττάλῳ φόρον ὑπετέλουν, ταύτας τὸν αὐτὸν Εὐμένει τελεῖν, ὅσαι δ´ Ἀντιόχῳ, μόνον ταύταις ἀφεῖσθαι τὸν φόρον. Cfr. anche App. *Syr*. 231. Sul passo vd. SCHMITT 1957, 83; CIMMA 1976, 130 n. 62; HOPP 1977, 49; JOHN 2002, 282-283.

[73] Liv. 38.39.7-8; cfr. il corrispondente passo di Pol. 21.46.2-4, in cui viene usato anche il termine σύνταξις come equivalente di φόρος: ὅσαι μὲν τῶν αὐτονόμων πόλεων πρότερον ὑπετέλουν Ἀντιόχῳ φόρον, τότε δὲ διεφύλαξαν τὴν πρὸς ʽΡωμαίους πίστιν, ταύτας μὲν ἀπέλυσαν τῶν φόρων· ὅσαι δ' Ἀττάλῳ σύνταξιν ἐτέλουν, ταύταις ἐπέταξαν τὸν αὐτὸν Εὐμένει διδόναι φόρον. Εἰ δέ τινες ἀποστᾶσαι τῆς ʽΡωμαίων φιλίας 'Αντιόχῳ συνεπολέμουν, ταύτας ἐκέλευσαν Εὐμένει διδόναι τοὺς Ἀντιόχῳ διατεταγμένους φόρους… WILL 1967, 191-192; HOPP 1977, 54 n. 112; WALBANK 1996 (1992), 246-247. Sulla condizione politica delle singole città costiere dell'Asia minore dopo il 188 a.C. vd. lo studio, non recente ma ancora valido, di BIKERMAN 1937; cfr. anche SCHMITT 1964, 278-295.

[74] ÑACO DEL HOYO 2003b, 35-46. È indicativo il fatto che, nel caso della Macedonia e dell'Illirico, Livio parli di imposizione da parte di Roma di un tributo corrispondente alla metà di quello

2.3. *Stipendiarius* = sottomesso e soggetto a tributo

Un terzo significato, più ristretto, indicava la condizione di "soggetto a tributo", che era verosimilmente fisso: in base al contesto si può talvolta stabilire se l'imposta sia stata versata in natura o in moneta.

Nella *Pro Balbo*, la cui stesura risale al 56 a.C., Cicerone si sofferma ad elencare la tipologia di persone che potevano ricevere la cittadinanza romana, ossia schiavi, nemici e *stipendiarii* d'Africa, di Sicilia, Sardegna e altre province:

> *nam s t i p e n d i a r i o s ex Africa, Sicilia, Sardinia, ceteris provinciis multos civitate donatos videmus*[75].

L'espressione, che non stupisce in riferimento all'Africa e alla Sardegna, ha suscitato non poche perplessità per quanto concerne la Sicilia: se per *stipendiarii* si intendono coloro i quali erano soggetti al pagamento di un tributo in moneta di importo fisso, lo *stipendium*, non si può non riscontrare un'incongruenza con la situazione siciliana fino a Verre, quando è indubbia l'esistenza delle decime che rappresentavano senza dubbio la parte più cospicua degli esborsi fiscali. L'incongruenza appare più evidente nel confronto con un altro passo della stessa orazione:

> *Afris, Sardis, Hispanis agris stipendioque multatis*[76];

i Siciliani sono stati qui "sostituiti" con gli Hispani. Esclusa l'ipotesi che tale "sostituzione" sia dovuta a una svista dell'oratore o a una necessità di *variatio*, occorre approfondirne le motivazioni.

Secondo Pinzone, Pompeo Magno, durante la *cura annonae* a lui affidata, sarebbe intervenuto sul sistema tributario siciliano non cancellando le decime ma concentrando l'attenzione di Roma sull'aderazione "in misura fissa" del *frumentum emptum*, che aveva il vantaggio di poter "dare un gettito frumentario superiore a quello del variabile frumento decumano"; lo *stipendium* siciliano non sarebbe altro che "il risultato di una regolare aderazione del *frumentum emptum*". L'uso del termine *stipendiarii* in riferimento alla Sicilia nel passo di Cicerone, scritto peraltro all'indomani della *cura annonae* pompeiana, potrebbe essere un indizio dell'"azione innovativa" portata avanti da Pompeo nell'isola[77].

Lo studioso, tuttavia, era portato ad interpretare così il passo di Cicerone al fine di ricostruire le origini di quella sostituzione dei prelievi cerealicoli con il versamento di imposte in denaro che a diversi studiosi, a partire da Marquardt, è parsa

---

versato ai re, ma che i termini impiegati variino: *et dimidium tributi, quam quod regibus ferre soliti erant, populo Romano pendere* (Liv. 45.18.7); *vectigal dimidium eius, quod regi pependissent, inpositum* (Liv. 45.26.14); *tributum dimidium eius, quod pependissent regibus, pendere populo Romano* (Liv. 45.29.4). Ferrary 2014², 179-180 n. 194.

[75] Cic. *Balb.* 9.24.

[76] Cic. *Balb.* 18.41.

[77] Pinzone 1999 (1990), 199-206.

caratterizzare la storia fiscale della Sicilia imperiale[78]. Tale teoria, a sua volta, si basava sia sul cosiddetto "silenzio delle fonti" sia sull'impiego del termine *stipendiarii* nell'opera pliniana[79]. Com'è stato altrove dimostrato e come si è ribadito in questa sede[80], tuttavia, il termine *stipendiarii* non era usato nell'opera di Plinio per indicare quanti erano soggetti al pagamento dello *stipendium* rispetto a coloro che non lo erano, ma serviva piuttosto a distinguere le popolazioni che godevano di una condizione istituzionale meno favorevole da quelle privilegiate.

È, dunque, più opportuno cercare altrove la spiegazione della supposta incongruenza ciceroniana. Il termine *stipendiarii* attribuito ai Siciliani potrebbe riferirsi alle spese dovute per il mantenimento della flotta, che, grazie a un passo delle *Verrine*, sappiamo sostenute dalle città dell'isola in epoca repubblicana: tra queste spese vi era anche lo *stipendium*, e ciò potrebbe indurre ad includere a buon diritto i Siciliani tra gli *stipendiarii*; mi sembra, tuttavia, poco probabile che, in un contesto così generico, l'oratore pensasse ad un caso specifico e a un'imposta che incideva solo marginalmente sull'intero ammontare dei contributi[81].

Ritengo, invece, più verosimile che si tratti di due diverse realtà poste a confronto: da un lato la condizione dei popoli soggetti al pagamento dello *stipendium*, dall'altra quella degli *stipendiarii*, ossia delle popolazioni sottomesse dal punto di vista politico e tributario, ma che non necessariamente dovevano versare lo *stipendium*, una tassa in denaro. Anche in questo caso, dunque, il termine appare essere impiegato nella sua ampia accezione di significato[82].

Stipendiarius ricorre anche in tre brani del *De bello Gallico*, la cui stesura si fa risalire agli anni 52-51 a.C.

Difficile precisare a quale tipologia, se al versamento in natura o a quello in moneta, faccia riferimento Cesare col termine *stipendiarii*; è molto probabile che il vocabolo vada qui tradotto, come nella maggioranza dei casi qui esaminati, col più generico "tributari".

Nel primo di questi passi Cesare riferisce che, al termine della guerra contro gli Elvezi, diverse tribù galliche lo ringraziarono di essere state liberate dai soprusi di un popolo che aveva lasciato la patria per impadronirsi delle terre più fertili e per rendere tributarie (*stipendiariae*) le altre città:

---

[78] Soraci 2011, X-XI e, soprattutto, 99-115; *supra*, § 2.1.1, in partic. n. 30.

[79] Soraci 2011, 115-130.

[80] Soraci 2016b; vd. *supra*, § 2.1.1.

[81] *Verr*. 2.5.24.60-61: *Sumptum omnem in classem frumento stipendio ceterisque rebus suo quaeque navarcho civitas semper dare solebat. Erat hoc, ut dico, factitatum semper, nec solum in Sicilia sed in omnibus provinciis, etiam in sociorum et Latinorum stipendio ac sumptu, tum cum illorum auxiliis uti solebamus*. Sul passo, vd. Ilari 1974, 110-111; Nicolet 1978, 10-11.

[82] Tale interpretazione non sarebbe, del resto, nuova, se si considera che il Luzzatto 1985, 50, senza peraltro fare riferimento al passo della *Pro Balbo*, affermava: "trentaquattro sono poi le *civitates stipendiariae*: assoggettate cioè al tributo tipico per la Sicilia, la decima". Vd. anche Genovese 1993, 239; lo stesso Pinzone 1999 (1990), 200 non esclude quest'ipotesi.

> *propterea quod eo consilio florentissimis rebus domos suas Helvetii reliquissent, uti toti Galliae bellum inferrent imperio que potirentur locum que domicilio ex magna copia deligerent, quem ex omni Gallia op<p>ortunissimum ac fructuosissimum iudicassent, reliquasque civitates stipendiarias haberent*[83].

Il secondo passo concerne le trattative tra Cesare e Ariovisto, re dei Germani, ed in particolare la risposta data da quest'ultimo per giustificare il suo operato. Gli Edui avevano mosso guerra ai Germani, erano stati battuti e perciò resi tributari, *stipendiarii*:

> *Haeduos sibi, quoniam belli fortunam temptassent et armis congressi ac superati essent, stipendiarios esse factos*[84];

in quanto tali dovevano pagare lo *stipendium* che per diritto di guerra i vincitori usano imporre ai vinti:

> *stipendium capere iure belli, quod victores victis imponere consuerint*[85].

Nel terzo viene illustrata una complessa situazione diplomatica: Vercingetorige aveva stretto d'assedio Gorgòbina, città appartenente a quei Boi che Cesare aveva posto sotto il controllo degli Edui[86]. Il futuro dittatore aveva dunque due possibilità: o portare aiuto agli assediati ma esporsi al pericolo dei rigori invernali con le conseguenti difficoltà nel trasporto dei vettovagliamenti, o non intervenire in soccorso di un popolo tributario (*stipendiarii*) degli Edui e perciò prestare il fianco ad una possibile rivolta:

> *Magnam haec res Caesari difficultatem ad consilium capiendum adferebat, si reliquam partem hiemis uno loco legiones contineret, ne stipendiariis Haeduorum expugnatis cuncta Gallia deficeret, quod nullum amicis in eo praesidium videret positum esse; si maturius ex hibernis educeret, ne ab re frumentaria duris subvectionibus laboraret*[87].

Il termine *stipendiarius* appare connesso col versamento dello *stipendium* in particolare nel secondo di questi passi. Non si hanno certezze, tuttavia, in merito al fat-

---

[83] Caes. *Gall.* 1.30.3. Sui rapporti tra Cesare e gli Elvezi vd. Best, Isaac 1977 (lo studioso ritiene a p. 14 che Plinio avrebbe inteso includere gli Elvezi tra gli *stipendiarii*, sebbene il termine non sia presente a tale proposito in Plin. *nat.* 4.17.106); Fischer 1985.

[84] Caes. *Gall.* 1.36.3.

[85] Caes. *Gall.* 1.44.2. Boren 1983, 430-431.

[86] Cfr. Caes. *Gall.* 7.9.6 (*adtribuerat*).

[87] Caes. *Gall.* 7.10.1. In merito all'*adtributio* (sulla quale in generale vd. Bertrand 1991, in partic. 145-147 e 157) dei Boi agli Edui vd. Sordi 1953, 114; Laffi 1966, 45-46, che definisce l'*attributio* in questione una forma di "aggregazione, attuata su decisione discrezionale dello stato romano, di una comunità o di una circoscrizione territoriale ad un'altra comunità o circoscrizione territoriale, rispetto alla quale l'aggregata viene a trovarsi in uno stato di soggezione politica e finanziaria"; Zecchini 1994a, 416-418, con opportune precisazioni sui legami tra popoli indicati dai termini *stipendiarii* e *adtributi*.

to che lo *stipendium* versato da una popolazione barbarica ad un'altra sia lo stesso di quello imposto dai Romani ai popoli loro soggetti e sia dunque pagato in moneta. Cesare, infatti, utilizza i due vocaboli sempre in riferimento a rapporti di subordinazione tra barbari: è possibile che egli, come Livio, abbia impiegato un termine latino familiare ai suoi contemporanei per descrivere particolari forme di subordinazione in uso in Gallia, forse non del tutto equivalenti a quelle romane[88].

Cesare non parla di *stipendium* versato dai barbari ai propri connazionali ma, al contrario, afferma esplicitamente che il popolo romano non aveva ridotto a provincia il territorio degli Arverni e dei Ruteni, vinti grazie a Q. Fabio Massimo (121 a.C.), né aveva imposto loro lo *stipendium*[89]. Altre fonti narrano, invece, che alcuni generali romani non si erano astenuti dall'esigerne il pagamento: il governatore M. Fonteio lo richiese nella Transalpina per sostenere la guerra contro Sertorio e analogamente fece Metello nel corso dello stesso conflitto[90]. Secondo Velleio Patercolo e Svetonio, sarà proprio Cesare ad imporre in Gallia il regolare pagamento dello *stipendium*, mentre Beda affermerà che sia i Galli che i Germani, come anche gli abitanti della Britannia, erano stati resi *stipendiarii* da Cesare[91]:

> *Caesar Germanos et Gallos capit, et Brittanos quoque, quibus ante eum ne nomen quidem Romanorum cognitum fuerat, victos obsidibus acceptis stipendiarios fecit*[92].

---

[88] Sul pagamento dello *stipendium* ad Ariovisto da parte di alcune popolazioni galliche cfr. anche 1.36.5, 1.44.4-5, 1.45.3; vd. anche 7.54.3; sullo *stipendium* versato da una popolazione gallica in favore di un'altra, cfr. 5.27.2. Cfr. France 2001a, 213 n. 35. La qualifica di *stipendiarii* attribuita ai Boi nei confronti degli Edui induce, inoltre, Laffi 1966, 46 a ritenere che nell'erario degli Edui sia stato "convogliato per concessione di Cesare l'intero ammontare dello *stipendium* a cui la *civitas* dei Boi, *bello victa*, era stata assoggettata all'atto della *deditio* formale al governo romano". Ma, secondo lo stesso studioso, il termine *adtributio* avrebbe perso il suo significato specifico in quest'area "non ancora permeata dagli elementi peculiari della civiltà romana" (p. 47); non ritengo, dunque, improbabile che una sorte analoga sia toccata anche al termine *stipendiarii*. Vd. anche Ñaco del Hoyo 2003d, 56, secondo cui il termine viene impiegato in Cesare per dare maggiore importanza ad una generica sottomissione politica piuttosto che ad una dipendenza fiscale.

[89] Caes. *Gall.* 1.45.2. In *Gall.* 8.49.3 Irzio afferma che Cesare, allo scadere del suo secondo mandato di proconsole, non impose alla Gallia nessun nuovo tributo: *nulla onera nova iniungendo*.

[90] Cic. *Font.* 6.13: *magnas pecunias ad eorum stipendium, maximum frumenti numerum ad Hispaniense bellum tolerandum imperavit*; Sall. *epist. Pomp.* 9: *Gallia superiore anno Metelli exercitum stipendio frumentoque aluit et nunc malis fructibus ipsa vix agitat*. Su questi passi si vd., rispettivamente, France 2001a, 231 e Boren 1983, 458 n. 93.

[91] Vell. 2.39.1: *eius ductu auspiciisque infractae paene idem quod totus terrarum orbis ignauum conferunt stipendium* (ed. Hellegouarc'h; Shipley leggeva *in aerarium conferunt stipendium*); sul passo si vd. l'interessante commento di France 2001b, 365 n. 32, secondo cui alla lettura *paene* sarebbe più logico preferire quella delle varianti *plene* o *plane*: alla Gallia sarebbe stato imposto dopo la conquista il pagamento di un tributo analogo a quello del resto del mondo. Suet. *Iul.* 25.2: *omnem Galliam... praeter socias ac bene meritas civitates in provinciae formam redegit, eique CCCC in singulos annos stipendii nomine inposuit*. Cfr. anche Dio 40.43.3 e Eutr. 6.17.5: *Galliae autem tributi nomine annuum imperavit sestertium quadringenties*. Si vd. France 2005, 65. Ñaco del Hoyo 2007, 225 ritiene invece che neanche all'epoca di Cesare si possa parlare di regolare tassazione riguardante la Gallia.

[92] Beda *de temp. ratione* 66.253 (SL 123 B).

Il *Bellum Africum*, scritto dopo il 46 a.C., fornisce un'interessante notizia: Cesare, che aveva stabilito l'accampamento nei pressi di Ruspina, dopo aver mandato in Sardegna e nelle restanti province limitrofe lettere con cui chiedeva l'invio di truppe ausiliarie, rifornimento e frumento, partì alla ricerca di vettovagliamenti nelle fattorie vicine. Nonostante li avesse trovati, si rese conto di non poter far affidamento sul solo frumento africano; infatti, l'anno precedente, a causa delle operazioni di leva degli avversari, gli aratori *stipendiarii* erano stati arruolati come soldati e non si era potuto procedere ad effettuare le operazioni di raccolta:

> *priore anno enim propter adversariorum dilectus, quod stipendiarii aratores milites essent facti, messem non esse factam*[93].

Il vocabolo potrebbe essere inteso *stricto sensu* e indicare provinciali soggetti ad una specifica categoria di tributo; le interpretazioni al riguardo possono essere due: gli *stipendiarii aratores* d'Africa dovevano versare in natura il loro tributo a Roma o, pur coltivando grano, erano soggetti al pagamento in moneta. Anche in questo passo, comunque, sarebbe a mio avviso preferibile intendere il termine in senso generico, traducendo l'espressione con «gli aratori sottomessi»[94].

Nel 206 a.C., in piena seconda guerra punica, Publio Scipione (non ancora fregiato dell'appellativo di Africano) si trovava in Spagna con le sue truppe; alla notizia del malcontento manifestato dai soldati per il ritardo della paga egli ritenne conveniente agire con moderazione e mandare gli esattori in giro per le città stipendiarie, rendendo così imminente la speranza di ottenere il soldo:

> *leniter agi placuit et missis circa stipendiarias civitates exactoribus stipendii spem propinquam facere*[95].

Questo è l'unico caso, tra la documentazione in nostro possesso, in cui il termine *stipendiarius* (qua riferito a città) sia posto in stretta ed immediata connessione con la parola *stipendium*, intesa come paga per i soldati. Secondo Richardson, in tale contesto le città stipendiarie sarebbero quelle comunità alle quali i Romani richiesero lo *stipendium* in modo occasionale come avevano fatto con le popolazioni italiche durante le guerre del quarto secolo; Aguilar Guillén e Ñaco del Hoyo precisano che l'attribuzione a queste comunità indigene dell'appellativo di *stipendiariae civitates* "respondería a una calificación de tipo excluyente, tratándose de comunidades militarmente bajo la órbita romana aunque no dotadas

---

[93] *Bell. Afr.* 20.4. La notizia della scarsità di frumento è confermata da Plut. *Caes.* 52.6: ἦν γῆν γὰρ οὔτε σῖτος τοῖς ἀνδράσιν ἄφθονος.

[94] Cfr. Cristofori 1995, 89; secondo Ñaco del Hoyo 2005, 371 n. 35, il termine avrebbe un'accezione estremamente negativa e indicherebbe la condizione sfavorevole cui fu sottoposta la popolazione punica una volta incorporata nell'impero.

[95] Liv. 28.25.9.

de un estatuto jurídico propiamente otorgado por Roma"; l'espressione potrebbe, anche in questo caso, essere tradotta con «città sottomesse»[96].

Per quanto concerne la Sardegna, Livio riferisce che una ribellione dei Sardi fu domata nel 177 dal proconsole Tiberio Sempronio che uccise quindicimila nemici e riportò tutte le popolazioni ribelli sotto il potere di Roma; a coloro che erano già *stipendiarii* fu imposto, e poi esatto, un tributo doppio, mentre gli altri fornirono frumento:

> *stipendiariis veteribus duplex vectigal imperatum exactumque; ceteri frumentum contulerunt*[97].

Tale passo farebbe, dunque, propendere per l'identificazione del *vectigal* con un tributo forse in natura, più probabilmente in moneta (potrebbe essersi trattato del risarcimento delle spese per la guerra sostenuta?), ma comunque diverso dal frumento. Ñaco del Hoyo ritiene che il brano liviano vada interpretato sottintendendo il termine *stipendiarii* dopo *ceteri* e dunque attribuendo la qualifica di *stipendiarii* anche alle popolazioni soggette al versamento di frumento; secondo lo studioso, infatti, la Sardegna non sarebbe stata sottoposta nel II sec. a.C. ad una tassazione regolare ma solo al pagamento di indennità di guerra: gli *stipendiarii veteres* sarebbero, quindi, coloro che si erano ribellati nel 215 e che dovevano versare l'indennità di guerra "at least for a fixed period of time", mentre "the corn producing towns, under Roman protection but still *stipendiarii*, were probably asked to contribute in corn occasionally"[98].

In realtà, allo stato attuale della documentazione, appare difficile stabilire se i tributi pagati dalle popolazioni di Spagna e Sardegna siano stati versati regolarmente o occasionalmente, come indennità di guerra; è probabile, tuttavia, che quelle ispaniche fossero soggette ad un'imposta occasionale e che i Sardi, almeno quanti abitavano nelle città costiere, fornissero quantitativi cerealicoli regolari alla stregua delle comunità siciliane[99]. In ogni caso, neppure tale brano può essere ad-

---

[96] Aguilar Guillén, Ñaco del Hoyo 1995, 282-283. Cfr. Richardson 1976, 148; Id. 1986, 57-58; Erdkamp 1998, 95; vd. anche Ñaco del Hoyo 2003d, 54 e n. 145; Cadiou 2008, cap. 7 e n. 102. Sembra piuttosto propendere per un'esazione regolare dello *stipendium* van Nostrand 1937, 127.

[97] Liv. 41.17.2.

[98] Ñaco del Hoyo 2003c, 535-540. Totalmente diversa l'interpretazione tradizionale, sostenuta per esempio da Meloni 1975, 94-99 e 127, secondo cui la Sardegna avrebbe versato a Roma, sin dall'epoca della conquista, le decime e lo *stipendium*; ne deriva un differente commento del passo di Livio sopra citato: "è probabile che nei primi (gli *stipendiarii veteres*, n.d.r.) si debbano vedere i vecchi proprietari sardo-punici ai quali erano state restituite, in possesso, le loro terre dietro il pagamento di un canone d'affitto; il fatto che esso venisse raddoppiato li esonerava dall'eccezionale contribuzione in frumento imposta a quanti godevano, ad altro titolo, delle terre sarde, ed erano già soggetti al pagamento della decima". La rilettura di Meloni appare rifarsi alla teoria "patrimonialista" su cui vd. France 2005, 66-68. Sulla rivolta del 215 vd. Zucca 1986, 363-387; su quella del 177 vd. Id. 1988, in partic. 355-356.

[99] Jones 1971, 529 n. 61; questa tesi è sostenuta adesso anche da Andoni Llamazares Martín, col quale ho avuto modo di discutere in più di un'occasione di questi argomenti e che, durante il dotto-

dotto come prova dell'automatica e costante equivalenza del termine *stipendiarii* con gli individui soggetti al pagamento di un solo tipo di tributo, da identificare con lo *stipendium*.

Informazioni interessanti ma poco precise ci vengono da Velleio Patercolo, il quale, nel ripercorrere la storia di Roma, elenca le province che via via entrarono a far parte dell'impero:

> *haud absurdum videtur propositi operis regulae paucis percurrere quae cuiusque ductu gens ac natio redacta in formulam provinciae s t i p e n d i a r i a facta sit*[100];

tra queste, la Syria, la Spagna, l'Egitto, la Cappadocia e la Germania, sono da lui ricordate come stipendiarie:

> *Syria s t i p e n d i a r i a* (...);
> *Hispaniae* (...) *universa* (...) *facta s t i p e n d i a r i a est* (...);
> *paene idem facta Aegypto s t i p e n d i a r i a, quantum pater eius Galliis* (...);
>
> *Cappadocia s t i p e n d i a r i a* (...);
> *Germania sic perdomuit eam ut in formam paene s t i p e n d i a r i a e redigeret provinciae* (...)[101].

Velleio non avrà di certo inteso riferirsi né principalmente, né tantomeno esclusivamente a contribuzioni di tipo monetario, giacché, com'è noto, l'Egitto era tenuto soprattutto alla fornitura di grano. *Stipendiarius*, del resto, appare usato dall'autore indifferentemente al posto di *tributarius*, che ricorre ad esempio in riferimento alla condizione dell'Asia; nella sua opera i due termini sembrano limitarsi ad attestare l'esistenza di una forma di subordinazione al dominio romano senza assumere alcun significato specifico[102].

Analogo generico significato riveste verosimilmente il vocabolo nell'*Epitome* di Floro, dove la Spagna viene definita *stipendiaria* in seguito alla sconfitta dei Cartaginesi ad opera di Scipione:

> *igitur quasi novam integram que provinciam ultor patris et patrui Scipio ille mox Africanus invasit, isque statim capta Carthagine et aliis urbibus,*

---

rato di ricerca svolto in co-tutela tra l'Universidad del País Vasco e l'Université Paris 1 Panthéon-Sorbonne, ha studiato la politica fiscale romana in Sicilia e Sardegna in età repubblicana; i risultati delle sue indagini saranno pubblicati nei prossimi mesi.

[100] Vell. 2.38.1.

[101] Vd., rispettivamente: Vell. 2.37.5, 2.38.4, 2.39.2, 2.39.3, 2.97.4. In effetti, *paene idem quod totus terrarum orbis ignavum conferunt stipendium* (2.39.1). Si noti come l'avverbio *paene* venga più volte ripetuto: per la Gallia e per l'Egitto, le cui situazioni sono paragonate a quelle di altre province con le quali condividono la quasi identità del tributo; nel caso della Germania, invece, che solo in parte poteva dirsi soggetta a tributo, l'avverbio *paene* è riferito allo stesso termine *stipendiaria*, ossia alla condizione di sottomissione politica ed economica che non era ancora del tutto compiuta.

[102] Vell. 2.38.5 (*Asia tributaria*). In tal senso vd. anche Grelle 1963, 17-18 e Ñaco del Hoyo 2003d, 55.

non contentus Poenos expulisse, s t i p e n d i a r i a m nobis provinciam fecit[103].

Meno immediata appare l'interpretazione di un passo degli *Annales* di Tacito; lo storico si sofferma a ricordare i nomi di coloro che durante il regno di Tiberio vennero condannati a morte per motivi politici non meno che per interessi economici, giacché l'imperatore non esitò ad appropriarsi dei loro beni. Tra i condannati del 24 d.C. vi era Gaio Silio, legato della Germania Superiore e inviso a Tiberio anche perché amico di Germanico; resosi colpevole di concussione durante il suo mandato, ma non punibile in assenza di esplicite segnalazioni dei provinciali, venne accusato di lesa maestà e gli fu confiscata una parte del patrimonio al fine di recuperare i beni a lui assegnati da Augusto:

nec dubie repetundarum criminibus haerebant, sed cuncta quaestione maiestatis exercita (...) Saevitum tamen in bona, non ut s t i p e n d i a r i i s pecuniae redderentur, quorum nemo repetebat, sed liberalitas Augusti avulsa, computatis singillatim quae fisco petebantur[104].

A parte la chiara connessione tra il termine *stipendiarii*, riferito alle popolazioni germaniche, e il denaro che Silio avrebbe loro estorto, non è possibile precisare l'effettiva natura dell'imposta normalmente pagata da questi provinciali, che potevano essere detti *stipendiarii* sia *lato sensu*, per il fatto stesso di essere tributari di Roma, sia *stricto sensu*, perché soggetti al pagamento dello *stipendium*[105].

Altrettanto incerto il significato che il vocabolo *stipendiarius* riveste in un passo di Svetonio, secondo cui un certo Masintham, reso *stipendiarius* dai sovrani numidici, venne difeso da Cesare di cui era cliente:

Masintham nobilem iuvenem, cum adversus Hiempsalem regem tam enixe defendisset, ut Iubae regis filio in altercatione barbam invaserit, s t i p e n d i a r i u m quoque pronuntiatum et abstrahentibus statim eripuit occultavit que apud se diu et mox ex praetura proficiscens in Hispaniam inter officia prosequentium fasces que lictorum lectica sua avexit[106].

Il termine potrebbe essere stato in uso in un regno filoromano come quello di Numidia per indicare gli individui soggetti al pagamento di un tributo (lo *stipendium*?), ma è più probabile che Svetonio, come Cesare e Livio, abbia utilizzato un vocabolo latino, che doveva avere assunto una valenza semantica molto ampia, per indicare una particolare forma di subordinazione personale ed economica[107].

---

[103] Flor. *epit.* 1.33.7. Vd. Ñaco del Hoyo 1999, 333 n. 35; Id. 2005, 378; Cadiou 2008, cap. 7 n. 93.

[104] Tac. *ann.* 4.19.4-20.1.

[105] Sul caso di Silio vd. Gaudemet 1953, 120 n. 31; Bauman 1974, 116-117; Hennig 1975, 47-52; Spagnuolo Vigorita 1978, 142 n. 53.

[106] Suet. *Iul.* 71.1.

[107] Vd. bibliografia in Cristofori 1995, 103 n. 103.

Un analogo generico significato avrà avuto nelle *Epitome delle storie filippiche di Pompeo Trogo* scritte da Giustino; l'autore menziona i re sottomessi al potere di Filippo II, non diversamente da quanto fece Livio nel trattare della situazione delle città d'Asia[108]:

> *Sed nec suis, qui apti regno videbantur, pepercit, ne qua materia seditionis procul se agente in Macedonia remaneret et reges stipendiarios conspectioris ingenii ad commilitium se cum trahit, segniores ad tutelam regni relinquit*[109].

Molto interessante la menzione che ne fa Tertulliano all'interno dell'opera *De fuga*. Tertulliano, che, essendo di origine africana, doveva conoscere meglio di altri la peculiare condizione degli *stipendiarii*[110], ricordava che, per aumentare le entrate dell'erario, il potere secolare ricorreva a svariati *remedia*, tra cui i censimenti sulle proprietà e le imposte di varia natura (*vectigalia, stipendia*), ma che i cristiani non erano stati soggetti al versamento di imposte per ottenere il permesso di professare la loro fede, altrimenti sarebbero stati una «setta stipendiaria»; era, invece, un altro il denario che essi dovevano pagare all'imperatore, un *denarius tributarius*, ossia quello dovuto da quanti erano soggetti a tributo e non dagli uomini liberi:

> *aspice regnorum et imperiorum utique a deo dispositum statum, in cuius manu cor regis: tanta cotidie aerario augendo prospiciuntur remedia censuum, vectigalium, collationum, stipendiorum nec umquam tamen usque adhuc ex Christianis tale aliquid prospectum est sub aliqua redemptione capitis et sectae redigendis, cum tantae multitudinis nemini ignotae fructus ingens meti posset; sanguine empti, sanguine numerati nullum nummum pro capite debemus, quia caput nostrum Christus est: non decet Christum pecunia constare. Quomodo et martyria fieri possent in gloriam domini, si tributo licentiam sectae compensaremus? Itaque qui eam praemio paciscitur, dispositioni divinae adversatur. Cum igitur nihil nobis Caesar indixerit in hunc modum stipendiariae sectae (...). Alius denarius, quem Caesari debeo, qui ad eum pertinet, de quo tunc agebatur, tributarius, tributariis scilicet, non a liberis debitus*[111].

La sottomissione appare essere la principale caratteristica che accomuna gli *stipendiarii* e i *tributari*; il primo termine è riportato in associazione con la parola «setta», ad indicare una minoranza ben definita, il secondo indica piuttosto l'insieme dei contribuenti dell'impero che facevano uso delle monete coniate dall'imperatore[112], con le quali erano tenuti a pagare le tasse.

---

[108] Cfr. *infra*, § 2.2.2.
[109] Iustin. 11.5.2-3.
[110] Cfr. § 3.
[111] Tert. *fug*. 12.
[112] Cfr. *Mt*. 22.21; *Mc*. 12.17; *Lc*. 20.25.

I due termini si trovano accostati anche nei *Commentarii in evangelium Matthaei* scritti da Girolamo; in essi si afferma che in epoca augustea la Giudea venne resa *stipendiaria* di Roma e costretta a pagare *tributa*:

> *nuper sub Caesare Augusto Iudea subiecta Romanis, quando in toto orbe est celebrata descriptio, s t i p e n d i a r i a facta fuerat, et erat in populo magna seditio, dicentibus aliis pro securitate et quiete qua Romani pro omnibus militarent debere tributa persolvi*...[113]

Il «celebre» censimento di cui si parla è naturalmente quello ricordato all'inizio del capitolo secondo del *Vangelo* lucano[114]. Poco prima lo stesso Girolamo aveva affermato che dopo Augusto la Giudea era stata resa *tributaria*:

> *post Augustum Caesarem Iudea facta tributaria et omnes censi capite ferebantur*[115].

Come altrove, dunque, anche in questo caso i due termini sono impiegati come sinonimi per indicare genericamente la sottomissione tributaria di una provincia.

Secondo il *Liber de Caesaribus* di Aurelio Vittore, all'epoca dei tetrarchi sarebbero stati oggetto di premurosa e sollecita attenzione, allo scopo di conciliarne il più possibile le contrastanti esigenze, sia l'organizzazione annonaria di Roma, basata sulle imposte dei contribuenti, sia il benessere dei contribuenti stessi, definiti *stipendiarii*:

> *simul annona urbis ac s t i p e n d i a r i o r u m salus anxie solliciteque habita*[116].

Nell'uso che del vocabolo fanno altri autori dei secoli IV-V d.C. la sottomissione politica e quella economica sono inscindibilmente legate: nel *Breviarium* di Eutropio si afferma che i Britanni divennero *stipendiarii* ad opera di Cesare e nell'*Epitome de Caesaribus* i Pannoni annessi all'impero da Augusto sono definiti, appunto, *stipendiarii*[117].

---

[113] Hier. *in Matth.* 3.22.15: «Da poco sottomessa ai Romani, quando in tutto il mondo avvenne il noto censimento, la Giudea era stata soggetta a tributo e vi era nel popolo una grande agitazione, poiché alcuni sostenevano che si dovevano pagare i tributi per la sicurezza e la pace garantita dai Romani nell'interesse di tutti...», mentre i Farisei, al contrario, sostenevano che il popolo di Dio non dovesse obbedire a leggi umane.

[114] *Lc.* 2.1.

[115] Hier. *in Matth.* 3.17.24.

[116] Aur. Vict. *Caes.* 39.45; Vera 2005, 256; Speidel 2009, 489-490 n. 13.

[117] Eutr. 6.17 (Britanni); Ps. Aur. Vict. *epit.* 1.7 (Pannoni). In riferimento a questi ultimi, Harmatta 1972, basandosi sulla distinzione tra *tributarii* e *stipendiarii* presente nel celebre passo di Gaio (*Inst.* 2.21, per una spiegazione della quale vd. *infra*, § 4.1) e riconoscendo nei primi coloro che pagavano imposte dirette sulle terre di proprietà dell'imperatore, avanza diverse ipotesi: 1) Aurelio Vittore avrebbe usato il termine in senso generico, 2) lo avrebbe riferito al periodo repubblicano o 3) nel IV secolo i termini *stipendiarius* e *tributarius* sarebbero stati percepiti come sinonimi.

Stipendiarius assume, invece, un significato decisamente figurato nel *De obitu Valentiniani* di Ambrogio; lamentando la perdita dell'imperatore, il vescovo di Milano invita tutti a versare lacrime in memoria del defunto, lacrime doverose come i tributi giacché Valentiniano stesso pagò all'impero il tributo della sua morte:

> *solvamus bono principi* s t i p e n d i a r i a s *lacrimas, quia ille nobis solvit etima morte sua stipendium*[118].

Un uso analogo del termine si riscontra in uno dei *Sermones* di Agostino, risalente al 391 d.C. Qui *stipendiarius* è impiegato in contrapposizione ad altri, non per indicare le differenze tra popoli o città di diversa condizione, bensì tra individui che mantengono un rapporto diverso tra loro e nei confronti di Dio; da un lato, vi sono i soldati che militano al servizio di Cristo, impersonati dai sarcedoti e dai diaconi, e dall'altro gli stipendiari di una provincia, rappresentati dal popolo di Dio:

> *Sed si hoc dispensatores verbi dei et ministri sacramentorum eius, milites Christi; quanto magis caetera* s t i p e n d i a r i a *multitudo, et quaedam provincia magni regis?*[119]

Come chiarisce altrove lo stesso vescovo d'Ippona, infatti, i sacerdoti, discendenti degli apostoli,

> *tamquam milites Christi stipendium debitum acciperent, sicut a provincialibus Christi*[120].

Analogo significato riveste il termine nel *Contra Faustum* (397-398 d.C.):

> *sed huic militiae christianae propter quoddam quasi commercium caritatis subiungitur etiam quaedam* s t i p e n d i a r i a *multitudo, cui dicetur in fine: esurivi et dedisti mihi manducare et cetera*[121].

In questo brano la *stipendiaria multitudo*, che dava da mangiare agli affamati, è contrapposta alla *militia christiana*, costituita da quanti hanno rinunziato ai propri averi per seguire Dio; vi è, dunque, la stessa distinzione tra una cerchia più ristretta e una più ampia di cristiani cui allude il succitato *Sermone* 351[122], ma vi è anche il riferimento agli stipendiari che danno da mangiare agli affamati presente, come si vedrà a breve, in una delle *Enarrationes in psalmos*.

---

[118] Ambr. *obit. Valent.* 2; sulle circostanze misteriose che portarono alla morte di Valentiniano II vd. Croke 1976, che ritiene plausibile l'ipotesi di suicidio; Ambrogio sostiene la versione secondo cui il giovane imperatore sarebbe morto per difendere l'impero: Paredi 1941, 425-427 e, soprattutto, Paredi 1985, 284-286.

[119] Aug. *serm.* 351.3.5.

[120] Aug. *in evang. Ioh.* 122.3.

[121] Aug. *c.Faust.* 5.9.

[122] Aug. *serm.* 351.3.5.

Anche nell'opera *De catechizandis rudibus* (399-400 d.C.) viene mantenuta la distinzione tra soldati di leva e stipendiari provinciali, che sotengono economicamente i primi dai quali sono protetti:

> *ita illos tamquam milites, illos autem tamquam s t i p e n d i a r i o s provinciales apostolica doctrina constituit*[123].

Lo stesso può dirsi di un brano, risalente al 412 d.C., delle *Enarrationes in psalmos* agostiniane; il vescovo di Ippona compiange quanti tra i cittadini provinciali avevano fatto parte del popolo di Dio come una sorta di contribuenti, perché avevano fornito viveri agli affamati, ma che poi si erano perduti perché, durante le persecuzioni, avevano rinnegato la fede:

> *item multi qui se sperabant ad dexteram futuros, in plebe sancta s t i p e n d i a r i a tamquam provinciales, qui annonam militibus praebent, quibus dici habet: esurivi, et dedistis mihi manducare (ad dexteram enim erunt multi); et de ipsa spe ceciderunt*[124].

Significato figurato, ma più generico, riveste l'espressione *stipendiarii ecclesiae*, impiegata da Agostino nelle *Adnotationes in Iob* (399 d.C.)

> *Si super me umquam terra gemuit: s t i p e n d i a r i i ecclesiae, quod malus sum*[125].

Il termine, dunque, viene utilizzato nell'opera di Agostino – il quale, da africano, doveva ben conoscerne la peculiare valenza – con un significato comprendente la sottomissione personale e tributaria.

2.4. *Stipendiarius* = soldato mercenario

Un'ultima accezione di significato, molto ristretta, è quella di soldato mercenario, che si trova attestata per la prima volta nel *Bellum Africum*, risalente alla seconda metà del I sec. a.C., e che, per quel che è dato rilevare, fu impiegata fino al V sec. d.C. Il termine veniva in questi casi normalmente usato come sostantivo[126].

È difficile stabilire se tale significato sia stato introdotto solo in un secondo momento o se abbia radici più antiche, ma il fatto che sia usato raramente e solo in testi risalenti alla tarda Repubblica o all'età imperiale farebbe propendere per un'introduzione tardiva e non troppo diffusa.

Le fonti epigrafiche hanno restituito finora una sola testimonianza in tal senso[127].

---

[123] Aug. *catech. rud.* 23.43.

[124] Aug. *in psalm.* 90.2.2.

[125] Aug. *in Iob* 31.

[126] *Bell. Afr.* 43.1; Liv. 8.8.3; Flor. *epit.* 2.8.8; Tac. *ann.* 4.73; Leo M. *serm.* 69.3. Vd. *OLD* p. 1821.

[127] *TitAq.* 2, 806= *AÉ* 2010, 1328, su cui cfr. § 3.

III. Le fonti epigrafiche e gli *stipendiarii* d'Africa

Il termine *stipendiarius* ricorre anche in alcune epigrafi, il cui contenuto verrà analizzato adesso in dettaglio.

Solo in una di esse, risalente alla seconda metà del I sec. d.C. (fig. 2), il termine è attestato con il significato di mercenario; ritrovata ad Aquincum, l'odierna Budapest, nella Pannonia Inferior, essa riporta le seguenti parole:

> *sti[pendi(orum)] XVII h(ic) s(itus) e(st) / Fronto stipandi(arius) (sic!) / et Felix libertus / t(itulum) m(emoriae) p(osuerunt)*[1].
>
> Qui è sepolto..., che ha militato per diciassette anni. Posero la lapide in memoria Frontone, mercenario, e Felice, liberto.

Fig. 2: Epigrafe fatta erigere da *Fronto stipendiarius* e *Felix libertus*

---

[1] *TitAq*. 2, 806= *AÉ* 2010, 1328. Su *stipendiarius* nel significato di «mercenario» cfr. § 2.4.

3.1. La *Lex agraria epigraphica*

La *Lex agraria epigraphica*, concordemente datata al 111 a.C., è, com'è noto, un documento di eccezionale importanza per la conoscenza di molteplici aspetti legati alla classificazione degli agri italici e africani nella tarda età repubblicana e alla distinzione tra le diverse categorie di coloro che li occupavano a vario titolo. Tale *lex*, il cui testo è stato ricostruito anche dal Mommsen in un'edizione che ha profondamente influenzato i lavori successivi[2], ha attirato ancora in tempi relativamente recenti l'attenzione degli studiosi, alcuni dei quali ne hanno presentato nuove edizioni[3] o hanno offerto originali interpretazioni di alcuni punti più controversi[4].

In questa sede si intende focalizzare l'attenzione sulle integrazioni di due linee della *lex*, comunemente accettate ma che appaiono non perfettamente soddisfacenti dal punto di vista storico.

Si riporta qui di seguito il testo, che è giunto in diversi punti molto lacunoso (fig. 3)[5].

> *L. 77: II]vir, quei ex h(ac) l(ege) factus creatsue erit, is in diebus (centum quinquaginta) proxsumeis, quibus factus creatusue erit, facito, quan[tum Xuirei, quei ex] lege Liuia factei createiue sunt fueruntue, eis hominibus agrum in Africa dederunt adsignaueru[ntu]e, quos s t i p e n d i u m*
>
> *l. 78: [...]i Romanei esse oportet oportebitue, is s t i p e n d i a r i e i ‹ s › det adsignetue...*
>
> *l. 80: [...] ex‹t›ra‹que› eum agrum, quei ager ex h(ac) l(ege) priuatus factus erit, quo pro agro loco ager locus redditus commutatusue [non erit, extr]a≥que eum agrum locum, quem IIuir ex h(ac) l(ege) s t i p e n d i a r i e i s dederit adsignaueritue, quod eius ex h(ac) l(ege) in ‹f›o//rmam publicam rellatum...*

> L. 77: Il duoviro, che sarà nominato e creato secondo questo statuto, egli, nei centocinquanta giorni che seguiranno la data in cui sarà nominato e creato, farà in modo, quanta terra in Africa i decemviri che sono e furono nominati e creati secondo la legge Livia, diedero o assegnarono a coloro i quali lo *stipendium*

---

[2] Mommsen 1905a.

[3] Se si prescinde dalla più datata, ma esplicitamente dedicata allo studio del documento epigrafico in oggetto, monografia di Johannsen 1971, negli ultimi trent'anni hanno visto la luce i lavori di Lintott 1992 e Crawford 1996, che, rispettivamente alle pagine 176-285 e 113-180, hanno proposto due edizioni dell'iscrizione.

[4] Relativamente alla "sezione" africana della *lex*, che interessa in questa sede: De Ligt 2001, 182-217; Peyras 2014 e Id. 2015a e b. Limitatamente alle questioni qui discusse sono da segnalare anche le recenti monografie di Sacchi 2006 e Chouquer 2016. Tale *lex* rivestì un ruolo fondamentale nella "provincializzazione" dell'Africa: Quinn 2002, 1601.

[5] *CIL* 1.585 = *FIRA* I, 8. Nel testo viene seguita l'edizione di Crawford 1996.

l. 78: [...] romano è e sarà necessario che sia, egli darà e assegnerà agli stipendiari...

l. 80: a parte quella terra, la quale terra sarà resa privata secondo questa legge, in cambio della cui terra o terreno non sarà restituita o data in cambio una terra o un terreno, e a parte quella terra o terreno che un duoviro avrà dato e assegnato agli stipendiari secondo questo statuto, ciò che secondo questo statuto sarà registrato in forma pubblica...

Fig. 3: *Lex agraria epigraphica*, ll. 76-80 (frg. Da+b+c+F; tra Da e F manca il frammento E, andato perduto). In evidenza, le parole *stipendium* della l. 77 e *stipendiariei* della l. 78

Si è scelto di riportare le integrazioni delle lacune di poche lettere, ma non di quelle più estese, come, ad esempio, la lacuna che dà inizio alla l. 78, integrata dal Mommsen nel modo seguente:

> *[pro eo agro populo Romano pendere oportet, sei quid eius agri ex hac lege ceiuis Romanei esse oportet oportebitue, ... de agro, quei publicus populi Romanei in Africa est, tantundem, quantum de agro stipendiario ex h.l. ceiuis]*

Così facendo, tuttavia, il Mommsen aveva introdotto un binomio, *ager stipendiarius*, che compare in una sola fonte di età imperiale, peraltro corrotta in più punti (quella dello Pseudo-Agennio; negli stessi testi giuridici sono menzionati i *fundi* o i *praedia* stipendiari, mai gli *agri*)[6]: tale integrazione appare, dunque, non sufficientemente motivata in riferimento alle terre di età repubblicana. Nonostante nelle ultime edizioni della *lex* i due termini non siano inclusi nelle integrazioni del passo[7], questo binomio sembra godere ancora di una discreta fortuna: è possibile ritrovarlo, tra l'altro, in due recenti monografie dedicate alla *lex agraria* del

---

[6] Ps. Agenn. *grom.* 23; vd. *infra*, § 5.1. Alcuni studiosi hanno ripreso l'integrazione mommseniana senza riserve: vd., ad es., Kaser 1967², 95 e 118 e Luzzatto 1985, 91, che parla ancora, in riferimento alla *lex agraria*, di *ager stipendiarius*. Anche Rostowzew 1910b, 341 accetta l'integrazione mommseniana relativa alla menzione di *agri stipendiarii*, ritenendo che "stipendium hängt in Afrika am Boden": vd. *infra*, § 3.4, n. 62.

[7] Lintott 1992, 196: [*pro eo agro populo Romano pendere oportuit, ... tantundem modum agri de eo agro, quei ager in Africa est, quantum ex lege Livia stipendiarieis popul*]*i Romanei*; Crawford 1996, 121: [*pro eo agro populo Romano pendere oportet, --- uteique --- tantundem modum agri de eo agro, quei ager in Africa est, quantum stipendiariorum popule*]*i Romanei*; Peyras 2015, 129 (e 99-100): [*pro eo agro populo Romano pendere oportet, utei, quod eius agri loci ceiuis Romanei publice emit, id eius ceiuis Romanei siet; tantundemque modum agri, de eo agro quei publicus populi Romanei in Africa est, quantum (modum) de agro stipendiariis dato adsignato ex h(ac) l(ege) ceiuis*] *Romanei*.

111 a.C.[8] Una maggiore attenzione all'evoluzione storica della terminologia gromatica e fiscale, che nel passaggio dalla Repubblica all'Impero muta profondamente, avrebbe probabilmente evitato il reiterarsi di anacronismi che, in assenza di ulteriori riscontri, risultano non giustificati.

Una seconda integrazione mommseniana non appare pienamente convincente alla luce di quanto più volte osservato nel presente lavoro; si tratta della proposizione *pro eo agro populo Romano pendere oportet* (o, secondo Lintott, *oportuit*), accolta da quasi tutti gli editori della *lex*. È opportuno precisare sin da subito che una significativa eccezione è rappresentata dall'integrazione proposta, ormai quasi due secoli fa, da Rudorff e che, come si vedrà, è perfettamente corrispondente a quella offerta in questa sede[9].

Ammettendo l'integrazione *stipendium [pro eo agro populo Romano pendere oportet,* l'interpretazione del testo è la seguente: i decemviri, nominati secondo la legge Livia (146 a.C.), concessero o assegnarono un campo in Africa ad individui, gli *stipendiariei* appunto, i quali dovevano pagare una tassa fissa al popolo romano per quel campo: *stipendium [pro eo agro populo Romano pendere oportet*; i duoviri, nominati secondo questa *lex agraria*, avrebbero dovuto esaminare le operazioni di assegnazione per porre rimedio alle appropriazioni indebite eventualmente verificatesi nel periodo graccano e per garantire che la categoria degli *stipendiarii* disponesse di un congruo numero di terre, equivalente a quello in precedenza fissato dalla legge Livia[10].

Secondo l'interpretazione tradizionale, dunque, all'atto di costituzione della provincia, gli Africani si videro sottratti alcuni agri, i quali venivano *dati* o *adsignati* a cittadini romani o ai loro alleati (sia che fossero abitanti di città della provincia, sia che si trattasse degli eredi di Massinissa) o ai disertori, mentre altri furono loro concessi dietro pagamento di un'imposta di tipo fondiario (*stipendium [pro eo agro*) che doveva essere corrisposta in moneta o in natura[11].

---

[8] Sacchi 2006, 445; Chouquer 2016, 174-180.

[9] Rudorff 1839, 182-183.

[10] La bibliografia sul punto è pletorica; in questa sede si citeranno solamente: Rostowzew 1910a, col. 156; Broughton 1929, 18; Haywood 1938, 4-5, il quale ritiene che gli *stipendiari* siano i nativi arresisi ai Romani nel corso della guerra, mentre quanti rimasero leali a Cartagine fino alla fine sarebbero stati venduti in schiavitù; Saumagne 1963, 58-59; Picard 1969, 4; Sacchi 2006, 474-478; Peyras 2014, 194-195; cfr. Peyras 2015a, 276-277; Chouquer 2016, 164-165 e 174-180. A detta di Romanelli 1959, 47, i precedenti possessori, "Puni o Libi che fossero", dei campi dichiarati proprietà del popolo romano dopo la conquista poterono mantenerne il possesso, "ma furono soggetti al pagamento di un tributo, *stipendium* (o *vectigal*), donde il loro appellativo di *stipendiarii*: non sappiamo se tale *stipendium* fosse pagato in natura o in denaro". Un'ipotesi simile è avanzata da Peyras 2015, 44 (vd. anche p. 68): "le *stipendium* est un impôt que paie directement à l'état l'individu qui s'est vu octroyer par le vainqueur une terre dont il avait pu être auparavant propriétaire"; lo studioso ritiene che gli *stipendiarii* non ne mantennero in nessun modo il possesso: "la position inférieure du stipendiaire explique qu'il ne soit pas question de lui restituer la terre qui a été vendue publiquement à un citoyen romain" (p. 129 n. 1).

[11] Per l'ipotesi dello *stipendium* quale tassa sui terreni vd. Muñiz Coello 1986, 324 e 328-329, a detta del quale, con l'avvento del Principato, l'antico *stipendium* della penisola iberica sarebbe

Che la menzione dello *stipendium* nella *Lex agraria epigraphica* sia un *hapax* nell'epigrafia repubblicana e un *unicum* semantico per questo periodo, giacché, diversamente da quanto avviene negli altri casi, appare indicare una contribuzione regolare e permanente, è già stato messo sufficientemente in rilievo[12].

Tuttavia, dal testo della *lex* risulta chiaramente che il termine *stipendiariei* è usato in riferimento ai possessori e non ai fondi e che ad essere soggetti all'imposizione dello *stipendium* non furono le città o le comunità[13], ma i singoli individui[14]: come osserva Lo Cascio, "nulla vieta di supporre che questo stato di cose fosse determinato in parte dalle modalità di conquista, in parte dalla circostanza che il territorio degli *stipendiarii* doveva essere scarsamente urbanizzato alla fine

---

divenuto un *tributum soli*; Nicolet 1988, 121, che annovera lo *stipendium* tra le imposte fondiarie; Genovese 1993, 176 n. 7, secondo cui la *lex agraria* attesterebbe per l'Africa "l'esistenza di soggetti tenuti al pagamento di uno *stipendium* (detti anche *stipendiarii*) in relazione allo sfruttamento di terreno agricolo"; Goukowsky 2001, 223 n. 530, per il quale lo *stipendium* africano sarebbe un "tribut foncier annuel", distinto dalla "capitation qui frappe les habitants"; Ñaco del Hoyo 2003d, 28-29, 52, 112-114 e Id. 2005, 371-372, che, sempre a proposito del caso africano, parla di "*stipendium* sobre las tierras" ma che ritiene sia stato versato in natura; Aounallah 2010, 19-27 – basandosi su Desanges 1991, 629, secondo cui "les anciens propriétaires indigènes se virent en général reconnu un droit d'usage, moyennant le versement d'un tribut foncier annuel (*stipendium*), auquel s'ajoutait une capitation" – ritiene lo *stipendium* una "impôt foncier", distinta da quella di capitazione. Cfr. anche Ñaco del Hoyo 2019, 80, che, sempre a proposito del caso africano, parla di "*stipendium* usually understood as a land tax".

[12] Ñaco del Hoyo 2003d, 48 n. 117 e 112; Id. 2005, 372; France 2007b, 342.

[13] Come a più riprese ha ribadito Luzzatto, che, pur non mettendo in discussione le integrazioni mommseniane (cfr. *supra*, § 3.1 n. 6), pensava ad un'imposizione gravante sulle comunità: "è chiaro che tale concezione, configurando lo *stipendium* come un contributo dovuto dalla comunità soggetta, implica che questo grava sulla comunità come tale, anziché direttamente sul suolo" (Luzzatto 1953, 83-87 e 94 n. 59); "ci troviamo anche in questo caso in presenza di un'imposizione gravante su una comunità anziché direttamente sul fondo" (Luzzatto 1985, 91, che attribuisce la particolarità di questa imposizione gravante sulle comunità e non sul suolo alla peculiare divisione del territorio in *agri per extremitatem mensura comprehensi*; cfr. anche Prieto-Arciniega 1996, 225); lo studioso attribuiva all'acquisizione dell'Egitto il merito di aver contribuito ad inculcare nella mentalità dei conquistatori la concezione di un tributo gravante direttamente sul suolo, manifestazione del dominio che il popolo romano ha sul suolo provinciale (sul quale e sui precedenti che ne avrebbero ispirato la formulazione vd. l'ampia disamina del problema presentata da Bleicken 1974, 359-414): cfr. anche Luzzatto 1973, 852; Id. 1974, 30-31 e n. 85, che parla di "riferimento, nel testo epigrafico, della qualifica di *stipendiari* sia a città che a singoli individui". L'ipotesi dello *stipendium* gravante sulle comunità è stata recentemente ripresa da Sears 2011, 34, secondo cui gli *stipendiarii* sarebbero «tributary communities».

[14] Weber 1891, 187: "Während wir sonst durchaus regelmässig von stipendiären G e m e i n d e n hören, ergibt der Wortlaut des Gesetzes deutlich, dass es sich um solche nicht handelt, sondern um den Grundbesitz stipendiärer P e r s o n e n". A detta di Weber gli *stipendiarii* sarebbero stati grandi proprietari terrieri, subentrati nei confronti dello stato romano al posto delle comunità, cui veniva assegnata un'area "gegen Uebernahme einer bestimmten dauernden Leistung in Geld oder Naturalien", che lo studioso ritiene sia stata versata "in Afrika wohl in Getreide" (Weber 1891, 187-188). Anche Rostowzew 1910b, 341 ritiene che la tassa sull'*ager stipendiarius* fosse una "Naturalsteuer". Ma ritengo che sia più corretto operare una distinzione tra i vari tipi di imposte riscontrabili nella provincia d'Africa e sulle quali ritornerò a breve. In merito alla soggezione allo *stipendium* che ri-

del II sec. a.C." Allo *stipendium*, dunque, potevano essere soggetti singoli individui laddove mancassero appropriate strutture cittadine in grado di fungere da entità amministrative e finanziarie di riferimento per lo stato romano; non è un caso che due epigrafi databili al secolo successivo presentino gli *stipendiarii* come appartenenti ai *pagi*, indizio, questo, di un tentativo di attribuzione ad un'entità amministrativa, seppur fittizia[15].

L'imposizione dello *stipendium* era, del resto, nettamente distinta dalla confisca dei terreni[16], ma citata insieme a quest'ultima tra le punizioni inferte in seguito alle sconfitte militari.

Un frammento di Catone, riportato dal grammatico Carisio, testimonia che nel corso delle due guerre puniche le punizioni inflitte ai vinti furono diversificate e precisamente:

> *alteras stipendio agrique parte multati, alteras oppidum vi captum, alteras primo pedatu et secundo.*
>
> In alcuni casi furono puniti con l'obbligo di versare lo stipendio e con la confisca di una parte dei campi, in altri con la conquista del centro abitato, in altri ancora con un primo e un secondo attacco[17].

Il brano trova un significativo riscontro in altri due passi, il primo di Cicerone, il secondo di Cesare:

> *Si Afris, si Sardis, si Hispanis agris stipendioque multatis virtute adipisci licet civitatem...*[18]
>
> Se agli Africani, se ai Sardi, se agli Ispani, che sono stati puniti con la confisca dei campi e con l'obbligo di versare lo stipendio, è lecito ottenere la cittadinanza...

Cesare, dal canto suo, ricorda agli Edui le umiliazioni che avevano dovuto subire ad opera dei loro nemici e, per contro, la prosperità di cui avevano goduto grazie al suo intervento:

---

guardava i singoli individui vd. anche De Martino 1965, 786 (si noti, tuttavia, che questo Autore successivamente non ha escluso, anche in riferimento all'Africa, l'equivalenza dello *stipendium* con il tributo fondiario: De Martino 1973², 343-344); Romanelli 1974, 176, secondo cui "nella legge si parla di *stipendiarii* non di *civitates stipendiariae*, appunto perché le città come tali non avevano più nessun riconoscimento giuridico" (cfr. già Mommsen 1905a, 121, a detta del quale i centri che inizialmente avevano parteggiato per i Cartaginesi e che in un secondo momento erano passati dalla parte dei Romani non avevano subito distruzioni, ma avevano perso i diritti sul suolo e lo statuto di città); Ñaco del Hoyo 2003d, 113.

[15] *CIL* 1.2513 e 8.68, per le quali vd. *infra*, § 3.2 e 3.3. Lo Cascio 1986, 34 n. 11. Che la terra coltivata dagli *stipendiarii* dovesse essere, comunque, misurata ritiene Johannsen 1971, 372 n. 635.

[16] Come anche dai prelievi cerealicoli: vd. *supra*, § 1.1.

[17] Cato *orig.* fr. 136. *Alteras* è qui usato come forma avverbiale: Vine 12010, 32-133. Per il significato, controverso, da attribuire all'espressione *primo pedatu et secundo*, cfr. Adams 2007, 208-210.

[18] Cic. *Balb.* 18.41 (56 a.C.), per cui vd. *supra*, § 2.3 n. 76.

Discedentibus his breviter sua in Aeduos merita exposuit, quos et quam humiles accepisset, compulsos in oppida, multatos agris omnibus ereptis copiis, imposito stipendio, obsidibus summa cum contumelia extortis, et quam in fortunam quamque in amplitudinem deduxisset, ut non solum in pristinum statum redissent, sed omnium temporum dignitatem et gratiam antecessisse viderentur.

A loro che si allontavano illustrò brevemente i suoi meriti nei confronti degli Edui: chi erano e quanto erano deboli quando li aveva accolti sotto la sua protezione, spinti a chiudersi nei centri abitati, con i campi confiscati, privi di tutte le truppe, obbligati a pagare lo stipendio e a consegnare ostaggi con il massimo disonore, e a quanta prosperità e potenza li aveva condotti, al punto che non solo recuperarono il precedente stato, ma sembrarono oltrepassare la dignità e il prestigio di ogni tempo[19].

Alcuni studiosi hanno pensato che lo *stipendium* africano, imposto in epoca repubblicana, fosse un tributo di capitazione: in tal senso si sono espressi Jones e Neesen, quest'ultimo in particolare riferendosi ad un passo dei *Libyca* appianei, secondo cui i Romani φόρον ὥρισαν ἐπὶ τῇ γῇ καὶ ἐπὶ τοῖς σώμασιν, ἀνδρὶ καὶ γυναικὶ ὁμοίως, e ad una frase tratta dall'apologia di Tertulliano: *agri tributo onusti viliores, hominum capita stipendio censa ignobiliora, nam hae sunt notae captivitatis*, che conferma la connotazione estremamente negativa attribuita all'imposizione dello *stipendium*[20].

Anche Hinrichs ritiene che gli *stipendiarii*, ossia i Cartaginesi e i loro alleati, entrambi impiegati come coltivatori, fossero costretti a pagare un'alta imposta di capitazione ("eine hohe Kopfsteuer"); inoltre, a detta dello studioso, vi sarebbe stata la possibilità, almeno nei primi anni nei quali la terra eccezionalmente fertile di Cartagine era ancora in grado di sopportare una dura pressione fiscale, "von den Besiegten ein weit hoheres *stipendium* einzutreiben, als es sich in der Form eines *vectigal* von römischen Pächtern erheben liess". Col passare del tempo alcuni *stipendiarii* non avrebbero più sopportato le condizioni loro imposte e avrebbero cercato di sottrarvisi, abbandonando le terre; quest'ultime sarebbero state, quindi, momentaneamente assegnate agli appaltatori romani dietro pagamento di un'imposta di quotità e, successivamente, vendute[21].

Se è possibile ritenere solo in via ipotetica che Appiano abbia inteso riferirsi, con la parola φόρος, al tributo chiamato *stipendium* dai Romani, dal passo di Appiano, a mio avviso, non sembra potersi evincere che si trattasse di due imposte

---

[19] Caes. *Gall.* 7.54.3, in riferimento alla situazione degli Edui sotto il dominio dei Germani: cfr. *supra*, § 2.3 n. 88.

[20] App. *Lib.* 641; Tert. *apol.* 13.5-6 (cfr. già Id. *nat.* 1.10); Jones 1971, 529 ("*stipendium* probably then must have meant poll tax, perhaps rent of land") e Id. 1974, 162; Neesen 1980, 118. Per Haywood 1938, 4-5, invece, lo *stipendium* sarebbe l'imposta sulle terre pubbliche concesse loro per lo sfruttamento, distinta, quindi, dalla tassa di capitazione. Sulla connotazione negativa attribuita alle terre soggette a tributo, vd. Marotta 2017b, 218-224.

[21] Hinrichs 1966, 288 e 297.

diverse, una sulla terra e l'altra sulle persone, ma di un'unica tassa che teneva in considerazione i due elementi, calcolata essenzialmente sulla base della proprietà terriera, la principale fonte di ricchezza esistente e computabile in quel particolare contesto storico-politico e socio-economico.

Tale interpretazione non è, del resto, affatto nuova: già nel 1839 Rudorff aveva affermato che gli *stipendiarii* "zahlten eine fixirte Grund- und Kopfsteuer"[22]; più espliciti Arnold, a detta del quale lo *stipendium* "cannot be described as a regular *tributum soli* and a regular *tributum capitis*, but... was as far as possible adapted to the pre-existing state of finance in the country"[23], e Whittaker, per il quale "it is wholly consistent with a part-sedentary, part-migratory population that tax should have been levied on both property and heads"[24]. Recentemente, anche Chouquer ha condiviso questa linea interpretativa: "le *stipendium* peut alors prendre l'aspect d'un double impôt, personnel et réel (foncier)"[25].

Lo *stipendium* africano era, dunque, un'imposta di capitazione o no? Se riferito al periodo immediatamente successivo alla conquista della provincia, un simile quesito è, con tutta probabilità, anacronistico, giacché le stesse categorie di *tributum soli* e di *tributum capitis* risalgono all'epoca imperiale e non sono comunque riferibili ad un territorio appena conquistato, devastato dalla guerra, poco urbanizzato già in precedenza e amministrabile perciò, almeno agli inizi, secondo modalità del tutto estranee al modello romano, che dal canto suo andava costituendosi in quegli anni[26]. In tale contesto, appare verosimile che, come afferma Appiano, anche le donne non siano state esentate dal pagare l'imposta, a maggior ragione nel periodo immediatamente successivo alla conclusione della guerra, quando la popolazione maschile doveva essersi numericamente ridotta[27].

Si ritiene, quindi, più corretto integrare la lacuna che dà inizio alla l. 78 evitando un esplicito riferimento agli agri: eliminando l'integrazione *pro eo agro* si intende il testo nel senso che agli *stipendiarii*, i quali versavano lo *stipendium* per diritto di guerra (*iure belli*)[28] e non per la coltivazione di un campo specifico, furono concessi alcuni terreni.

---

[22] Rudorff 1839, 94.

[23] Arnold 1914³, 200; vd. anche p. 199: "both land and persons paid *stipendium*... At any rate the main part of the *stipendium* came from the land: though here again it cannot be supposed that immediately a province was established a regular *tributum soli* was set on food"; a proposito del *tributum capitis*: "we may look upon such a poll-tax as a temporary expedient, employed for instance just after a devastating war, when any ordinary tax on property would be impracticable".

[24] Whittaker 1978, 339-340.

[25] Chouquer 2016, 175.

[26] France 2007b, 333 e 347-349.

[27] A proposito del passo di Appiano, Whittaker 1978, 340 n. 5 cita Hinrichs 1966, 297 per asserire che, secondo quest'ultimo studioso, una tassa di capitazione sulle donne sarebbe stata impossibile. Ma lo studioso tedesco afferma, a quel proposito, esattamente il contrario: *stipendiarii* sarebbe stato "der Name der besiegten Karthager, ihnen allen, ob sie Männer, Frauen oder Kinder waren, wurde eine hohe Kopfsteuer auferlegt".

[28] Caes. *Gall.* 1.44.2: *stipendium capere iure belli, quod victores victis imponere consuerint.*

In ogni caso, qualunque sia la reale natura dello *stipendium* menzionato dalla l*ex agraria* in riferimento all'Africa, per la sua determinazione si rendevano necessarie preliminari operazioni di censo, che potrebbero essersi basate sulle *professiones* dei singoli contribuenti già all'indomani della conquista della provincia[29].

Dal prosieguo della *lex* risulta che tre erano i tipi di imposte gravanti sui terreni africani: il *vectigal*, la *decuma* e la *scriptura* (ll. 82 ss.)[30]. Se la *scriptura* si configurava come tributo, certamente fisso e in moneta, da versare per la destinazione al pascolo degli agri, il *vectigal* e la *decuma* dovevano indicare due tipi di imposte diverse tra loro, l'una (la *decuma*) in natura e per quote di prodotto, l'altra (il *vectigal*) differente dalla prima o perché in moneta o perché dall'ammontare non variabile o per entrambe le ragioni. Ritengo possibile considerare il *vectigal* "africano" menzionato dalla *lex agraria* un'imposta in natura, ma dall'ammontare non variabile[31] in considerazione dell'indicativa corrispondenza tra questo testo e il già citato passo tratto dalle *Verrine*:

> *Inter Siciliam ceterasque provincias, iudices, in agrorum vectigalium ratione hoc interest, quod ceteris aut impositum vectigal est certum, quod stipendiarium dicitur, ut Hispanis et plerisque Poenorum quasi victoriae praemium ac poena belli, aut censoria locatio constituta est, ut Asiae lege Sempronia: Siciliae civitates sic in amicitiam fidemque accepimus ut eodem iure essent quo fuissent, eadem condicione populo Romano parerent qua suis antea paruissent.*

---

[29] Sulle operazioni di censo in epoca imperiale, affidate alle comunità attraverso i membri delle curie e delle *boulài* che si servivano di intermediari amministrativi e di notabili responsabili, vd. Lo Cascio 1991, 144-152 e Id. 1999; France 2003.

[30] Rostowzew 1910a, col. 156 legge, alle linee 78 e ss., *vectigal decumae* invece di *vectigal decumas*. Secondo Marquardt 1881², 196, "allerdings muss man, wenn in einer stipendiären Provinz eine *decuma* erwähnt wird, sich zunächst erinnern, dass es in diesen Provinzen Domainen gab, und dass z.B. in der stipendiären Provinz Africa von dem *ager publicus* eine *decuma* durch *publicani* erhoben wurde (...). Allein es ist unzweifelhaft, dass auch die Stipendiarii Getreide, und zwar einen Zehnten, lieferten".

[31] Per la contrapposizione tra *stipendium* (= pagamento in contanti) e *vectigal* (= pagamento in natura) vd. l'*OLD*, s.v. *stipendium*, p. 1821. Ma tale contrapposizione non può essere generalizzata (cfr., infatti, le giuste perplessità di France 2007b, 340 n. 36) perché, se è vero che lo *stipendium* doveva essere sempre versato in moneta (vd. *supra*, § 2.2.1 n. 67; *contra*, cfr. quanto afferma, pur dubitativamente, Rostowzew 1910a, col. 156 in relazione all'Africa in epoca repubblicana e Virlouvet 2003, 74 n. 2 in riferimento alla Spagna – ma la testimonianza di Liv. 43.2.12 citata dalla studiosa non menziona affatto lo *stipendium*), lo stesso non può dirsi per il *vectigal*, che, come ha osservato opportunamente Ørsted 1992, 815, "is normally taken to denote part of a produce paid as tax to the Roman people, whether this took the form of cereals, olives, gold, iron or silver", al punto che Morelli 2019, 14 lo definisce "la forma più ingente di entrata monetaria su base fiscale"; sul significato originario del termine *vectigal* vd. Milazzo 1993, 33-40. A maggior ragione, come osserva Lo Cascio 1986, 33-34 n. 11, la *decuma* non può essere "la medesima cosa dello *stipendium* menzionato poco prima".

> Tra la Sicilia e le altre province, o giudici, vi è questa distinzione per quanto riguarda i campi soggetti ad imposte, che nelle altre o è stato stabilito un tributo fisso, che viene detto stipendiario, come agli Hispani e alla maggior parte dei Punici in quanto premio per la nostra vittoria e punizione per la guerra (mossa contro di noi), oppure è stato introdotto l'appalto da parte dei censori, come in Asia in forza della legge Sempronia: (invece) le città della Sicilia le abbiamo accolte in amicizia e fiducia affinché rimanessero con le stessi leggi che avevano prima e fossero sottoposte al popolo romano alle stesse condizioni alle quali erano soggette prima ai loro connazionali[32].

Mentre la quasi totalità delle città siciliane era soggetta al pagamento di un'imposta in natura e per quote di prodotto, la *decima*, gli Hispani e la maggior parte dei Punici erano tenuti a versare un tributo fisso, un *vectigal certum* detto *stipendiarium* proprio perché si configurava come *poena belli*[33], ma che, se è corretta l'interpretazione avanzata in questa sede[34], era comunque un'imposta non monetaria.

Si propone, dunque, di ritenere che il *vectigal certum, quod stipendiarium dicitur* del passo ciceroniano non sia, come hanno da sempre ritenuto i più, l'equivalente dello *stipendium* imposto agli *stipendiarii*[35] africani (e non), menzionato, tra l'altro, anche nella *lex agraria* del 111 a.C., bensì del *vectigal* sui campi ricordato nella stessa *lex*.

Lo *stipendium* africano doveva essere, quindi, un tributo fisso e in moneta, gravante sugli *stipendiarii*, ossia sulla popolazione locale, composta in buona parte dai Cartaginesi, e calcolato in una certa misura in proporzione alle terre da coltivare; esso era distinto:

- dalla *scriptura*, anch'essa tassa fissa e in moneta, ma applicabile sui terreni soggetti a pascolo;
- dalla *decuma*, imposta di quotità esatta in natura;
- dal *uectigal*, tributo in natura, ma che in questo caso potrebbe essere stato *certum*, ossia dall'ammontare non variabile.

Se, dunque, lo *stipendium* non era propriamente una tassa sui terreni[36], ma un'imposta di tipo personale calcolata sulla base della proprietà terriera, occorre integrare diversamente il testo mancante.

---

32 Cic. *Verr.* 2.3.6.12. Vd. *supra*, § 2.2.1.

33 Sull'accezione di significato, alquanto negativa, che aveva finito per assumere lo *stipendium* (inteso come imposta) e il suo derivato *stipendiarius*, vd. in partic. Ñaco del Hoyo 2003d, 50-56; France 2001b, 363-364; Id. 2006, 12-13; Id. 2007, 344-347 e 349-352.

34 Cfr. *supra*, § 2.2.1.

35 Tuttavia, come osserva Ñaco del Hoyo 2003d, 52, "no parece que fueran calificados como *stipendiarii* tan sólo por el hecho objetivo de que estaban obligados a pagar ese *stipendium*, sino que esa exigencia formaba parte de su misma condición jurídica como una población sujeta, sumetida a la voluntad de los magistratos provinciales y del senado".

36 Si aggiunga qui, per inciso, che, da una ricerca condotta sulla banca dati *on line EDCS* (*Epigraphik-Datenbank Clauss / Slaby*, http://www.manfredclauss.de/it/index.html), la quale, com'è noto, pur essendo incompleta, comprende (alla data dell'11 settembre 2020) una raccolta di 521.969

Poiché nella stessa *lex* non compare mai il verbo *pendere* (la cui associazione con *stipendium* era, tuttavia, un'espressione tecnica)[37] e che, sia nel caso della *pequnia*, della *scriptura* e del *vectigal* menzionati alla l. 19, sia nel caso del *vectigal*, della *decuma* e della *scriptura* menzionati, tra l'altro, alla l. 82, il verbo usato è *dare*[38], si propone di integrare diversamente la prima parte della lacuna posta all'inizio della l. 78 e di intendere che gli *stipendiarii* erano coloro *quos stipendium [populo Romano dare oportet*, riprendendo, dunque, in tal modo la lettura proposta già quasi due secoli fa da Rudorff.

3.2. Gli *stipendiarii* dei pagi *Muxsi Gususi Zeugei*

All'ultimo secolo della Repubblica risale l'iscrizione dedicata dagli *stipendiarii* di alcuni *pagi* africani a Q. Numerius Q. f. Rufus, questore della provincia intorno al 60 a.C. (fig. 4)[39]. È stata ritrovata ad Utica, ossia nella città sede dello stesso magistrato provinciale. Eccone il testo:

> *Q. Numerio Q. f. / Rufo q. / s t i p e n d i a r i e i / pagorum Muxsi / Gususi Zeugei.*

> Al questore Quinto Numerio Rufo, figlio di Quinto, gli *stipendiarii* dei *pagi* Muxi, Gususi, Zeugei.

Fig. 4: La dedica degli *stipendiarii* a Q. Numerio Rufo

iscrizioni, e dà, quindi, ragione di una fetta abbastanza ampia delle epigrafi del mondo romano, la parola *stipendium*, intesa come imposta gravante sui provinciali, compare solo nell'iscrizione in esame e, al genitivo plurale, in *CIL* 6.31713= *ILS* 901, per cui vd. *infra*, § 3.4. Come ha osservato France 2007b, 364, in epoca imperiale si preferì usare il sostantivo *tributum* e questa scelta spiega la quasi totale assenza nelle fonti del termine *stipendium* col significato di imposta.

37 France 2007b, 343 e n. 52 considera l'integrazione di *pendere* sicura perché "admise par tous". Anche l'espressione *stipendium dare* era, comunque, usata in riferimento al tributo da versare: cfr., ad es., Liv. 8.36.12, 21.41.9, 38.16.13; Flor. *epit.* 1.38.2.

38 *CIL* 1.585 = *FIRA* I, 8, l. 19: *facito quo quis populo aut p]ublicano pequunia‹m› scripturam uec‹t›igalue det dareue debeat*; l. 82: *pro eo agro loco ‹n›eiue uectigal neiue decumas nei‹ve› scripturam, quod post // h(anc) l(egem) r(ogatam) fruetur, dare debeto.*

39 *CIL* 1.2513 = *AÉ* 1913, 162 = *ILS* 9482 = *ILAfr* 422 = *ILLRP* 388 = *ILPBardo* 440. Si notino nel testo le forme arcaiche del nominativo plurale in *–ei*.

La riscossione dello *stipendium* africano poteva suscitare il malcontento dei contribuenti che avranno talora fatto ricorso ai questori per esporre le loro lagnanze; talora, come appare dall'iscrizione in questione, essi avranno ottenuto qualche tipo di agevolazione, allo stato non meglio precisabile.

In questo caso, come anche in quello che verrà analizzato immediatamente dopo, gli *stipendiarii* risultano appartenenti ai *pagi*. Non vi è, tuttavia, accordo in dottrina sulla natura di questi ultimi: Romanelli e Picard li considerano circoscrizioni finanziarie, ma forse anche amministrative e giudiziarie, mentre Saumagne ritiene che si tratti di collettività non giuridicamente riconosciute, addirittura entità fittizie di amministrazione finanziaria. Quale che sia la loro vera natura, è indubbio che si tratti di creazioni puniche, sovrapposte alle città e non sostituite ad esse, come afferma Picard[40].

Tuttavia, appare eccessivo affermare che "l'expression ou la référence à leur statut, *stipendiariei*, laisse croire que ces communautés n'avaient aucune dignité au regard du droit public romain, et qu'elles étaient, du point de vue de Rome et donc de la *formula provinciae Africae*, considérées comme de simples villages", né, tantomeno, che "l'inscription d'Utique laisse croire que Rome n'autorisa aucun signe d'autonomie administrative (magistrats et assemblées propres)"[41]. L'epigrafe, infatti, non era stata concepita per illustrare l'organizzazione amministrativa della provincia d'Africa: essa testimonia semplicemente la riconoscenza di una categoria di persone, gli *stipendiarii*, nei confronti del questore della provincia, il quale avrà forse concesso loro qualche agevolazione al momento del pagamento del tributo, lo *stipendium*[42]. In tale contesto, non sorprende l'assenza di riferimenti ad altre magistrature o strutture politiche proprie della regione, che pure potevano esistere, ma che non erano direttamente coinvolte nei processi di esazione delle imposte versate dagli *stipendiarii*.

---

[40] Cfr. Romanelli 1959, 48 e n. 2; Picard, Mahjoubi, Bechaouch 1963, 127; Picard 1966, 1262-1263; Saumagne 1963, 59; Picard 1969, 4-6; Gascou 1982, 139; Zucca 1996, 1446-1447 nr. 31; Briand-Ponsart 2009, 102-103. Per Gaudemet 1967, 515 si sarebbe trattato di gruppi di cittadini romani, che avevano necessità di essere coesi perché tagliati fuori dalle loro città d'origine. Circa il significato del termine *pagus* vd. anche Ruggini 1989, 215-216. Processi simili, ma in assenza della menzione dei *pagi*, si possono osservare sia nella Narbonense, sia nella Spagna Citeriore; per la prima, cfr. le osservazioni di Tarpin 2017, 69-70: "la province est organisée en grands ensembles territoriaux, généralement placés sous le nom d'un peuple important, et certainement dotés d'un chef-lieu (...) afin d'assurer la gestion administrative"; per la seconda, vd. Gonzáles Rodriguez 2017: "las *gentes*, que tienen una larga historia, se han acomodado y transformado a los tiempos posconquista y modificadas y reconocidas como tal por Roma resultan eficaces a la administración romana para la identificación y reorganización de los territorios y las *civitates*, en este caso, de la *Hispania citerior*".

[41] Aounallah 2010, 19-27.

[42] In partic. vd. Ñaco del Hoyo 2003d, 113 e Id. 2005, 371-372 e 386, il quale ritiene pure che gli stipendiari dedicarono l'epigrafe "quizas por un trato favorable en el proceso de recaudación".

3.3. L'epigrafe degli *stipendiarii pago Gurzenses*

Risale, invece, al 12 a.C. un'iscrizione fatta incidere dal *senatus populusque civitatium stipendiariorum pago Gurzenses*, oggi conservata presso il Museo di Cortona (fig. 5). Diversamente dalla precedente, questa testimonianza non riguarda esplicitamente questioni tributarie, ma ricorda i vincoli di ospitalità nonché i rapporti di patronato e clientelato esistenti tra il proconsole Lucio Domizio Enobarbo da una parte e «il senato e il popolo delle città cui appartengono gli stipendiari presenti nel pago di Gurza» dall'altra[43].

Si riporta qui di seguito il testo secondo l'edizione del *CIL*:

> *P. Sulpicio Quirinio C. Valgio co(n)s(ulibus) / Senatus populusque civitatium stipendiariorum / pago Gurzenses hospitium fecerunt quom L. Domitio / Cn. f. L. n. Ahenobarbo proco(n)s(ule) eumque et postereis / eius sibi posterisque sueis patronum co(o)ptaverunt / Isque eos posterosque eorum in fidem clientelam/que suam recepit / Faciundum coeraverunt Ammicar Milchatonis f(ilius) / Cynasyn(ensis) Boncar Azzrubalis f(ilius) Aethogursensis / Muthunbal Saphonis f(ilius) Cui. Nas. Uzitensis.*

Sotto il consolato di Publio Sulpicio Quirinio e Gaio Valgio.
Il senato e il popolo delle città degli stipendiarii presenti nel pago di Gurza hanno stabilito vincoli di ospitalità con Lucio Domizio Enobarbo, figlio di Gneo, nipote di Lucio, proconsole. Essi hanno cooptato lui e i suoi discendenti come patrono per se stessi e per i loro discendenti. Egli ha accolto loro e i loro discendenti nella sua clientela. Si sono occupati di questo... (seguono i nomi dei locali).

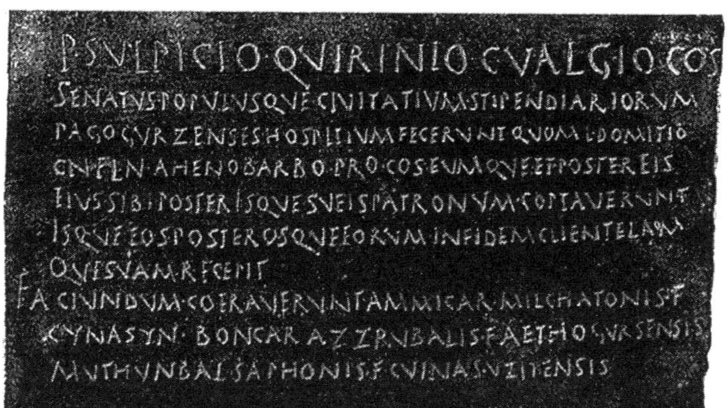

Fig. 5: La dedica degli *stipendiarii* a Lucio Domizio Enobarbo

[43] *CIL* 8.68 = *ILS* 6095 = *ILTun* 202. Vd. Picard, Mahjoubi, Bechaouch 1963, 121-130; Picard 1966, 1263-1264; Donati 1967, 39-40; Picard 1969, 4-6; Freis 1984, nr. 43; Bullo 2002, 15; Hurlet 2015, 178-179 e n. 64; circa la datazione dell'epigrafe alla prima o alla seconda metà del 12 a.C., cfr. Thomasson 1996, 22 nr. 6a; sull'uso alternato delle forme in -ei (*postereis*, *sueis*) e in -i (*posterisque*) vd. Floriani Squarciapino, Gismondi, Barbieri, Bloch, Calza 1958, 217-218. In merito all'ospitalità concessa a L. Domizio (sul personaggio vd. *PIR* III, 32-34 nr. 128; Carlsen 2006, 75-81), che, come spesso avveniva, non era limitata solo alla sua persona, ma veniva estesa anche ai suoi discendenti (*posteri*), vd. Harmand 1957, 311-314; Bolchazy 1977, 27 e n. 63 (a p. 92); Díaz Ariño 2012.

Saumagne insiste, a giusto titolo, sul fatto che il termine *stipendiarius* deve in questo caso intendersi come aggettivo sostantivato: diversamente, si potrebbe aggiungere, avremmo dovuto trovare *civitatium stipendiariarum*; del resto, se nelle fonti letterarie, come si è visto, il termine viene eslicitamente riferito sia agli individui sia alle città, nelle altre epigrafi africane esso appare attribuito solo ad individui[44]. Relativamente alla menzione del *pagus*, lo studioso afferma, inoltre, che gli abitanti delle città dedicatarie dell'epigrafe "ne sont Gurzenses que *pago*, que «quant au *pagus*»: – si bien que ce *pagus* peut fort bien passer pour une entité fictive d'admnistration financière"[45].

Questa testimonianza epigrafica, verosimilmente coeva alla redazione delle liste provinciali consultate da Plinio, conferma l'esistenza degli stipendiari africani anche nella prima età imperiale. L'apparente contraddizione con la notizia, fornita dall'autore della *Naturalis historia*, secondo la quale l'unico *oppidum stipendiarium* presente nella provincia sarebbe stato quello dei Castra Cornelia, può essere, dunque, spiegata col fatto che l'unica città africana cui era stata attribuita lo status di *stipendiaria* sarebbero stati proprio i Castra Cornelia, mentre, negli altri casi, in mancanza di una struttura cittadina di riferimento adeguata al modello romano, si sarebbe trattato di singoli individui soggetti al pagamento di imposte, nel caso specifico lo *stipendium*. Forse, come osserva Desanges, la condizione di *oppidum stipendiarium* attribuita ai Castra Cornelia, non l'unica comunità africana pienamente urbanizzata sottomessa allo *stipendium*, si potrebbe spiegare "dans une certaine mesure, par l'origine romaine et, en quelque sorte, artificielle d'une agglomération indigène de circostance"[46].

Differente l'ipotesi formulata da Christol a proposito della Narbonense: l'assenza, in questa provincia, di qualsiasi città stipendiaria è motivata col fatto che, alla costituzione della formula della Narbonense, "cette catégorie de cité n'existait pas ou n'existait plus, en sorte qu'après les colonies de droit romain la catégorie des *oppida latina* épuisait, à une ou deux exception près (celle que constituent les cités fedérées) le reste des collectivités de la province". Ma, per dirla con Teutsch,

---

[44] Cfr. *supra*, § 3.1 e n. 15. Sull'attribuzione del termine non solo ad individui, ma anche a città, nelle fonti letterarie vd. *supra*, § 2 (soprattutto § 2.2.2).

[45] Saumagne 1963, 59-60.

[46] Plin. *nat.* 5.4.29-30. Desanges 2003², 302-303. A detta di Mommsen 1887³, III, 685 n. 1 la sua condizione giuridica sarebbe stata superiore a quella degli altri *oppida stipendiaria* in questo passo indicati semplicemente come *civitates*. In effetti, Castra Cornelia sembra essere stato un *locus* (Plin. *nat.* 5.3.24) prima di diventare, forse ad opera di Augusto (Barthel 1904, 37), *oppidum stipendiarium*: Teutsch 1962, 95-97. Sempre secondo Mommsen 1887³, III, 685 n. 1, il posto ricoperto dai Castra Cornelia nell'elenco pliniano (dopo gli *oppida civium Romanorum*, l'unico *oppidum Latinorum* e prima degli *oppida libera*), farebbe pensare che si tratti di una città di diritto latino sottoposta a tributo, mentre per Cuntz 1888, 41, Plinio sarebbe incorso in un errore, giacché Castra Cornelia doveva essere un *oppidum foederatum* e non *stipendiarium*. Sulle difficoltà dettate dall'interpretazione del testo di Plinio vd. Aounallah 2010, 43-57.

relativamente alla *Naturalis historia* non si può trarre "kein sicherer Schluss auf die Rechtsstellung der gennanten Städte"[47].

Il testo pliniano, comunque, doveva riflettere, in questo come in altri casi[48], un quadro amministrativo in continua evoluzione, dal punto di vista sia geografico sia temporale: la menzione, nell'opera, della categoria degli *stipendiarii*, presente in vario modo nelle diverse province dell'impero e all'interno di contesti più o meno urbanizzati, costituisce un esempio concreto delle molteplici possibilità di declinazione di un sistema che si adattava alla pluralità delle situazioni di riferimento.

3.4. L'iscrizione dei *mancupes stipendiorum* africani

Sebbene non contenga un riferimento agli *stipendiarii* d'Africa[49], si è ritenuto di dover includere nella presente trattazione anche l'analisi di un'epigrafe ritrovata a Roma ma concernente la provincia d'Africa.

Essa, probabilmente risalente alla prima età imperiale, venne ritrovata al quinto miglio della via Latina e fu dedicata

> *Fonteio Q(uinti) f(ilio) / q(uaestori) mancup(es) stipend(iorum) ex Africa.*
>
> A Fonteio figlio di Quinto, questore, gli appaltatori degli *stipendia* che provengono dall'Africa[50].

Dalla suddetta epigrafe si ricava che in Africa esistevano dei *mancipes* incaricati di appaltare gli *stipendia*, e che essi si mostrarono riconoscenti, forse per la benevolenza manifestata nei loro confronti, ad un certo Fonteio, questore della provincia non altrimenti noto[51].

---

[47] Christol 1994, 56-57; Teutsch 1962, 96. In effetti, il ragionamento di Christol non convince appieno: se veramente l'assenza di popolazioni stipendiarie nella Gallia Narbonense deve essere fatta risalire alla concessione del diritto latino alle città della provincia da parte di Cesare, non si può non riconoscere che in altre province, come in Sicilia, si registra la contemporanea presenza, ancora in epoca augustea, di abitanti che beneficiarono del diritto latino ad opera di Cesare e di popolazioni stipendiarie: vd. Korhonen, Soraci 2019, 100-101.

[48] Vd. Soraci 2016b.

[49] Non così per Mommsen 1892, 88 n. 1, a detta del quale l'epigrafe, risalente agli ultimi anni della Repubblica o ai primi del Principato, rappresenterebbe una delle rare testimonianze di *ager stipendiarius*.

[50] *CIL* 6.31713 = *ILS* 901. Per una datazione dell'epigrafe agli anni che precedono il regno di Claudio vd. Ørsted 1992, 825 n. 41; alla prima età imperiale pensa anche Brunt 1974, 181, all'età augustea Cimma 1981, 120. Incerti tra la tarda età repubblicana e quella augustea sono Thomasson 1996, 126 e Baccini Leotardi 2004, 267; tra il 50 a.C. e il 14 d.C. è datata da A. Ferraro nella scheda EDR 114012 (http://www.edr-edr.it/edr_programmi/res_complex_comune.php?do=book&id_nr=EDR114012&partId=1, url consultata in data 30 ottobre 2019).

[51] Ørsted 1985, 104-105 (secondo il quale vi sarebbe una relazione tra questa epigrafe e la *lex agraria* del 111 a.C., in cui, "apart from the nouns *redemptor* and *conductor*, the terminology of the lease system is found to its full extent") manifesta dubbi non giustificati (di tale precisazione ringrazio il prof. W. Eck, che ha letto queste pagine nella loro versione originaria) sulla possibilità che

Il confronto con l'epigrafe uticense, dedicata dagli *stipendiarii* ad un altro questore, induce a formulare alcune considerazioni.

L'iscrizione uticense e quella romana vennero, infatti, entrambe dedicate alla stessa tipologia di magistrati; ma, mentre la prima fu fatta incidere dagli stipendiari, verosimilmente per ringraziare il questore delle agevolazioni loro concesse, la seconda fu innalzata dai *mancipes* forse per la preferenza accordata. Dunque, almeno in questo caso è possibile seguire la percezione di un'imposta da due punti di vista differenti e, per così dire, complementari: da un lato i contribuenti, dall'altro gli esattori; il questore provinciale potrebbe essere considerato una sorta di intermediario fra entrambi, in quanto incaricato di supervisionare le operazioni di riscossione delle imposte, di tutelare i contribuenti frenando gli abusi degli esattori[52] e di concordare con questi ultimi le modalità di ricezione di quanto dovuto.

È degno di nota, inoltre, il fatto che i contribuenti provinciali fecero erigere la dedica a Utica, mentre i *mancipes* a Roma; ciò può essere dipeso sia dalle disponibilità finanziarie dei rispettivi gruppi, probabilmente maggiori nel caso degli appaltatori operanti nella provincia d'Africa, sia dal fatto che i *mancipes* potrebbero aver ottenuto qualche agevolazione solo nell'ultimo periodo dell'incarico del questore: più che onorare tale magistrato in Africa, come avevano fatto gli *stipendiarii* dell'iscrizione uticense, sarebbe stato preferibile farlo a Roma, dove egli era nel frattempo ritornato.

È possibile che il passaggio da un sistema di imposizione indiretta, avvenuta per tramite degli appaltatori, a quello di imposizione diretta, attuabile grazie alle operazioni censitarie e in cui la responsabilità pratica della riscossione ricadeva sulle autorità cittadine, abbia tardato ad essere introdotto nelle province senatorie[53] e in particolare in quella d'Africa, caratterizzata da una struttura cittadina in piena evoluzione ancora in epoca augustea[54], e che, dunque, ancora per tutto il I sec.

Fonteio avesse ricoperto il ruolo di questore: "Fonteius may have been a *q(uaestor)*". E. Groag, in *PIR* II, 196 nr. 462, ipotizza che si sia trattato di un *quaestor Africae*, mentre Thomasson 1996, 126, anche in questo caso su suggerimento di W. Eck, suppone che Fonteius avesse ricoperto il ruolo di *quaestor Ostiensis*. La summenzionata epigrafe, peraltro, porta alla ribalta il ben noto problema dell'esatta comprensione del ruolo dei *mancipes*, connesso con quello di Vibio Salutare, *procurator frumenti mancipalis*: *CIL* 3.14195, 4-13 = *Inschr. Ephesus* Ia, 28-35, *AÉ* 1899, 64 e *ILS* 7193-7195 (cfr. anche *CIL* 3.6065 e 3.12252), su cui vd. Soraci 2011, 164-168; cfr. altresì l'ipotesi di Ørsted 1992, 828-829, secondo cui il *frumentum mancipale* sarebbe il frumento "privato" acquistato da appaltatori pubblici.

52 Sulla condanna, espressa in particolare da Tacito, del sistema esattoriale vessatorio, rappresentato dalle compagnie di pubblicani, vd. Soraci 2005-2006.

53 De Martino 1965, 826-827; Cimma 1981, 99-160, ove ampia discussione della bibliografia precedente; Frézouls 1986, 26; Lo Cascio 1986, 38 e n. 29; Cerami 1997, 65. Da quanto afferma Tacito si può desumere che, almeno fino al 23 d.C. *frumenta et pecuniae vectigales, cetera publicorum fructum societatibus equitum Romanorum agitabantur*: Tac. *ann.* 4.6.12; secondo Brunt 1974, 181, proprio il caso africano sarebbe un esempio della regolare persistenza della riscossione delle imposte da parte dei pubblicani anche dopo la morte di Augusto. Il tema del passaggio da una imposizione indiretta a una diretta è stato, comunque, oggetto di un lungo dibattito, evidenziato nei summenzionati studi.

54 Aounallah 2010, *passim*.

dell'impero i questori avessero continuato ad appaltare la riscossione a terzi, tra cui i succitati *mancipes*[55].

3.5. Gli *stipendiarii* del *fundus* di Villa Magna

All'epoca di Traiano, tra il febbraio del 116 e la morte dello stesso imperatore, avvenuta nell'agosto del 117 d.C., risale una lunga epigrafe, ritrovata nel *fundus Villae Magnae Varianae* (il cui corrispondente, nella lingua locale, era *Mappalia Siga*)[56] e nota come iscrizione di Henchir-Mettich; l'iscrizione regola le concessioni da effettuare negli *agri subsecivi* del suddetto *fundus* e, se riletta alla luce di altri documenti analoghi, risulta fondamentale ai fini dello studio della proprietà imperiale nell'Africa proconsolare[57].

Ai fini della tematica qui affrontata, tuttavia, l'epigrafe riveste un'importanza particolare, giacché verso la fine – pur molto lacunosa – della colonna IV (fig. 6) vengono ricordati, tra tante categorie di individui, gli stipendiari residenti nel fondo, i quali, secondo l'integrazione proposta dal Flach, sarebbero stati obbligati ad indicare, come i *coloni inquilini*, i loro nomi ai fini della prestazione di un servizio chiamato *custodia*:

> *Stipendiarior[um qui intra f(undum) Vill<a>e Magn<a>e sive M] appa/li<a>e Sig<a>e habitabu[nt, nomina sua nominent in custodias, q] uas c/onductoribus vil[icisve eius f(undi) prestare deben]t*[58].
>
> [I nomi] degli *stipendiarii* che abiteranno [all'interno del fondo di Villa Magna o] Mappalia Siga [siano indicati per il servizio di custodia che devono offrire] ai conduttori [o ai vilici di quel fondo].

---

[55] Rostowzew 1910a, col. 156; Romanelli 1959, 48; Chouquer 2016, 161, secondo i quali l'esazione avveniva normalmente tramite gli appaltatori, sotto la direzione dei questori. *Contra*, vd. Jones 1974, 162, il quale, sulla base della supposta identità dello *stipendium* con il *vectigal certum stipendiarium* del più volte citato passo ciceroniano (Cic. *Verr.* 2.3.6.12: *supra*, § 2.2.1 e 3.1), ritiene che, essendo lo *stipendium* un tributo *certum* e quindi fisso, fossero responsabili della riscossione diretta dell'imposta tra l'epoca tardo-repubblicana e quella proto-imperiale i funzionari statali, non solo questori ma anche pretori (di "strengere Kontrolle der römischen Statthalter" su *stipendia* e *tributa* a partire da Augusto parla anche Neesen 1980, 14-15); lo stesso Jones, tuttavia, riconosce la peculiarità della situazione africana.

[56] Per una spiegazione del toponimo latino vd. Kotula 1988, 341 e n. 7, secondo cui esso farebbe riferimento alla notevole estensione del fondo o alla costruzione centrale di un dominio rurale, e Jacques 1993, a detta del quale, invece, la tenuta potrebbe essere attribuita al senatore Lucius Varus.

[57] Della sterminata bibliografia sull'argomento, ci si limiterà a citare: Frank 1926a e b; Pezzana 1962; De Ligt 1998-1999; Scholl, Schubert 2004.

[58] *CIL* 8.25902, col. IV ll. 31-33 = *ILPBardo* 388 = *AÉ* 1897, 48. L'integrazione *habitabu[nt, nomina sua nominent in custodias, q]uas* è stata proposta da Flach 1978, 461 (*contra*, Brockmeyer 1968, 217); Schulten 1897, 16 legge invece: *habitab[unt... operas s]uas*, Riccobono (*FIRA* I, 100) *habitabu[nt... operas s]uas*. Seeck 1898a, 634 (e Seeck 1898b, 315): *habitabunt, iubebitur*. Qualunque integrazione del testo va, comunque, accolta con cautela perché l'iscrizione è molto danneggiata: *AÉ* 1898, 137. Lewis, Reinhold 1955, 182 e n. 46 omettono di tradurre l'intera frase, a causa

Fig. 6: L'iscrizione di Henchir-Mettich, col. IV

L'identità di questi individui è stata oggetto di svariate ipotesi, di cui si riportano in questa sede le più significative.

Tutti gli studiosi concordano sul fatto che si trattasse di indigeni; alcuni ritengono che essi possedessero delle terre, altri che si limitassero a coltivarle.

Propendono per la prima interpretazione Frank e Alföldi. Per il primo gli *stipendiarii* sarebbero stati "the native Libyans of the villages like Mappalia Sige, Sustri, Thignica, etc., whom Marius had left with some property in the midst of his complex"; i loro terreni non sarebbero stati naturalmente tra i migliori e sarebbero stati soggetti all'imposta di un ottavo[59]. A detta di Alföldi, invece, gli *stipendiarii*, distinti dai normali coloni e dai coloni inquilini ("landlose und zu verschiedenen Arbeitsleistungen verpflichtete Bauern"), sarebbero "vermutlich Bauern aus den benachbarten Siedlungen, die teils auf dem Gut, teils auf ihren eigenen kleinen Parzellen ausserhalb des Gutes arbeiteten"[60].

dell'importante lacuna e dell'incertezza del significato di *stipendiarii*, mentre Freis 1984, 148 tenta una traduzione, intendendo gli *stipendiarii* quali "Steuerpflichtige".

[59] Frank 1926b, 170.

[60] Alföldi 1975, 128.

Secondo Rostovtzeff, gli stipendiari sarebbero indigeni che occupavano l'*ager stipendiarius*, da identificare con l'*ager octonarius* cui l'epigrafe aveva in precedenza fatto riferimento; per l'esistenza dell'*ager stipendiarius* egli citava la *lex agraria*[61], ma questa interpretazione non regge, come si è visto, per l'insostenibile binomio *ager stipendiarius*; nell'interpretazione dello studioso, inoltre, gli *stipendiarii* avrebbero posseduto le suddette terre, perché lo *stipendium* in Africa è un'imposta sui terreni[62].

Ritengono gli *stipendiarii* semplici coltivatori Romanelli, Whittaker e Kehoe. Secondo il primo, gli *stipendiarii*, certamente Libi indigeni "perché soggetti al pagamento del tributo", avrebbero prestato la loro opera come braccianti, "soprattutto nelle stagioni di più intensi lavori agricoli", e sarebbero stati impiegati per la custodia dei raccolti o del fondo[63]. Whittaker li considera "those who occupied and paid direct tax on land, but not technically as tenants"[64]. Per Kehoe il termine potrebbe riferirsi a lavoratori salariati, ma, nel contesto di questa iscrizione, si tratterebbe piuttosto di "farmers cultivating provincial land subject to the *stipendium*, and by definition, outside the estate"; dunque, essi si distinguerebbero dagli altri coloni proprio in virtù del fatto che coltivavano terra anche al di fuori del fondo[65].

Seeck, dal canto suo, aveva inteso gli *stipendiarii* quali "Kopfsteuerpflichtige", "soggetti all'imposta di capitazione"[66].

Una più articolata interpretazione è proposta da Flach, il quale distingue gli *stipendiarii* dai *coloni inquilini*, ritenendo che i primi siano "Kolonen, die Steuern zu zahlen hatten, weil sie der einheimischen Bevölkerung entstammten"; essi sarebbero stati soggetti alla prestazione del servizio di custodia perché non solo lavoravano nel fondo, ma anche vi abitavano; gli altri *stipendiarii*, invece, non sarebbero stati menzionati perché lavoravano nel fondo solo durante il giorno[67].

Secondo la Schubert, gli stipendiari di quest'iscrizione sarebbero dei lavoratori salariati: sulla scia di Flach e in virtù dell'uso del genitivo partitivo *stipendiarior[um*, ritiene che si debbano distinguere gli stipendiari che abitavano nel fondo (da lui de-

---

[61] ROSTOWZEW 1910b, 341. L'*ager octonarius* è menzionato in *CIL* 8.25902, col. II l. 8. L'interpretazione di Rostowzew è accolta da VAN NOSTRAND 1925, 32-33 n. 38 e JOHNSON, COLEMAN-NORTON, BOURNE 1961, 175 n. 16.

[62] ROSTOWZEW 1910b, 341: "Vorauszusetzen, dass die Stipendiarier einfach die einheimische Bevölkerung darstellen, ohne dass dieselben notwendigerweise auch Inhaber des a.s. wären, bin ich nicht imstande, denn stipendium hängt in Afrika am Boden, und wer kein stipendium zu bezahlen hat, ist doch kein stipendiarius".

[63] ROMANELLI 1974, 206-207; cfr. anche 197.

[64] WHITTAKER 1978, 357.

[65] KEHOE 1985, 154-155; cfr. anche KEHOE 1988, 46-47 e 90, secondo cui l'*ager* coltivato dagli *stipendiarii* al di fuori del fondo imperiale sarebbe stato l'*octonarius ager*, che perciò potrebbe essere identificato con l'*ager stipendiarius.*

[66] SEECK 1898a, 634; cfr. SEECK 1898b, 363-364.

[67] FLACH 1990, 100; cfr. FLACH 1978, 461 e FLACH 1982, 443. Ma vd. le perplessità di JÖRDENS 1993, 63, che afferma di non comprendere la distinzione operata da Flach tra i *coloni inquilini* e gli *stipendiarii*.

finiti *stipendiarii inquilini*) da quelli che non vi abitavano[68]. In realtà, il significato di *stipendiarii* come "lavoratori salariati" non è presente nelle fonti, che preferiscono intenderlo semmai in riferimento, come si è visto, ai soldati mercenari[69].

Non occorre forse condividere il parere di Jerzy Kolendo sull'impossibilità di definire più precisamente la condizione degli *stipendiarii*[70]. Sebbene l'opinione dello studioso sia giustamente fondata sulla lacunosità e laconicità della fonte epigrafica, il confronto con i dati offerti dalle altre iscrizioni africane potrebbe risultare prezioso, considerata la relativa tendenza al conservatorismo in materia di terminologia fiscale propria del mondo antico[71].

Già Saumagne si chiedeva se gli *stipendiarii* fossero stati dei salariati, operai agricoli "stipendiati" dai *conductores* e ai quali non sarebbe stato proibito di aspirare ai *subseciva*, o se il loro nome, "car le «stipendiaire» est celui qui paye le stipendium et non celui qui le reçoit", perpetuasse la qualificazione giuridica rimontante al II sec. a.C. e che caratterizzava il legame tra gli antichi sudditi di Cartagine e gli agri punici annessi inizialmente all'*ager publicus* e in seguito restituiti agli antichi possessori[72].

Quest'ultima mi sembra l'interpretazione più verosimile: il genitivo partitivo dell'iscrizione va inteso piuttosto come un modo per individuare, all'interno delle varie categorie di lavoratori legati al fondo imperiale di Villa Magna, un gruppo di persone soggette *iure belli* al pagamento dello *stipendium*[73], le quali però, diversamente da quanto riteneva Saumagne, non necessariamente dovevano possedere le terre che coltivavano[74]; anzi, come già osservato da Peyras a proposito della *lex agraria* del 111 a.C., la posizione inferiore degli *stipendiarii* farebbe escludere tale possibilità[75]. Le terre da loro coltivate non erano considerate, giuridicamente parlando, di proprietà, come del resto non lo erano le terre provinciali in genere (fatte salve alcune eccezioni), che appartenevano al popolo o all'imperatore[76]. Tali individui, dunque, *stipendiarii* nei confronti dello stato romano, avevano degli obblighi anche nei confronti dei conduttori, all'interno dei cui fon-

---

[68] Schubert 2008, 256 e n. 29.

[69] Vd. *supra*, § 2.4 e all'inizio di questo stesso capitolo. Anche il passo di Leo M. *serm.* 69.3 (*famulis itaque suis et stipendiariis vehementius incitatis, in praeiudicium suum saevit, et dum putat sibi aliquid debere quem potuisset occidere, non vidit libertatem singularis innocentiae, similitudinem persequendo naturae*), riferito a quanti erano a servizio del diavolo, potrebbe alludere sia al significato di "dipendenti, salariati" (Soraci 2020b, 95) sia a quello di mercenario (vd. *supra*, § 2.4).

[70] Kolendo 1976, 54.

[71] Cfr. la continuità d'uso di alcuni termini osservabile nel passaggio tra la Repubblica e l'Impero: France 2007b, in partic. 364-365.

[72] Saumagne 1962, 102-103.

[73] Caes. *Gall.* 1.44.2: *stipendium capere iure belli, quod victores victis imponere consuerint*; vd. *supra*, § 3.1.

[74] Vd. già *supra*, § 3.1.

[75] Peyras 2015, 129 n. 1.

[76] Vd. § 4.1 e 5.1.

di abitavano; il fatto che essi fossero soggetti a diversi tipi di contribuzioni non desta stupore[77]. È probabile, comunque, che si tratti di una categoria ormai residua di persone.

Il caso degli *stipendiarii* africani, dunque, ben dimostrerebbe la summenzionata tendenza al conservatorismo terminologico: la stessa denominazione impiegata nel II sec. a.C. per indicare un gruppo di contribuenti, sottomessi politicamente e soggetti *iure belli* al versamento di imposte, rimase in uso per ben quattro secoli nei territori un tempo appartenuti a Cartagine (fig. 7).

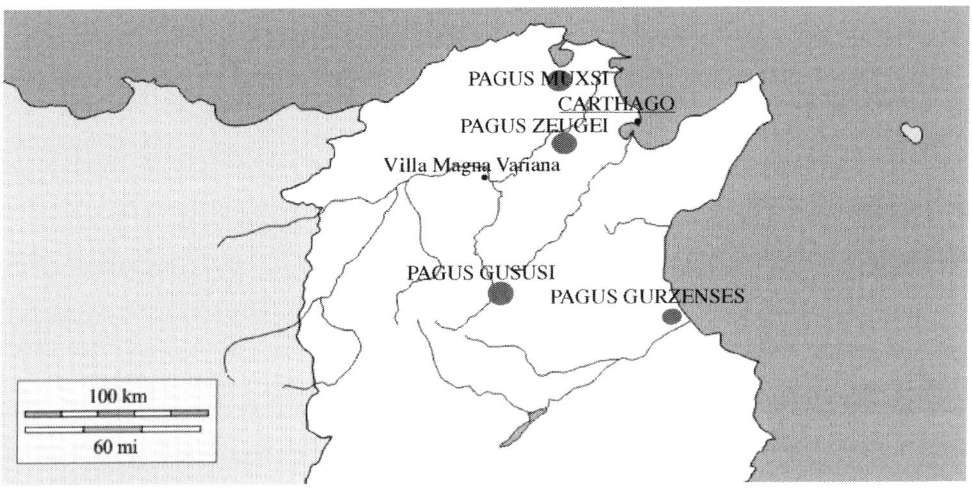

Fig. 7: Localizzazione degli *stipendiarii* d'Africa in base alle testimonianze epigrafiche[78]; in evidenza la città principale del territorio, Cartagine

[77] Per citare solo un esempio, gli abitanti della Sicilia in epoca repubblicana erano tenuti a pagarne diverse contemporaneamente: MANGANARO 1979, 430-431.

[78] Per l'ubicazione dei siti si rimanda a HITCHNER 2000 (1997), che, a sua volta, si basa sugli studi di PICARD 1963 per la localizzazione del Pagus Gunzuzi (in e su quelli di DESANGES 2003² (1980), 209 per quelle del Pagus Muxsi e del Pagus Zeugei.

IV. Le fonti giuridiche

4.1. I *praedia stipendiaria* nelle *Institutiones*

Meritevole di uno specifico approfondimento appare la menzione del termine *stipendiarius* nel testo di Gaio. Esso è inserito nel contesto di una trattazione concernente le *res mancipi* e le *res nec mancipi*, ossia ciò che poteva essere oggetto di *mancipatio*, «alienazione», e ciò che non poteva esserlo. Si tratta, dunque, non di una trattazione organica sul tema, ma di una menzione rapida e funzionale ad un'argomentazione di tutt'altra natura e oggetto.

Secondo Gaio, i *praedia stipendiaria* e quelli *tributaria* non sarebbero stati *res mancipi*:

> *item stipendiaria praedia et tributaria non mancipi sunt*[1];

in quanto terreni provinciali, non erano oggetto di rapporti patrimoniali di tipo classico, non rientravano nell'ambito della proprietà privata e non potevano, dunque, essere alienati[2]. Poco più avanti, egli ribadisce il concetto, affermando che tra le *res nec mancipi* vanno annoverati i *provincialia praedia*, che potevano essere sia *stipendiaria* che *tributaria*; ne spiega, quindi, la differenza:

> *in eadem causa sunt provincialia praedia, quorum alia stipendiaria, alia tributaria vocamus. Stipendiaria sunt ea quae in his provinciis sunt quae propriae populi Romani esse intelleguntur; tributaria sunt ea quae in his provinciis sunt, quae propriae Caesaris esse creduntur.*

---

[1] Gai *Inst.* 2.15. A detta del Solazzi 1931 (seguito, ad esempio, da Robbe 1966, 128-129), questa affermazione sarebbe stata inserita nel testo gaiano solo in seguito e farebbe parte di glosse postclassiche; *contra*, vd. Segrè 1974 (1936-37); Gallo 1958, in partic. 34-35 n. 27 e 201-212. Più in generale, in varie occasioni la lettura del testo di Gaio operata dal Solazzi è stata messa in discussione: cfr., ad es., Bozza 1942. Questo brano di Gaio è spesso citato quasi sempre per la distinzione tra *res mancipi* e *res nec mancipi* e ben poco per la differenziazione tra i *praedia*; tra le eccezioni in tal senso si ricordi Grosso 1969, 148-149.

[2] Cfr. Grosso 1974, che però sottolinea il divario esistente tra teoria normativa e attuazioni concrete; Simshäuser 1980, 405; Spagnuolo Vigorita, Mercogliano 1992, 98 e n. 154; Grelle 1990.

> Nella stessa condizione vi sono i poderi provinciali, alcuni dei quali chiamiamo stipendiari, altri tributari. I poderi stipendiari sono quelli situati nelle province che si riconoscono proprie del popolo romano, tributari quelli che si trovano nelle province ritenute dell'imperatore[3].

Tale distinzione, che, già dai tempi del Mommsen, si è voluta ridurre alla contrapposizione tra le province (senatorie) che pagavano lo *stipendium* e quelle (imperiali) che versavano il *tributum*[4], sembra smentita dalle occorrenze degli stessi termini *stipendium* e *tributum* nelle fonti a nostra disposizione, che non seguono la logica gaiana e che mostrano, invece, le tracce di una duplice tradizione terminologica[5].

In particolare, appaiono contraddittorie, in questo contesto, le informazioni desunte da Plinio, secondo cui la Betica, la Sicilia, l'Africa, la Tarraconense e la Lusitania avrebbero annoverato alcuni *oppida* o *populi* stipendiari: se le prime tre erano province senatorie, altrettanto non può dirsi della *Tarraconensis* e della *Lusitania*, certamente imperiali[6]; occorre, d'altro canto, rilevare che nell'opera pliniana il termine *tributarius* è usato solo una volta e in riferimento alla Gallia Belgica, provincia imperiale, del cui suolo si sottolinea la sottomissione in senso generico[7]. La contraddizione tra quanto contenuto nel testo di Plinio e quanto affermato da Gaio appare tanto più palese se si accetta, com'è stato universalmente fatto, l'attribuzione all'epoca augustea sia della distinzione gaiana sia della classificazione del naturalista comasco[8].

---

[3] Gai *Inst.* 2.21. Per Grelle 1963, 20 la nota gaiana tradirebbe un'incertezza sulla situazione giuridica delle province pertinenti al principe (ma ugualmente si potrebbe dire delle altre), incertezza attribuibile ad un'origine da una fonte precedente, che avvertiva "ancora viva la singolarità del rapporto fra principe e province".

[4] Cfr., a titolo d'esempio, Mommsen 1887³, II, 1094-1095 e n. 1 (distinzione, dal canto suo, più volte ripresa: vd. anche Mommsen 1892, 88); Bonfante 1918, 18-19; Coli 1966, in partic. 920; Kaser 1971², 402; Neesen 1980, 27-28. Secondo De Martino 1965, 786-787, in particolare, gli stipendiari sarebbero "singoli o comunità tenuti al pagamento di un vectigal certum, perché appunto lo stipendium è un vectigal certum: per converso tributarii dovrebbero essere i singoli od i fondi tenuti al pagamento di un vectigal non certum, cioè proporzionato al prodotto". In tal senso, vd. ancora Giliberti 1996, 212: "interpretando alla luce delle considerazioni sopra esposte il testo gaiano, esso semplicemente dichiara che i fondi stipendiari sono quelli che pagano un tributo (diretto, indiretto; proporzionale alla produttività o fisso) che nelle province senatorie si suole ancora chiamare «*stipendium*»; quelli tributari s'intendono invece collocati nelle province imperiali".

[5] Grelle 1963, 16-21; da ultimo, Morelli 2019, 21-31, che ne ribadisce l'interpretazione.

[6] De Martino 1965, 775-787; vd. anche Cerati 1975, 5 n. 16.

[7] Cfr. quanto osservato *supra*, § 2.1.1, n. 44: in Plin. *nat.* 12.3.6 l'albero di platano *iam ad Morinos usque pervecta ac tributarium etiam detinens solum, ut gentes vectigal et pro umbra pendant*. In Plinio, dunque, l'attributo *stipendiarius* è usato in riferimento a popoli o centri abitati, mentre l'unica menzione di *tributarius* è volta ad indicare un terreno.

[8] Sulla datazione ad epoca augustea delle fonti di Plinio vd. *supra*, § 2.1.1. Circa l'opera di Gaio, che attingeva anch'egli a fonti augustee, cfr. Grelle 1963, 15-19; France 2007b, 350-351; già Albertario 1933, 7 peraltro, rilevava che nel frammento di Gaio concernente il fondo provinciale la possessione dei fondi, rappresentata come *usus fructus*, era una "survivance historique plutôt que une réalité vivante".

D'altro canto, neppure nel trattato dello Pseudo-Agennio risalente all'età domizianea la distinzione gaiana tra le province sembra trovare conferma: sui fondi stipendiari si paga un tributo[9].

Francesco Grelle, nella monografia divenuta un caposaldo degli studi sul tema, ha ritenuto che l'avvicinamento dei due termini *stipendium* e *tributum* fosse nato dall'esigenza di conciliare, "nella sistemazione giurisprudenziale o prima ancora nella tutela edittale, le due denominazioni dei fondi provinciali, qualche volta coesistenti, altre volte sovrapposte l'una all'altra, in quelle regioni in cui vecchi documenti (*leges provinciarum,* cataloghi di città) conservano la qualifica antica, mentre la cancelleria imperiale e gli uffici provinciali già adottavano la nuova"; la distinzione gaiana, dunque, non rispecchierebbe "il modulo ideale dell'ordinamento fiscale nel principato", ma costituirebbe "un tentativo di precisare i limiti reciproci di competenza" tra le finanze dell'*aerarium* e quelle del principe", "in una riaffermata separazione fra l'Italia e le province: una linea che ripropone anch'essa temi e modelli augustei"[10].

Secondo un'altra linea interpretativa, invece, la distinzione terminologica tra i campi provinciali sarebbe da addebitare al fatto che nelle province del popolo l'imposta ricadeva sulle città, mentre in quelle del *princeps* ad esserne gravati erano i singoli contribuenti[11].

Se l'ipotesi di Grelle ha il merito di avere enucleato con chiarezza il punto di vista di Gaio, inaccettabile appare, invece, la precisazione secondo cui i fondi stipendiari e quelli tributari "prendono nome dall'imposta da cui sono gravati, diversa per le due categorie di province, del popolo e dell'imperatore"[12]; non vi è, infatti, come si è detto e come, del resto, fa rilevare lo stesso Grelle, nelle fonti di epoca augustea o successiva, una rigida e coerente distinzione tra la denominazione delle imposte versate dalle province del popolo e quella dei tributi pagati dalle province senatorie.

Il Solazzi, che riteneva i passi gaiani interpolati in età post-classica, affermava: "se v'era un luogo in cui l'antitesi col *fundus in Italico solo* doveva far sentire l'opportunità di menzionare i *provincialia praedia*, questo luogo era certamente costituito dai §§ 14ª-15; e non si comprende perché ivi Gaio avrebbe smorzato l'antitesi col parlare solamente di *stipendiaria praedia et tributaria*"[13].

---

[9] GILIBERTI 1996, 212. Cfr. *infra*, § 5.1.

[10] GRELLE 1963, 19-20 e GRELLE 1990, 177; tale ipotesi è in parte condivisa da FRANCE 2007b, 351.

[11] Per citare solo qualche nome, vd. MOMMSEN 1887³, II, 1093-1094 e n. 1; BOZZA 1942, 79; LUZZATTO 1953, 82; HARMATTA 1972, 124-125; VIVENZA 1994, 50-53; LO CASCIO 1999, 218-219. *Contra*, tra gli altri, GRELLE 1963, 17; GILIBERTI 1996, 211 e n. 101: "che si tratti di due imposte di tipo diverso, una diretta sui fondi e l'altra ricadente sulle comunità, è un pregiudizio ripetuto sovente, ma contraddetto dalle fonti".

[12] GRELLE 1990, 175; analoga interpretazione in KASER 1967², 118-119; SIMSHÄUSER 1980, 405.

[13] SOLAZZI 1931, 9.

In realtà, Gaio non smorzò affatto l'antitesi, giacché gli *stipendiaria praedia et tributaria* rappresentano nelle *Institutiones* l'insieme dei terreni provinciali: *provincialia praedia, quorum alia stipendiaria, alia tributaria vocamus*[14].

Anche nell'opera gaiana, dunque, i due aggettivi non devono essere intesi come strettamente limitati ad indicare due categorie specifiche, quella delle terre provinciali soggette ad un tipo di tributo, distinte da quelle soggette ad un altro o, ad esempio, dai terreni destinati al pascolo; i due termini assumono significati diversi tra loro, ma di portata generale, e sono volti ad indicare la qualità dei campi provinciali[15]. Ritengo, pertanto, che non si debbano trarre dal passo di Gaio informazioni ulteriori rispetto a quelle esplicitamente fornite: la differenziazione tra le due tipologie di *praedia* – per quanto nel II sec. d.C. essa possa essere già stata o sarebbe a breve divenuta inattuale – serviva a distinguere le terre che si trovavano nelle province del popolo (*stipendiaria sunt ea quae in his provinciis sunt quae propriae populi Romani esse intelleguntur*) da quelle ubicate nelle province dell'imperatore (*tributaria sunt ea quae in his provinciis sunt, quae propriae Caesaris esse creduntur*)[16].

In conseguenza di ciò e in ragione del fatto che, come si è detto, gli *stipendiarii* dell'opera pliniana non sono necessariamente coloro che versano lo *stipendium*, ma semplicemente una categoria di sottomessi, quelli posti nel gradino più basso della gerarchia[17], la contrapposizione tra la denominazione di *praedia stipendiaria* nelle province del popolo e l'esistenza di popolazioni stipendiarie nelle province imperiali è solo apparente: in entrambi i casi, il termine è impiegato per indicare una forma di sottomissione, anche ma non solo tributaria, all'impero romano[18].

4.2. *Praedia* e *fundi* stipendiari nella giurisprudenza post-gaiana

Le fonti giuridiche successive qualificano i terreni provinciali (*praedia* o *fundi*) come *stipendiarii* o *tributari*. La distinzione tra terre italiche e provinciali verrà formalmente abolita da Giustiniano solo nel 531 d.C.:

---

[14] Corcoran 2000, 117: "their use indicates no more than that the property in question is not in Italy".

[15] Behrends 1992, 275.

[16] Per Jones 1941, 30 la distinzione tra i due tipi di province sarebbe addirittura da imputare ad una "conveyancer's phantasy" dei giuristi, i quali "seized on the phrases *provinciae publicae* and *provinciae Caesaris* and interpreted them as meaning owned by the Roman People and Caesar respectively".

[17] *Supra*, § 2.1.1.

[18] Cfr. Marotta 2017b, 214: "natura e significato dell'imposizione tributaria furono al centro di un dibattito nel quale (...) i giuristi continuarono costantemente a connetterla alla signoria del popolo e del principe sulle province e dunque, per altro verso, alla vittoria e alla sottomissione dello sconfitto". È quasi superfluo far rilevare che, per il parafraste bizantino Teofilo, il problema posto dai summenzionati passi di Gaio e da *I.* 2.1.40 si configuri solo nei termini di signoria del suolo provinciale, senza precisazioni sulla differenza tra i due tipi di fondi: Grelle 2005 (1966), 103; Tanaka 2014, 396-397.

> *Itaque s t i p e n d i a r i a quoque et tributaria praedia eodem modo alienantur. Vocantur autem s t i p e n d i a r i a et tributaria praedia, quae in provinciis sunt, inter quae nec non italica praedia ex nostra constitutione nulla differentia est*[19].
>
> Pertanto, anche i campi stipendiari e tributari vengono alienati allo stesso modo. Sono detti campi stipendiari e tributari quelli che sono nelle province, tra i quali e i campi italici non vi è nessuna differenza secondo la nostra costituzione.

Le occorrenze dell'attributo *stipendiarius* nei testi giuridici sono numericamente limitate, solo sette nell'arco di cinque secoli[20]; diverso il caso di *tributarius*, che, nello stesso periodo di tempo, presenta quarantadue occorrenze, comprese le costituzioni riportate sia nel *Codice* di Teodosio che in quello di Giustiniano. La fortuna relativamente limitata di entrambi i vocaboli nelle fonti giuridiche è attribuibile, tra l'altro, all'azione dei compilatori giustinianei che avrebbero modificato, adattandoli alle rinnovate esigenze dell'epoca, testi contenenti i due attributi *stipendiarius* e *tributarius*, ormai desueti[21]. Non è un caso, infatti, che quattro occorrenze su sei compaiano nei *Fragmenta Vaticana*, la cui redazione si fa risalire al IV sec. d.C.[22], ma non nei corrispondenti brani del *Corpus iuris civilis*.

In uno dei *Fragmenta Vaticana*, tratto dal libro dodicesimo dei *Responsi* di Papiniano, si considera l'ipotesi in cui una donna abbia donato non per testamento un *praedium stipendiarium* ad un uomo di condizione latina senza il consenso del tutore:

> *mulier sine tutoris auctoritate p r a e d i u m s t i p e n d i a r i u m instructum non mortis causa Latino donaverat.*

Il problema si pone in termini di validità della donazione e di possibilità di *mancipatio* dei beni connessi a questo terreno, che era, come si è visto, inalienabile perché, ubicato nelle province, non veniva considerato di proprietà privata[23].

---

[19] *I.* 2.1.40. Ciò comportava l'estensione dell'usucapione anche alle terre provinciali: *satis inutile est usucapionem in Italicis quidem solis rebus admittere, in provincialibus autem recludere* (*CI.* 7.31.1pr). Amelotti 1958, 184 n. 229; Capogrossi Colognesi 1969, 18-33, in partic. n. 46; Honoré 1989, 144; Luchetti 2004, 14-15. Circa l'azione dei compilatori giustinianei in questo brano vd. Honoré 1983, 67-69.

[20] *Frg. Vat.* 259 (Papiniano): *praedium stipendiarium*; *Frg. Vat.* 61 (Ulpiano): *usus fructus licet in fundo stipendiario vel tributario*; *Frg. Vat.* 283 (Diocleziano, nel 286 d.C.): *praediorum stipendiariorum proprietatem*; *Frg. Vat.* 289 (imperatore incerto): *stipendiarii vel tributarii*; *CTh.* 8.12.2 (Costantino, nel 316 d.C.): *Italicum sive stipendiarium fundum*; *CTh.* 3.5.8 (Giuliano, nel 363 d.C.): *in praediis Italicis vel stipendiariis seu tributariis*. A queste sei va aggiunto il summenzionato brano delle *Institutiones* giustinianee: *I.* 2.1.40: *vocantur autem stipendiaria et tributaria praedia*.

[21] Solazzi 1963 (1942); Grosso 1974, 65.

[22] De Filippi 2012^3, in partic. 16-24.

[23] *Frg. Vat.* 259. Sul punto vd. Krause 1994, 180 (per quanto attiene alle possibilità muliebri) e, da ultimo, Genovese 2011, 198-206; Sotulenko 2018.

In un altro frammento, tratto dal libro XVII dell'opera *ad Sabinum* scritta da Ulpiano, si discute il problema dell'usufrutto di un terreno; il testo originario recita:

> *et parvi refert, utrum iure sit constitutus usus fructus an vero tuitione praetoris; proinde usus fructus licet in fundo stipendiario vel tributario, item in fundo vectigali vel superficie non iure constitutus capitis minutione amittitur*;

il testo poi confluito nei *Digesta*, invece, omette proprio la precisazione *in fundo stipendiario vel tributario*:

> *proinde traditus quoque usus fructus, item in fundo vectigali vel superficie non iure constitutus capitis minutione amittitur*[24].

La soppressione dell'espressione concernente la precisazione dei tipi di terreno è imputabile, come si è detto, all'opera dei compilatori giustinianei, che hanno espunto la distinzione tra i vari terreni, divenuta inattuale nel VI sec. d.C., ma che, all'epoca di Ulpiano, doveva differenziare le terre provinciali (stipendiarie o tributarie) da quelle italiche[25].

Un analogo taglio è stato operato su una costituzione di Diocleziano, riportata, con significative varianti, sia nei *Fragmenta Vaticana* sia nel *Codex Iustinianus*, e concernente il problema del dono di un terreno. Il testo dei *Fragmenta* recita:

> *Si praediorum stipendiariorum proprietatem dono dedisti ita, ut post mortem eius qui accepit ad te rediret, donatio inrita est, cum ad tempus proprietas transferri nequiverit;*

nel *Codex* appare invece:

> *si praediorum proprietatem dono dedisti ita, ut post mortem eius qui accepit ad te rediret, donatio valet, cum etiam ad tempus certum vel incertum ea fieri potest, lege scilicet quae imposita est conservanda*[26].

In un decreto profondamente mutilo, risalente ad imperatore incerto e contenuto nei *Fragmenta Vaticana* si legge:

---

[24] *Frg. Vat.* 61; *D.* 7.4.1 pr. Grosso 1958², 363-364; Provera 1971, 38-39; Finkenauer 2010, 348-350.

[25] In tal senso cfr. già Roby 1886, 174.

[26] *Frg. Vat.* 283; *CI.* 8.54.2. Appare particolarmente significativo il fatto che, nel riportare la costituzione, i compilatori giustinianei non solo espunsero il riferimento ai *praedia* provinciali, nel caso specifico quelli stipendiari, ma che ne rimaneggiarono anche il senso; essi vollero esprimere il principio opposto a quello presente nella costituzione dioclezianea, la quale prevedeva che una cosa donata non dovesse ritornare *ipso iure* al donante: Amelotti 1953, 98-102; Bretone 1962, 220-227; Masi 1966, 147; Voci 1967², 206-207; Corcoran 2000, 117 e n. 182, secondo il quale il termine si potrebbe riferire alle terre di una delle poche province senatorie rimaste nel 286 d.C., ossia Africa, Asia, Achea, Creta e Cirene; Cuneo 2008, 812-813; Chorus 2014.

> *...p s t i p e n d i a r i i vel tributarii..... non sine traditione donatio perficitur. Pone igitur sollicitudinem ......egit non tradidisse ea vel quae .....revocanda non sunt. Proposita non. Oct.....*[27]

In una costituzione di Costantino il fondo stipendiario sembra riassumere la categoria dei fondi provinciali, in opposizione a quelli Italici. La questione riguarda, in questo caso, le donazioni, che comportano un trasferimento del possesso. Se nel *Codex Theodosianus* appare

> *si quis in emancipatum minorem, priusquam fari possit aut habere rei quae sibi donatur affectum, I t a l i c u m s i v e s t i p e n d i a r i u m f u n d u m crediderit conferendum, omne ius conpleat instrumentis ante praemissis et inductione corporaliter impleta,*

il *Codex Iustinianus* riporta integralmente il brano, espungendo solo le espressioni *Italicum sive stipendiarium* e *inductione corporaliter impleta*:

> *si quis in emancipatum minorem, priusquam fari possit aut habere rei quae sibi donatur affectum, fundum crediderit conferendum, omne ius conpleat instrumentis ante praemissis*[28].

Anche in una costituzione emanata dall'imperatore Giuliano e concernente le donazioni tra coniugi i terreni italici sono nettamente contrapposti a quelli provinciali, ancora distinti in *stipendiarii seu tributarii*:

> *quotiens sponsae in minori constitutae aetate futurae coniugi aliqua conlata i n p r a e d i i s I t a l i c i s v e l s t i p e n d i a r i i s s e u t r i b u t a r i i s*[29].

Queste le poche vestigia del termine *stipendiarius* nelle fonti giuridiche; probabilmente in origine vi saranno state anche altre menzioni, che il Solazzi ha cercato di ricostruire pazientemente, ma le cui ipotesi rimangono di carattere puramente speculativo[30].

Più numerose, invece, come si è detto, le occorrenze del vocabolo *tributarius*. Escludendo quelle, summenzionate, nelle quali il termine appare in associazione con *stipendiarius*, si può osservare come nel *Codex Theodosianus* e nel *Corpus Iuris Civilis tributarius* sia stato impiegato in dieci casi come aggettivo sostantivato[31]

---

[27] *Frg. Vat.* 289. Come osserva CORCORAN 2000, 117, "the *tributaria* texts (...) could come from almost anywhere else in the empire".

[28] *CTh.* 8.12.2; in *CI.* 8.53.26, che pure riporta il testo della costituzione costantiniana, le parole *italicum sive stipendiarium* sono eliminate: NICOSIA 1960, 388-392 e in partic. n. 12; DUPONT 1963, 16; VOCI 1987, 96-98 e n. 5. Sul tema dell'acquisto del possesso da parte dell'*infans* per tramite di un *servus* vd. anche WATSON 1991, 106-107; LAMBRINI 1998, 48-58.

[29] *CTh.* 3.5.8. KASER 1975², 240 e n. 8; VOCI 1987, 120-121. Più in generale, sulle donazioni tra i coniugi e gli interventi normativi dei legislatori vd. ANDREOTTI 1964, 855 e n. 36; ARCHI 1981 (1964), 1014; EVANS-GRUBBS 1997, 67 e n. 106; SORACI 2009.

[30] SOLAZZI 1963 (1942).

[31] *Tributarius* è aggettivo sostantivato in alcuni editti emanati dagli imperatori Costantino e Licinio nel 319 d.C. (*CTh.* 11.7.2: *vel decurio vel colonus vel tributarius*), da Valentiniano e Valente

e in sedici come attributo riferito a diversi sostantivi indicanti la pressione fiscale, il più usato dei quali era *functio*[32]. Nei *Fragmenta Vaticana*, che riportano testi più antichi, invece, *tributarius* appare attribuito ai *fundi*, ad un *praedium* e al *solum*[33].

La distinzione tra i *praedia stipendiaria* e quelli *tributaria* che si legge nell'opera di Gaio continua nei secoli III e IV, quando sono ancora menzionati sia i *praedia stipendiaria*[34] sia i *fundi stipendiarii*[35], in due o tre casi differenziati dai corrispondenti «tributari». La distinzione terminologica fra le terre provinciali, che aveva origine nella suddivisione augustea delle province, rimase inalterata per secoli, per quella tendenza al conservatorismo propria della burocrazia antica più volte riscontrabile[36].

---

intorno al 364/5 d.C. (*CTh.* 5.11.9: *unusquisque tributarius*), da Valentiniano I, Teodosio e Arcadio nel 386 d.C.: *CTh.* 12.6.21pr. = *CI.* 10.72.9pr. (*ut unusquisque tributarius sub oculis constitutis rerum omnium modis sciat*), da Valentiniano e Valente in anno incerto (*CTh.* 10.12.2.2: *si quis etiam vel tributarius repperitur vel inquilinus ostenditur*), da Onorio e Teodosio II nel 412 d.C. (*CTh.* 7.4.32). Altre occorrenze riguardano i contribuenti della diocesi africana al tempo di Giustiniano (534 d.C.): *CI.* 1.27.1.15 (*maxime tamen tributariis dioceseos Africanae consulimus*); 1.27.1.16 (*ergo iubemus omnes violentias et omnes avaritiam cessare et iustitiam atque veritatem circa omnes nostros tributarios reservari*); 1.27.1.18 (*nullam habeant necessitatem eiusdem nostrae Africae tributarios praegravandi*); 1.27.2.11 (*si autem quisquam de militibus ausus fuerit quamcumque laesionem tributariis tribuni et principis digna vindicta adficiatur et indemnes tributarii nostri custodiantur*).

32 *Ratio tributaria*: Alessandro Severo nel 229 d.C. (*CI.* 5.62.10); *emolumenta tributaria*: Valentiniano, Valente e Graziano (*CI.* 11.48.8pr.); *tributarius nexus*: Valentiniano, Valente e Graziano nel 371 d.C. (*CI.* 11.53.1.1); *tributariae sortis nexus* (come hanno ben rilevato, tra gli altri, Kuhn 1864, 284 n. 2115, Segrè 1947, 103 n. 4, Lo Cascio 1979, 499 e non Eibach 1980, 55-58 che pensava a *coloni tributariae sortis*): Teodosio, Arcadio e Onorio (*CI.* 11.52.1.1); *tributaria pensitatio*: Onorio e Teodosio II nel 409 (*CTh.* 13.5.32=*CI.* 11.2.4); *tributaria inlatio*: Onorio e Teodosio II nel 410 d.C. (*CTh.* 11.22.5); *solutio tributaria*: Marciano nel 456 d.C. (*CI.* 10.22.3); *tributaria functio*: Valentiniano, Valente e Graziano nel 368 d.C. (*CTh.* 11.36.19= *CI.* 7.65.4), Graziano, Valentiniano II e Teodosio nel 383 d.C. (*CTh.* 13.10.8.1=*CI.* 10.25.1), Teodosio, Arcadio e Onorio nel 393 d.C. (*CTh.* 13.11.4); *tributariae functiones*: Onorio e Teodosio II nel 412 d.C. (*CTh.* 11.7.20), Leone (*CI.* 12.29.3.3a), Leone e Antemio nel 468 d.C. (*CI.* 10.19.8), Leone e Zenone nel 474 d.C. (*CI.* 12.25.4.4); Giustiniano nel 529 d.C. (*CI.* 11.48.20.3); *tributariae collationes*: Zenone tra il 476 e il 485 d.C. (*CI.* 1.29.3 e 11.69.2pr.).

33 *Fundi*: Diocleziano e Massimiano nel 386 d.C. (*Frg. Vat.* 285); *praedium*: gli stessi nel 291 d.C. (*Frg. Vat.* 316: *tributarii praedii dominus*). In *Frg. Vat.* 293.1 (Diocleziano e Massimiano nel 293 d.C.) è associato a *res* (*in donatione rei tributariae*) e a *solum* (*in his quidem, quae solo tributario consistunt*). L'associazione con *res* è ripetuta in *Frg. Vat.* 315 (*dominium rei tributariae vindicetur*, del 291 d.C.). Dato il contesto, è molto probabile che in *Frg. Vat.* 289 vada sottinteso *fundi*.

34 *Frg. Vat.* 259 (Papiniano): *praedium stipendiarium*; *Frg. Vat.* 283 (286 d.C.): *praediorum stipendiariorum proprietatem*; *CTh.* 3.5.8 (Giuliano, nel 363 d.C.): *in praediis Italicis vel stipendiariis seu tributariis*.

35 *Frg. Vat.* 61 (Ulpiano): *usus fructus licet in fundo stipendiario vel tributario*; *CTh.* 8.12.2 (Costantino, nel 316 d.C.): *Italicum sive stipendiarium fundum*; cfr. anche *Frg. Vat.* 289 (di imperatore incerto), se l'ipotesi secondo la quale va sottinteso il termine *fundi* è corretta: *stipendiarii vel tributarii*...

36 Cfr. *supra*, § 3.5.

Ciò è tanto più sorprendente in quanto, almeno a partire dal II sec. d.C., i termini *stipendium* e *tributum*, prima nettamente distinti[37], cominciano ad essere percepiti come equivalenti: in tal senso depongono un passo dei *Digesta*, tratto dall'opera di Ulpiano che a sua volta riporta il parere di Pomponio, e una definizione di Porfirione, nel commento agli *Epodi* oraziani[38]. Tale equivalenza si tradurrà, all'epoca di Giustiniano, nell'abolizione della distinzione tra *praedia* o *fundi* italici e provinciali, che a loro volta potevano essere *stipendiarii* e/o *tributarii*[39].

Se da un lato, dunque, gli attributi *stipendiarius* e *tributarius* vengono più o meno distinti dai giuristi tra il I e il IV sec. d.C., nello stesso periodo i termini *stipendium* e *tributum* si presentano, invece, sempre più semanticamente affini.

Contestualmente si nota, anche nelle fonti giuridiche come già in quelle letterarie[40], una marcata preferenza per il vocabolo *tributarius* rispetto al più antico *stipendiarius*.

---

[37] Già Marquardt 1884, 184-185 n. 5 faceva rilevare che la differenza era resa evidente dalle locuzioni *stipendium vel tributum* (*D.* 7.1.7.2) e *neque stipendium neque tributum* (25.1.13), dove però non è esplicitata in termini di contenuto: Neesen 1980, 216-217 n. 3. Vd. anche Cerati 1975, 53. *Contra*, cfr. invece Goffart 1974, 14 n. 44, secondo cui "by Livy's time, *stipendium* and *tributum* have become interchangeable, suggesting that *tributum* has acquired the sense of a total".

[38] *D.* 50.16.27: *'stipendium' a stipe appellatum est, quod per stipes, id est modica aera, colligatur. Idem hoc etiam 'tributum' appellari Pomponius ait. Et sane appellatur ab intributione tributum vel ex eo quod militibus tribuatur*; Porph. *Hor. epod.* 17.136: *<Stipendium> quasi tributum uult intellegi*. Cfr. *supra*, § 1.3.

[39] *I.* 2.1.40.

[40] Cfr. supra, § 1.3.

V. I testi dei gromatici: il brano dello Pseudo-Agennio

5.1. Gli *agri stipendiarii*

All'epoca di Domiziano va datata, secondo quanto ritiene la maggior parte della moderna dottrina, un'ampia trattazione redatta da un anonimo autore e riportata da un solo manoscritto (il codice Arceriano B), che, a detta degli editori moderni (Lachmann e Thulin), costituirebbe la parte iniziale del più tardo scritto *De controversiis agrorum* di Agennio[1]; in un brano di essa, celebre ma notevolmente alterato dalla tradizione, sono menzionati gli *agri stipendiarii*.

Si riporta qui di seguito il testo, presentato nelle due sue principali edizioni, quella di Lachmann e quella di Thulin (tab. 2):

Lachmann, pp. 35-36	**Thulin, pp. 23-24**
Prima enim condicio possidendi haec est ac per Italiam; ubi nullus ager est tributarius, sed aut colonicus, aut municipalis, aut alicuius castelli aut conciliabuli, aut saltus priuati. *At si ad prouincias respiciamus, habent agros colonicos eiusdem iuris, habent et colonicos qui sunt inmunes, habent et colonicos stipendiarios.* *Habent autem prouinciae et municipales agros, aut ciuitatium peregrinarum.* *Et stipendiarios . . . . . qui nexum non habent, neque possidendo ab alio quaeri possunt.* *Possidentur tamen a priuatis, sed alia condicione: et ueneunt, sed nec mancipatio eorum legitima potest esse. Possidere enim illis quasi fructus*	*Prima enim condicio possidendi haec extat per Italiam; ubi nullus a[iu]ger* est *tributarius, sed aut colonicus aut municipalis, aut alicuius castelli aut conciliabuli, aut saltus priuati.* *At si ad prouincias respiciamus, habent agros colonici quidem iuris, [habent et colonicos stipendiarii] qui sunt in[com]munes, habent[em] et coloni<co>s stipendiarios. Habent autem prouinciae et municipales agros aut ciuitatium peregrinarum. Et stipendiarios, qui nexum non habent neque possidendo ab alio quaeri possunt. Possidentur tamen a priuatis, sed alia condicione[m]: et ueneunt, sed nec mancipatio eorum legitima potest esse. Possidere enim illis*

[1] Grelle 1963, 33-34 e n. 24; Chouquer, Favory 2001, 26-27. Un'analisi dettagliata della complessa tradizione manoscritta dei testi dei gromatici è quella offerta da Toneatto 1983; Toneatto 1994 e 1994-95; si osservi qui solo per inciso che l'Arceriano B presenta "varie annotazioni marginali, emendazioni dello scriba e di almeno quattro mani antiche (…), nonché di tre mani moderne": Toneatto 1994, 140-141.

tollendi causa et prestandi tributi condicione concessum est. Uindicant tamen inter se non minus fines ex aequo ac si priuatorum agrorum. Etenim ciuile est debere eos discretum finem habere, quatenus quisque aut colere se sciat oportere aut ille qui iure possidet possidere. Nam et controuersias inter se tales mouent, quales in agris inmunibus et priuatis solent euenire.	*quasi fructus tollendi causa et praestandi tributi condicio<ne> concessum est. Uindicant tamen inter se non minus fines ex aequo ac si priuatorum agrorum. Etenim ciuile est debere eos discretum finem habere, quo unus quisque aut colere se sciat oportere aut ille qui iure possidet possidere. Nam et controuersias inter se tales mouent, quales in agris inmunibus et priuatis solent euenire.*

Tab. 2: Il brano dello Pseudo-Agennio menzionante gli *agri stipendiarii* nelle edizioni Lachmann e Thulin

Presentiamo qui di seguito una traduzione, basata sul testo dell'edizione Thulin:

> Infatti la prima condizione del possedere si riscontra in Italia, dove nessun campo è gravato da tributi, ma appartiene a una colonia o a un *municipium*, o è di qualche castello o di un *conciliabulum*, o è un *saltus* di un privato. Ma se consideriamo le province, esse hanno campi colonici dello stesso diritto, che sono esenti dalle tasse, e campi colonici soggetti a tassazione. Le province hanno inoltre anche terre appartenenti a *municipia* o a città straniere. E terre sottoposte a tassazione, che non sono soggette a obbligazione né possono essere rivendicate da altri per usucapione. Sono tuttavia possedute da privati ma a un'altra condizione: le vendono anche, ma non vi può essere legittima alienazione per loro. Infatti, a loro è concesso di possederle per prenderne i frutti e con la condizione di pagare il tributo. Tuttavia, rivendicano i confini fra loro non diversamente dai campi posseduti da privati, giacché è di utilità pubblica che debbano avere un confine delimitato, in modo che ciascuno sappia o cosa bisogna coltivare o il possessore quello che possiede per diritto. Di certo anche sollevano controversie tra di loro identiche a quelle che sono solite capitare nelle terre non soggette a tasse e di proprietà privata.

Il passo è stato a lungo discusso e variamente interpretato.

È assolutamente da condividere l'interpretazione di Grelle, secondo cui dal brano risulterebbe sottolineata "sul piano formale la contrapposizione fra i fondi direttamente assegnati ai possessori", ossia quelli *colonici*, "che hanno una propria individualità gromatica e giuridica nell'ordinamento provinciale, e gli altri tutti, assorbiti, sotto il profilo fiscale, nel *territorium* della comunità (*civitas* o *municipium*) di cui fanno parte", cioè i territori dei municipi e delle città peregrine: mentre gli agri *colonici*, i soli su cui viene focalizzata l'attenzione dell'agrimensore in questo passo, sarebbero stati soggetti ad un'imponibilità diretta, che gravava sui privati, i campi dei municipi e delle città peregrine sarebbero stati considerati nel loro complesso, come territorio appartenente ad una comunità[2].

---

[2] Grelle 1963, 35-48 e, in partic. 40; Saéz Fernández 2002, 413, che però, servendosi dell'edizione Lachmann, continua ad attribuire a Frontino il passo; Gagliardi 2006, 235-237. Opportuni rilievi ad alcune conclusioni cui è pervenuto Grelle (vd., ad esempio, la distinzione, parsa artificiosa,

Ma la differenziazione in cinque classi di agri provinciali, di cui tre coloniarie (*agri colonici eiusdem iuris*, *agri colonici stipendiarii qui sunt inmunes*, *agri colonici stipendiarii*), operata dallo studioso per salvare il più possibile il testo offerto dalla tradizione manoscritta, non convince appieno. Queste le correzioni proposte da Grelle sulla base dell'edizione proposta da Thulin:

- il tradito *habent agros colonicos quidem iuris*, diventa *habent agros colonici* *<eius>dem* (secondo la correzione di Lachmann non accolta da Thulin) *iuris*;
- *habent et colonicos stipendiarii qui sunt in communes* diventa *habent et colonicos stipendiarios qui sunt in[com]munes*;
- il tradito *habentem et colonis stipendiarios* diventa *habent[em] et coloni<co>s stipendiarios.*

A detta della De Salvo, invece, la contraddizione apparente tra l'immunità e la condizione degli *agri colonici stipendiarii* potrebbe essere risolta mantenendo una parte della lezione del manoscritto, secondo la quale sul suolo provinciale sarebbero esistiti degli *agri colonici stipendiarii in commune* (*habent et colonicos stipendiarii qui sunt in commune[s]*), contrapposti a quelli *stipendiarii* "di possesso individuale"[3]. Ma neppure tale interpretazione, che introduce una distinzione relativa alla tipologia di possesso degli *agri colonici stipendiarii*, appare pienamente convincente.

D'altro canto, se Grelle individua nel complesso cinque classi di agri provinciali, France, basandosi su una versione del testo dello Pseudo-Agennio che è un misto tra l'edizione di Thulin e quella, precedente, di Lachmann (di cui accoglie, ad esempio, l'eliminazione della sola parola *stipendiarii*, ma non la correzione di *quidem* in *eiusdem*), riconosce l'esistenza di tre categorie, tutte stipendiarie[4].

Mi sembra, tuttavia, che il senso del brano sia un altro. Si afferma che, dal punto di vista della *condicio possidendi*, nei terreni italici era possibile il possesso, mentre quelli provinciali presentavano una situazione più variegata e complessa. In particolare, per gli *agri stipendiarii* non si poteva parlare di proprietà in senso stretto perché chi li possedeva disponeva, di fatto, solo dei frutti del raccolto; in questo caso, dunque, il possesso era possibile ma a diversa condizione: essi non erano oggetto di *legitima mancipatio*, come si è già visto[5].

Eppure, come ritiene Grelle, "malamente piegato a schema generale delle *condiciones possidendi* dal compilatore postclassico, il brano doveva in origine esse-

---

tra "disponibilità all'imposta fondiaria" e "sottoposizione in atto all'imposta": Grelle 1963, 72) sono stati mossi da Luzzatto 1974, 22-23 e Lo Cascio 1986, 40-41 n. 38, che fanno rilevare la difficoltà rappresentata dai tentativi di conguaglio tra categorie gromatiche e condizioni giuridiche del suolo (in tal senso, cfr. già Brugi 1897, 101-108 e 165-166).

[3] De Salvo 1979.

[4] France 2005, 72-73.

[5] Cfr. *supra*, § 4.1. Vd. anche Chouquer, Favory 2001, 99-100; Gonzales 2015.

re un'analisi della situazione giuridica del suolo sottoposto a tributo in comunità ad ordinamento romano"[6].

Propongo, quindi, una lettura del testo tradito diversa da quelle finora presentate (tab. 3)[7]. Suggerisco di trasferire poco più avanti l'incidentale *habent et colonicos stipendiarii*, che Rudorff, seguito da Lachmann nella sua edizione, aveva ritenuto di dover privare del solo termine *stipendiarii*, e che Thulin considerava, invece, interamente una glossa; correggo il tradito *habentem* in *qui sunt*, intendendo la relativa come un'incidentale esplicativa della frase precedente e ipotizzando in tal modo una corrispondenza – forse originariamente presente nel testo – tra il periodo precedente e quello successivo (*habent agros... qui sunt* / *habent et... qui sunt*).

Questa, dunque, la lettura da me proposta:

> *At si ad prouincias respiciamus, habent agros colonicos quidem iuris, [habent et colonicos stipendiarii] qui sunt in[com]munes, <habent et colonicos stipendiarii> qui sunt et colonis stipendiarios.*
>
> Ma se guardiamo alle province, esse hanno agri colonici di diritto proprio[8], che sono immuni, e hanno agri colonici di diritto stipendiario[9], che sono stipendiari anche per i coloni.

---

[6] Grelle 1963, 38. Nel prosieguo del discorso vengono trattate questioni concernenti le controversie in materia di confini degli agri provinciali: Maganzani 1997, 149-151.

[7] Se si eccettuano le correzioni *a[c si]<t>*, proposta da Lachmann, e quella *in[com]mune*s, suggerita da Rudorff e comunemente accettata (vd., da ultimo, anche Campbell 2000, 334).

[8] Intendo così il binomio *quidem iuris*, sulla scorta di quanto proposto dalla De Salvo 1979, 10 n. 14, della cui nota condivido le precisazioni. Il diritto di cui godeva questa tipologia di campi colonici provinciali era lo stesso di quello proprio dei territori appartenenti alle colonie italiche – di cui il gromatico ha appena parlato –, ma che non per questo deve essere identificato con lo *ius Italicum*, non esplicitamente menzionato nel passo: cfr. l'interpretazione data da Saumagne 1965b, 83 al brano, letto nell'edizione Thulin, e, soprattutto, De Martino 1965, 673-681, che illustra molto chiaramente la non identità tra il diritto colonico e quello *Italicum*. Il brano dell'anonimo di età domizianea non farebbe, quindi, esplicito riferimento allo *ius Italicum*, come vorrebbero, tra gli altri, Mazzarino 1974, 365, Harmatta 1972, 130 (il quale, addirittura, riporta il passo dello Pseudo-Agennio leggendo *habent agros colonicos Italici iuris*!), Watkins 1983 (che basa la sua argomentazione proprio sul brano in questione, letto nell'edizione Lachmann) e Campbell 2000, 334: *ius Italicum* è, in effetti, una definizione che, al di fuori delle fonti giuridiche, si ritrova solo in Plinio (*nat.* 3.25.139 e, nella forma *ius Italiae*, 3.4.25) e in *I.Didyma* 331 (Ἰταλικοῦ δικαίου). Seguendo il ragionamento di Mazzarino 1974, 365-366, è, tuttavia, possibile ipotizzare che solo successivamente, nel II secolo, si sia compiuta l'identificazione tra la condizione delle colonie italiche e lo *ius Italicum*.

[9] Per salvare la lezione del manoscritto B, sono portata a intendere il tradito *stipendiarii* dell'espressione considerata problematica *habent et colonicos stipendiarii* quale genitivo dipendente dal vocabolo *iuris* del periodo precedente (*habent agros colonicos quidem iuris*), che non modificherei, dunque, come ha fatto Thulin. Mi rendo conto che postulo, in tal modo, un binomio, **ius stipendiarius*, non altrimenti riscontrabile nella documentazione a noi pervenuta (in ciò imitando l'integrazione **ager stipendiarius* del Mommsen che io stessa ho con forza contestato: cfr. *supra*, § 3.1), ma è, d'altra parte, vero che neanche quello di **ager stipendiarius* risulta altrove attestato se non in questo stesso passo, nel quale è impiegato due volte e in entrambe delle quali *agros* non compare accanto a *stipendiarios* ma è sottinteso: qui sunt *et colonis stipendiarios* (...) *et stipendiarios*... Tuttavia, anche mantenendo la correzione *habent agros colonic*i *quidem iuris*, e ammettendo, dunque,

Lachmann 1848, pp. 35-36	**Thulin 1913, pp. 23**	**Ricostruzione del testo qui proposta**
At si ad prouincias respiciamus, habent agros colonicos eiusdem iuris, habent et colonicos qui sunt inmunes, habent et colonicos stipendiarios. habent autem prouinciae et municipales agros, aut ciuitatium peregrinarum. Et stipendiarios . . . . . qui nexum non habent neque possidendo ab alio quaeri possunt.	*At si ad prouincias respiciamus, habent agros colonici quidem iuris, [habent et colonicos stipendiarii] qui sunt in[com]munes, habent[em] et coloni<co>s stipendiarios. habent autem prouinciae et municipales agros aut ciuitatium peregrinarum. Et stipendiarios, qui nexum non habent neque possidendo* ab *alio qua*eri *possunt.*	*At si ad prouincias respiciamus, habent agros colonicos quidem iuris, [habent et colonicos stipendiarii] qui sunt in[com] munes, <habent et colonicos stipendiarii>* qui sunt *et colonis stipendiarios. habent autem prouinciae et municipales agros aut ciuitatium peregrinarum*[10] *et stipendiarios, qui nexum non habent neque possidendo* ab *alio qua*eri *possunt.*

Tab. 3: Il brano dello Pseudo-Agennio menzionante gli *agri stipendiarii*: confronto tra il testo ricostruito nelle edizioni Lachmann, Thulin e quello proposto in questa sede

Considerati da questa prospettiva, i terreni provinciali, secondo una classificazione che non è inverosimile attribuire allo stesso Augusto[11], erano suddivisi in quattro categorie:

- campi *colonici*, ossia appartenenti al territorio di una colonia;
- campi appartenenti al territorio di un municipio;
- campi appartenenti al territorio delle città peregrine;
- campi *stipendiarii*.

I campi *stipendiarii* sarebbero quelli requisiti ai precedenti proprietari per diritto di conquista, come si è in precedenza osservato[12], e di proprietà del popolo romano, che potevano essere coltivati in cambio del pagamento di un tributo (*possidere enim illis quasi fructus tollendi causa et praestandi tributi condicio<ne> concessum est*).

---

il termine *stipendiarii* come attributo degli *agri colonici*, la sostanza di quanto affermato nel testo non cambia. Giustamente, anche Lo Cascio 1986, 40-41 n. 38 non ritiene di poter considerare riferita esclusivamente agli *agri stipendiarii colonici* la caratterizzazione degli *agri stipendiarii*; secondo lo studioso, tuttavia, sarebbero *stipendiarii* anche gli agri municipali e quelli delle città peregrine, mentre in questa sede si intendono gli *agri stipendiarii* come categoria a sé stante.

[10] Ha probabilmente ragione Campbell 2000, 334, il quale preferisce non accettare il punto che, nelle edizioni Lachmann e Thulin, interrompe il senso della frase. È, tuttavia, opportuno rilevare che la frase *habent autem prouinciae et municipales agros aut ciuitatium peregrinarum*, contenuta nel folio 49, è stata inserita da Lachmann e Thulin tra quella contenuta nel folio 39 (*At si ad prouincias respiciamus*...) e quella del folio 40 (*et stipendiarios*...): AA.VV. 2005, 32 note *ad loc*.

[11] Cfr. quanto osservato da Gonzales 2007, 53 a proposito del ruolo avuto da Augusto nella concezione e nell'organizzazione delle terre.

[12] Caes. *Gall*. 1.44.2: *stipendium capere iure belli, quod victores victis imponere consuerint*; vd. *supra*, § 3.1.

Tra i campi *colonici* vi era poi un'ulteriore distinzione: alcuni godevano dello stesso diritto di quelli appartenenti alle colonie italiche ed erano immuni[13], mentre altri erano di diritto stipendiario, ossia, viene precisato per evitare incomprensioni, erano soggetti a tributo anche per gli stessi coloni.

Il brano di età domizianea non doveva essere stato ben compreso già all'epoca, probabilmente risalente alla seconda metà del V secolo o agli inizi del VI[14], in cui venne trascritta la sezione B del codice Arceriano, ma non è detto che lo fosse pienamente neppure in precedenza, quando Agennio Urbico lo utilizzò nella sua opera[15]. È, del resto, degno di nota il fatto che proprio tra il IV e V secolo Marziano Capella, pur basandosi sull'opera pliniana, menzionasse nelle province solo l'esistenza di colonie e tralasciasse le altre categorie istituzionali, ricordando le restanti città semplicemente come *urbes*[16]: dopo la *Constitutio Antoniniana* e i profondi mutamenti intercorsi nei secoli successivi, le tipologie istituzionali diverse dalle colonie non devono essere state più pienamente comprese; la stessa sorte era toccata ai campi *tributarii* e a quelli *stipendiarii*, la cui distinzione era divenuta inattuale[17], e nulla di strano che abbia riguardato anche la differenziazione tra gli *agri colonici... qui sunt immunes* e quelli *stipendiarii*, al punto che i copisti dell'opera furono indotti a modificare in più punti un brano che non comprendevano più[18].

È, infatti, innegabile che, nella forma offerta dalla tradizione manoscritta giunta fino a noi, il passo risulti poco comprensibile: come si è visto, i moderni che si sono finora occupati del tema hanno di volta in volta cercato di spiegare in modo diverso il senso del brano o sono intervenuti nel dibattito per rifiutare o accettare solo una parte della lettura di Lachmann o di quella di Thulin.

Per ricostruire il passo restituendo il necessario contesto storico che faceva da sfondo all'opera e le cui peculiarità si sono perdute nel corso dei secoli, è parso opportuno attenersi a quella che dovette essere in epoca flavia la differenziazione

---

[13] Le terre assegnate ai veterani d'Orange sarebbero, secondo Piganiol 1962, 55 (che leggeva il testo di Frontino nell'edizione Lachmann), non di diritto italico ma esenti dal tributo. Vivenza 1994, 57-58.

[14] Thulin 1911, 5-6; Toneatto 1994, 140.

[15] Agennio potrebbe essere stato di origine africana (AA.VV. 2005, XVI-XVII): ciò spiegherebbe il peculiare interesse per la categoria delle terre stipendiarie, menzionate nel brano da lui riportato e di cui non è traccia negli scritti degli altri agrimensori; in Africa, infatti, il termine *stipendiarius* conosce una fortuna praticamente ininterrotta fino al V sec.: cfr. *supra*, § 2.3, § 3 e *infra*, Conclusioni 3.

[16] Mart. Cap. 6.647. Sulle fonti e sulle caratteristiche dell'opera di Marziano vd. adesso Grebe 1999, in partic. 334.

[17] Cfr. *supra*, § 4. Del resto, nel tardoimpero anche i fondi provinciali furono oggetto di una particolare forma di proprietà, che dava "la possibilità di costituirvi un rapporto di natura reale analogo all'usufrutto o alle servitù": Bretone 1962, 226-227; Cannata 1962, 157-159; Zuccotti 2001, 426-427 n. 254.

[18] Un processo simile è avvenuto nel caso di un altro brano della medesima opera: Guillaumin 2014.

dei territori apparententi alle diverse tipologie di comunità. In tale contesto, risultano particolarmente utili i dati offerti da una fonte praticamente coeva al testo in esame, ossia la *Naturalis historia* di Plinio[19], che, pur attingendo a dati di età augustea, manteneva una distinzione ancora attuale alla fine del I sec. d.C.: in essa gli *stipendiarii* erano posti nel gradino più basso della gerarchia istituzionale dell'impero, in quanto ben distinti dalle comunità "privilegiate", ossia colonie, municipi o popolazioni cui era stato conferito il diritto latino. Date le caratteristiche della sua opera, Plinio non menziona gli *agri colonici*, né quelli immuni né quelli soggetti a tributo, ma il riferimento all'immunità di cui godevano alcune colonie[20] ne sottintende l'esistenza.

5.2. Sulla tassazione di colonie e municipi provinciali

È, dunque, evidente che, in epoca imperiale, esistevano terre definite "stipendiarie", ossia terre che, per diritto di conquista, erano state confiscate dai Romani ai precedenti proprietari e il cui sfruttamento veniva concesso in cambio del pagamento di un tributo; tali terre potevano essere definite *praedia stipendiaria*, *fundi stipendiarii* (fonti giuridiche) o *agri stipendiari* (brano dello Pseudo-Agennio).

Nel testo dello Pseudo-Agennio, *stipendiarius* è sinonimo di *tributarius* e indica, appunto, le «terre sottoposte al pagamento di tributo»; *tributarius* è usato anche da Frontino, il quale precisa che, diversamente da quanto accade per gli *agri divisi et adsignati*, che sono le terre ricadenti nel territorio delle colonie (*ager ergo divisus adsignatus est coloniarum*),

> *in compluribus provinciis tributarium solum per uniuersitatem populis est definitum*[21],
>
> in parecchie province il suolo tributario è delimitato per i popoli nella sua totalità.

In tale ottica, appare perfettamente condivisibile l'opinione di chi ritiene che lo statuto base dell'*ager provincialis* sia lo statuto tributario, mentre la terra assegnata sarebbe l'eccezione[22].

La distinzione tra i diversi tipi di campi (*colonici*, dei municipi, delle città peregrine, *stipendiarii*) non vuol dire che le prime tre categorie non fossero soggette a tributo, diversamente dalla quarta; al contrario, se anche la categoria degli *agri colonici* era parzialmente soggetta a tributo, in quanto facente parte del *tributarium solum* provinciale[23], lo erano a maggior ragione anche i campi dei

---

[19] Cfr. *supra*, § 2.1.1.

[20] Plin. *nat*. 3.2.12. Vd. *infra*, § 5.2.

[21] Frontin. *grom*. 1.3; France 2005, 76.

[22] Lo Cascio 1991, 145; Chouquer, Favory 2001, 101; France 2005, 73.

[23] Per il binomio *tributarium solum* vd. Plin. *nat*. 12.3.6; Frontin. *grom*. 1.3; *Frag.Vat*. 293; nello Pseudo-Agennio (23) si trova, lo si è visto, il binomio *ager tributarius*.

municipi e delle città peregrine, a meno di particolari esenzioni sporadicamente concesse.

L'indicazione dell'esenzione dai tributi accordata ad alcune colonie e menzionata nelle fonti[24] conferma, infatti, un dato già da tempo considerato acquisito dalla maggior parte della moderna dottrina: le colonie provinciali, in particolare quelle fondate dopo Augusto, e i municipi provinciali erano di norma soggetti al pagamento delle imposte[25]. Mentre le colonie e i municipi situati sul suolo italico venivano esentati dal pagamento del *tributum soli*, le colonie e i municipi provinciali erano tenuti a versarlo, a meno che ne fossero stati esplicitamente esonerati, ciò che avveniva abbastanza di rado e, soprattutto, normalmente per un periodo di tempo stabilito, come nel noto caso di Volubilis, che da Claudio ottenne *immunitatem / annor(um) X*[26].

Già in epoca repubblicana risulta, peraltro, che le colonie ed i municipi dovessero assolvere alcuni obblighi tributari esplicitamente previsti dagli *iura* costitutivi dei diversi status politico-istituzionali; Cicerone, infatti, si chiedeva: *quae colonia est in Italia tam bono iure*[27]*, quod tam immune municipium, quod per hosce annos tam comoda vacatione omnium rerum sit usum quam Mamertina civitas?* Nel caso di Messana, l'oratore intendeva alludere ad un'immunità completa ed eccezionale, qui definita *vacatio omnium rerum*, della quale aveva in precedenza elencato le caratteristiche: *vacatio data est ab isto sumptus, laboris, militiae, rerum denique omnium*[28]; si tratta di quella che altrove è indicata come *immunitas omnium rerum* o *plenissima immunitas*[29], di cui, a dispetto delle clausole riporta-

---

[24] Cfr., ad es., Plin. *nat.* 4.4.7, 4.4.8, 5.3.23 e 5.33.124; per le fonti epigrafiche si rimanda a quanto osservato più avanti in queste stesse pagine.

[25] MOMMSEN 1887³, III, 684-685; BRUGI 1897, 187; KORNEMANN 1900, coll. 579-580; JONES 1941, 28-29; VITTINGHOFF 1951, 122 n. 1 (che però fonda la distinzione tra municipi latini soggetti a tributo e municipi latini esenti sull'assunto la cui validità si intende qui contestare, ossia sull'attribuzione, o sulla mancata attribuzione, dell'aggettivo *stipendiarius* alle varie città); LUZZATTO 1953, 77; DE MARTINO 1965, 675-676; ROMANELLI 1974, 188-189 e n. 34; BLEICKEN 1974, 367-391; WATKINS 1983. Secondo BERNHARDT 1982, 343-352, le colonie e i municipi avrebbero occasionalmente ricevuto l'immunità dalle tasse dirette (per SPAGNUOLO VIGORITA 1993, 41, avrebbero goduto dell'esenzione "di regola le colonie e forse anche taluni municipi"), ma non quella dalle tasse indirette; per quanto concerne il caso delle città libere, esenti dalle imposte dirette, vd. BERNHARDT 1980, 190-207; cfr. anche BERNHARDT 1999.

[26] *ILAfr.* 634= *ILM* 116= *IAM* 2.448= *FIRA* 1.70, su cui vd. bibliografia citata in GAGLIARDI 2006, 238-239. A volte le immunità venivano concesse per periodi di tempo limitati perché erano intese quali forme di soccorso immediato e temporaneo alle città colpite da calamità naturali, come le eruzioni o i terremoti: SORACI 2004, 469-473.

[27] L'espressione *bono iure* si trova anche in Plaut. *Bacch.* v. 613, *Most.* v. 658.

[28] Cic. *Verr.* 2.5.22.58; 2.4.10.23; tale immunità doveva essere eccezionale, come testimonia il prosieguo del discorso che, pur viziato di parzialità retorica, appare su questo punto perfettamente plausibile: *per triennium soli non modo in Sicilia verum, ut opinio mea fert, his quidam temporibus in omni orbe terrarum vacui, expertes, soluti ac liberi fuerunt ab omni sumptu, molestia, munere*. Circa l'estrema varietà dell'organizzazione amministrativa e tributaria dei territori italici vd. LUZZATTO 1953, 74-76.

[29] *Immunitas omnium rerum*: Caes. *Gall.* 6.14.1 (riferita ai druidi, esenti dal servizio militare e da ogni tipo di imposta); *plenissima immunitas*: *D.* 27.1.17.1; cfr. τῶ]ι ἀρίστωι τε δικαίωι πολεῖται

te nel *foedus* stipulato con Roma, la città finì (*de facto* e non *de iure*) per godere nel corso della propretura di Verre; di tale immunità, che anche in seguito verrà concessa solo in pochissime circostanze e a singoli individui o gruppi di persone[30], non usufruivano normalmente neppure le colonie italiche.

Nel corso dell'età imperiale si diffonderà, come si è già detto, la tendenza ad esigere il pagamento delle imposte dirette sia dalle colonie che dai municipi; per quanto concerne le prime, è noto il caso di Antiochia testimoniato da un brano del *Digesto*, a detta del quale l'elevazione della città al rango di colonia non comportò l'esenzione della stessa dal pagamento di tributi (*divus Antoninus Antiochenses colonos fecit salvis tributis*)[31], mentre, al contrario, la città di Cesarea divenne colonia *iuris Italici*, alla quale Vespasiano *tributum* [...] *remisit capitis* e Tito *etiam solum immune factum interpretatus est*[32].

Analogamente può dirsi dei centri che vantavano il diritto latino, da Plinio variamente chiamato *Latina condicio*[33] e *Latium*[34], o che godevano dello *ius Italicum*

[Ῥωμαῖοι ἀνείσ]φο[ρ]οι dell'epigrafe di Rhosos (*FIRA* I, 55 = *IGLSyr*, III, 1, nr. 718, ll. 21-22, per cui vd. la n. successiva). Circa l'espressione *optimo iure* o *optima lege* (e i suoi equivalenti greci) vd. Ciapessoni 1930, 663-664 e n. 49; Cornioley 1983, 37-38.

[30] È il caso, ad esempio, del navarca Seleuco di Rhosos e della sua famiglia, cui dopo il 30 a.C. fu accordata non solo la cittadinanza, ma anche l'esenzione fiscale sul patrimonio (πολειτείαν καὶ ἀνεισφορίαν πάντων τῶν ὑπαρχόντων) in virtù dei meriti che egli acquisì nei confronti di Ottaviano e, *dunque*, del popolo romano (significativa, nel testo, l'iniziale adozione del pronome personale ἡμεῖς e il successivo impiego dei termini δημόσιος / δῆμος τοῦ Ῥωμαίων: le sorti dell'imperatore, indicate con un *pluralis maiestatis*, finiscono per identificarsi con quelle del popolo romano), per il quale combatté e sopportò molti e grandi pericoli:[ἐπει Σέλευκος] Θεοδότου Ῥωσεὺς συνεστρατεύσατο ἡμεῖν ἐν τοῖς κατὰ τὴν / Ἰταλίαν (vel Σικελίαν) τό]ποις, ὄντων αὐτοκρατόρων ἡμῶν, πολλὰ καὶ μεγάλα περὶ ἡμῶν ἐκακοπά- / [θησεν ἐκιν]δύνευσέν τε, οὐδενὸς φεισάμενος τῶν πρὸς ὑπομονὴν δεινῶν, / [καὶ πᾶσαν] προαίρεσιν πίστιν τε παρέσχετο τοῖς δημοσίοις πράγμασιν, τούς τε / [ἰδίους καιρ]οὺς τῆι ἡμετέραι σωτη[ρίαι] συνέζευξεν πᾶσάν τε βλάβην περὶ τῶν / [δημοσίων π]ραγμάτων τοῦ δήμο[υ] το[ῦ] Ῥωμαίων ὑπέμεινε, παροῦσιν καὶ ἀποῦσιν [ἡμεῖν χρη]στὸς ἐγένετο (*FIRA* I, 55= *IGLSyr*, III, 1, nr. 718, ll. 12-18= Raggi 2006, di cui si accolgono in questa sede le integrazioni); circa la distinzione, nelle fonti di epoca augustea, tra nuovi cittadini gratificati dell'*immunitas* e nuovi cittadini soggetti, invece, alla tassazione vd. ivi, in partic. pp. 113-114. A favore di un'inclusione automatica dell'*immunitas* tra i diritti concessi agli individui gratificati a titolo personale della cittadinanza romana si era, invece, schierato Link 1995.

[31] *D.* 50.15.8.5; circa il provvedimento, assunto da Caracalla (secondo quanto ha, con ragioni convincenti, dimostrato già Mommsen 1905b, 167-168) forse pochi mesi prima della *Constitutio Antoniniana*, vd. Downey 1939-40 e 1961, 245-246 e n. 51, ove ulteriore bibliografia; Carrié 2005, 273.

[32] *D.* 50.15.8.7. Vd. Mazzarino 1974, 363-366.

[33] Plin. *nat.* 3.14.91; analoga espressione in Suet. *Vesp.* 3.1 (mentre in *Aug.* 47.1 Svetonio parla di *Latinitas*, come già Cic. *Att.* 14.12.1). Le città dotate del diritto latino venivano definite *oppida Latina* (Plin. *nat.* 3.5.35 e 5.36, 11.77; 5.4.29; cfr. anche Liv. 8.13.12 e Hist. Aug. *Hadr.* 19.1) o *oppida Latinorum (nat.* 3.4.18, 5.32, 9.70; 5.1.19).

[34] Plin. *nat.* 3.3.7, 4.25 e 30, 24.135; 4.35.117; 5.1.20. Cfr. anche Tac. *hist.* 3.55; Plin. *paneg.* 37.3 e 39.2. Circa l'intento di Plinio di "giocare" col termine che indicava non solo il privilegio, ma anche la regione che quel privilegio aveva visto nascere, cfr. Zecchini 1990, 141. L'espressione *ius Latii* è, invece, più tarda: si trova usata in Ascon. *Pis.* 3, Tac. *ann.* 15.32 e Gai *inst.* 1.95: sul punto e, più in generale, sul diritto latino vd. Le Roux 1998.

(un'espressione in uso nell'età imperiale e volta a indicare un privilegio non più prerogativa di una sola regione – il Lazio –, ma di tutto il suolo italico)[35]: tra tutte le popolazioni del *conventus Scardonitanum* (in Liburnia, Illirico) che godevano dello *ius Italicum*, solo ai cittadini di Asseria era stata concessa l'immunità[36]. Il Digesto, inoltre, riporta un passo del giurista Paolo dal quale si desume che gli abitanti della città di Barcino godessero non solo dello *ius Italicum*, ma anche dell'immunità: *Barcinonenses quoque ibidem immunes sunt*[37].

La maggioranza delle città provinciali, dunque, veniva sottoposta al pagamento di imposte di varia natura, com'era, del resto, ovvio, pena la *laceratio* dell'impero paventata da Tacito a proposito degli avventati provvedimenti presi da Vitellio: quest'imperatore, infatti, aveva iniziato a *foedera sociis Latium externis dilargiri, his tributa dimittere, alios immunitatibus iuvare*, non curandosi delle sorti future dell'impero (*denique nulla in posterum cura lacerare imperium*), la cui economia poggiava principalmente sulla riscossione dei tributi; Vitellio, dunque, "lacerava" l'impero sia sul piano politico, stipulando trattati con gli alleati e elargendo il diritto latino a stranieri, sia su quello economico-tributario, condonando le imposte e concedendo esenzioni fiscali[38].

Dunque, la suddivisione dei terreni provinciali presentata dalla fonte di Agennio non aveva come obiettivo principale quello di distinguere i campi provinciali esenti dal pagamento dell'imposta da quelli che non lo erano, giacché le terre provinciali per loro natura erano tutte sottoposte al tributo (al contrario di quanto accadeva *per Italiam, ubi nullus ager est tributarius*)[39] e le immunità venivano concesse solo eccezionalmente. Lo Pseudo-Agennio presenta, invece, come ha già rilevato Grelle, "un'analisi della situazione giuridica del suolo sottoposto a tributo"[40] adoperando una classificazione molto simile a quella riscontrabile nell'opera di Plinio[41], che vede le terre stipendiarie nel gradino più basso della gerarchia istituzionale dell'impero, in quanto non appartenenti al territorio di nessuna comunità "privilegiata" (colonia, municipio o città peregrina).

---

[35] Plin. *nat.* 3.25.139; cfr. anche *D.* 50.15.1 e 6-8. Kornemann 1990, coll. 579-580 osservava che spesso, ma non sempre (come invece ritengono, tra gli altri, Mommsen 1887[3], III, 809, Gaudemet 1967, 513-514 e Fuhrmann 2012), il conferimento dello *ius Italicum* comportava l'immunità per le città alle quali era stato conferito: sul tema, che, com'è ovvio, è stato molto dibattuto, vd. innanzi tutto Mazzarino 1974, ma anche Hinrichs 1974, 147-157; Soraci 1982, 82-83; Gonzáles Román 1994; Vivenza 1994, 108; Saquete Chamizo 2000.

[36] Plin. *nat.* 3.25.139. In tal senso, cfr. già Mazzarino 1974, pp. 363-366.

[37] *D.* 50.15.8.pr.

[38] Tac. *hist.* 3.55. Sul passo e, in più in generale, sulla politica di Otone e Vitellio in materia di concessione di privilegi, vd. Migliario 1997, in partic. 227-229. Similmente, Cicerone (*Manil.* 17) aveva definito le imposte (*vectigalia*) *nervos* [...] *rei publicae*: Günther 2008.

[39] La sottoposizione all'imposta dei terreni provinciali induce, infatti, Lo Cascio 1986, 40-41 n. 38 a ritenere che "*stipendiarius* (come poco più sopra *tributarius*) si riferisca in genere agli *agri* provinciali contrapposti agli Italici"; in tal senso vd. anche France 2005, 73.

[40] Vd. *supra*, § 5.1, n. 6.

[41] Cfr. *supra*, § 2.1.1.

Non si può non rilevare, tuttavia, anche in questo caso un'estrema fluidità della terminologia in riferimento alla definizione dei terreni provinciali[42], che in alcune fonti gromatiche sono definiti *tributarii*, in altre *stipendiarii*, in altre ancora *vectigales*[43]: una simile variabilità semantica va attribuita alla pluralità dei contesti, differenti sia sul piano storico che su quello tematico, e alla diversità degli obiettivi che caratterizzano i brani in cui i termini sono impiegati.

[42] Al punto che si è potuto parlare, a mio avviso esagerando, di "propriété sans nom": Chouquer, Favory 2001, 99.

[43] Tale osservazione era già di Naber 1919, 420. Per quanto concerne l'uso di *tributarius* in riferimento ai terreni provinciali vd. ad es. Frontin. *grom.* 1.3, per *stipendiarius* cfr. il testo dello Pseudo-Agennio, per *vectigalis* l'opera di Igino, che lo adopera, tuttavia, solo in riferimento alla parte dei campi privati destinata al pascolo (*compascua*) o all'*ager arcifinius*: Hyg. *grom.* 15.6 e 20.

Conclusioni

L'analisi condotta nel presente volume consente di affermare che nel mondo antico il termine *stipendiarius* assunse diverse sfumature di significato, tutte riconducibili all'ambito della subordinazione.

1. Dagli uomini alle terre: ambiti d'uso del termine *stipendiarius*

In base all'esame delle testimonianze (si tratta di 85 occorrenze in totale: 65 occorrenze delle fonti letterarie, 6 delle fonti epigrafiche, 11 delle fonti giuridiche e 3 del testo dello Pseudo-Agennio) si può rilevare che *stipendiarius* (tab. 4):

- era normalmente usato, in funzione di sostantivo (23 occorrenze, comprese le 6 in cui riveste il significato di «soldato mercenario») o come aggettivo per indicare singoli popoli o persone (15 occorrenze), la *plebs* (2 occorrenze), una *multitudo* (2 occorrenze), una *secta* (1 occorrenza);
- poteva essere attribuito all'Italia nella sua totalità (2 occorrenze), a intere province (8 occorrenze), o a singole città: *civitates* (8 occorrenze), *urbes* (1 occorrenza), *oppida* (7 occorrenze, tutte nella *Naturalis historia*);
- in un solo caso, ossia nel noto brano di Cicerone, lo si trova riferito al termine *vectigal*[1];
- in un altro è attribuito in senso figurato alle *lacrimae*;
- nelle fonti giuridiche dell'epoca imperiale veniva riferito anche ai *praedia* (8 occorrenze) e ai *fundi* (3 occorrenze) provinciali;
- in un solo testo, almeno stando alla documentazione pervenuta, viene attribuito agli *agri* (2 o 3 occorrenze: tale variabilità dipende dall'esclusione o dall'inclusione dell'occorrenza che, nell'interpretazione offerta in questa sede, si riferirebbe ad un non altrimenti attestato binomio **ius stipendiarium*)[2]. L'espressione *ager stipendiarius* presente nella *lex agraria* del 111 a.C. è, invece, frutto, come si è visto, di un'integrazione del Mommsen.

---

[1] Cic. *Verr.* 2.3.6.12: *vectigal est certum, quod stipendiarium dicitur*. Vd. *supra*, § 2.2.1.

[2] Ps. Agenn. *grom.* 23.

Classificazione	Occorrenze	Brani
Aggettivo sostantivato: soldato mercenario	6	*Bell. Afr.* 43.1: *et VIII cohortibus* stipendiariis *<que> Numidis Gaetulis que obsidebat*; Liv. 8.8.3: *dein, postquam* stipendiarii *facti sunt, scuta pro clipeis fecere*; Flor. *epit.* 2.8.8: *nec abnuit ille de* stipendiario *Thrace miles*; Tac. *ann.* 4.73: *et aliam quadringentorum manum occupata Cruptorigis quondam* stipendiari<i> *villa*; Leo M. *serm.* 69.3: *famulis itaque suis et* stipendiariis *vehementius incitatis*; *TitAq.* 2, 806: *sti[pendi(orum)] XVII h(ic) s(itus) e(st) / Fronto* stipandi(arius).
Aggettivo sostantivato: "sottomesso"	17	Cic. *div. in Caec.* 3.7: *populatae, vexatae, funditus eversae provinciae, socii* stipendiariique *populi Romani adflicti*…; Cic. *Pis.* 41.98: *quem socii, quem foederati, quem liberi populi, quem* stipendiarii; Cic. *leg.* 3.18.41: *quos socios res publica habeat, quos amicos, quos* stipendiarios; Cic. *prov.* 5.10: *vectigalis multos ac* stipendiarios *liberavit;* Cic. *Verr.* 2.4.60.134: *apud eos autem quos vectigalis aut* stipendiarios *fecerant tamen haec relinquebant, ut illi, quibus haec iucunda sunt quae nobis levia videntur, haberent haec oblectamenta et solacia servitutis;* Cic. *Balb.* 9.24: *nam* stipendiarios *ex Africa, Sicilia, Sardinia, ceteris provinciis multos civitate donatos videmus;* Caes. *Gall.* 7.10.1: *ne* stipendiariis *Haeduorum expugnatis cuncta Gallia deficeret;* Liv. 41.17.2: stipendiariis *veteribus duplex vectigal imperatum exactumque;* Tac. *ann.* 4.20.1: *saevitum tamen in bona, non ut* stipendiariis *pecuniae redderentur, quorum nemo repetebat, sed liberalitas Augusti avulsa, computatis singillatim quae fisco petebantur;* Ascon. *Pis.* 15: *quod populari illi sacerdoti sescentos ad bestias* socios stipendiariosque *misisti;* Aur. Vict. *Caes.* 39.45: *simul annona urbis ac* stipendiariorum *salus anxie sollicite que habita;* Aug. *in Iob* 31: stipendiarii *ecclesiae;* *CIL* 1.585, ll. 78 e 80: *[…]i Romanei esse oportet oportebitue, is* stipendiariei‹s› *det adsignetue…; ex‹t›ra‹que› eum agrum, quei ager ex h(ac) l(ege) priuatus factus erit, quo pro agro loco ager locus redditus commutatusue [non erit, extr]a≥que eum agrum locum, quem IIuir ex h(ac) l(ege)* stipendiarieis *dederit adsignaueritue, quod eius ex h(ac) l(ege) in ‹f›o//rmam publicam rellatum…* *CIL* 1.2513: *Q. Numerio Q. f. / Rufo q. /* stipendiariei */ pagorum Muxsi / Gususi Zeugei;* *CIL* 8.68: *P. Sulpicio Quirinio C. Valgio co(n)s(ulibus) / Senatus populusque civitatium* stipendiariorum */ pago Gurzenses hospitium fecerunt;* *CIL* 8.25902, col. IV ll. 31-33: stipendiarior[um *qui intra f(undum) Vill<a>e Magn<a>e sive M] appa/li<a>e Sig<a>e habitabu[nt.*

(Populi) stipendiarii	10	Caes. *Gall.* 1.36.3: *Haeduos sibi, quoniam belli fortunam temptassent et armis congressi ac superati essent, stipendiarios esse factos;* Liv. 22.54.11: *compares cladem ad Aegates insulas Carthaginiensium proelio navali acceptam, qua fracti Sicilia ac Sardinia cessere, inde vectigales ac stipendiarios fieri se passi sunt;* Plin. *nat.* 3.14.91: *stipendiarii Assorini, Aetnenses, Agyrini, Acestaei, Acrenses, Bidini, Citarini* (...); Plin. *nat.* 3.4.23-25: *stipendiariorum Aquicaldenses, Aesonenses, Baeculonenses* (...); *stipendiarios Arcobrigenses, Andelonenses, Aracelitanos, Bursaonenses, Calagurritanos qui Fibularenses cognominantur, Conplutenses, Carenses, Cincienses, Cortonenses, Damanitanos, <I>spallenses, Ilursenses, Iluberitanos, <I>acetanos, Libienses, Pompelonenses, Segienses* (...); *stipendiariorum autem celeberrimi Alabanenses, Bastitani, Consaburrenses, Dianenses, Egelestani, Ilorcitani, Laminitani, Mentesani qui et Oretani, Mentesani qui et Bastuli, Oretani qui et Germani cognominantur, caputque Celtiberiae Segobrigenses, Carpetaniae Toletani Tago flumini inpositi, dein Viatienses et Virgilienses;* Plin. *nat.* 4.35.117-118: *stipendiariorum quos nominare non pigeat, praeter iam dictos in Baeticae cognominibus, Augustobrigenses, Aemin<i>enses, Aranditani, A<r>abricenses, Balsenses, Caesarobrigenses, Caperenses, Caur<i>enses, Colarni, Cibilitani, Concordienses, E<l>bocori, Intera<n>n<i>enses, Lancienses, Mirobrigenses qui Celtici cognominantur, Medubrigenses qui Plumbari, Ocelenses, Turduli qui Bardili et Tapori;* Eutr. 6.17: *Britannis mox bellum intulit, quibus ante eum ne nomen quidem Romanorum cognitum erat; eos quoque victos obsidibus acceptis stipendiarios fecit;* Ps. Aur. Vict. *epit.* 1.7: *Pannonios stipendiarios adiecit.* Beda *de temp. ratione* 66.253: *Caesar Germanos et Gallos capit, et Brittanos quoque, quibus ante eum ne nomen quidem Romanorum cognitum fuerat, victos obsidibus acceptis stipendiarios fecit.*
Singoli individui stipendiarii	2	Liv. 21.41.7: *an vectigalis stipendiariusque et servus populi Romani a patre relictus;* Suet. *Iul.* 71.1: *Masintham nobilem iuvenem* (...) *stipendiarium quoque pronuntiatum et abstrahentibus statim eripuit.*
Reges stipendiarii	1	Iustin. 11.5.2-3: *Sed nec suis, qui apti regno videbantur, pepercit, ne qua materia seditionis procul se agente in Macedonia remaneret et reges. stipendiarios conspectioris ingenii ad commilitium se cum trahit.*
Stipendiarii aratores	1	*Bell. Afr.* 20.4: *priore anno enim propter adversariorum dilectus, quod stipendiarii aratores milites essent facti, messem non esse factam.*

Stipendiarii provinciales	1	Aug. *catech. rud.* 23.43: *illos autem tamquam s t i p e n d i a r i o s provinciales apostolica doctrina constituit.*
Stipendiaria plebs, secta, multitudo	5	Liv. 34.4.9: *quid legem Cinciam de donis et muneribus nisi quia vectigalis iam et s t i p e n d i a r i a plebs esse senatui coeperat?* Tert. *fug.* 12: *Cum igitur nihil nobis Caesar indixerit in hunc modum s t i p e n d i a r i a e sectae;* Aug. *in psalm.* 90.2.2: *item multi qui se sperabant ad dexteram futuros, in plebe sancta stipendiaria tamquam provinciales, qui annonam militibus praebent, quibus dici habet;* Aug. *serm.* 351.3.5: *quanto magis caetera s t i p e n d i a r i a multitudo;* Aug. *c.Faust.* 5.9: *sed huic militiae christianae propter quoddam quasi commercium caritatis subiungitur etiam quaedam s t i p e n d i a r i a multitudo.*
Provincia stipendiaria	8	Vell. 2.38.1: *haud absurdum uidetur propositi operis regulae paucis percurrere quae cuiusque ductu gens ac natio redacta in formulam provinciae s t i p e n d i a r i a facta sit;* Vell. 2.37.5: *Syria s t i p e n d i a r i a ;* Vell. 2.38.4: *Hispaniae (…) universa (…) facta s t i p e n d i a r i a est;* Vell. 2.39.2: *paene idem facta Aegypto s t i p e n d i a r i a , quantum pater eius Galliis;* Vell. 2.39.3: *Cappadocia s t i p e n d i a r i a ;* Vell. 2.97.4: *Germania sic perdomuit eam ut in formam paene s t i p e n d i a r i a e redigeret provinciae;* Flor. *epit.* 1.33.7: *isque statim capta Carthagine et aliis urbibus, non contentus Poenos expulisse, s t i p e n d i a r i a m nobis provinciam fecit;* Hier. *in Matth.* 3.22.15: *nuper sub Caesare Augusto Iudea subiecta Romanis, quando in toto orbe est celebrata descriptio, s t i p e n d i a r i a facta fuerat.*
Italia stipendiaria	2	Liv. 24.47.6: percontantibus Romanis *quid sibi vellent Arpini, quam ob noxam Romanorum aut quod meritum Poenorum pro alienigenis ac barbaris Italici adversus veteres socios Romanos bellum gererent et vectigalem ac s t i p e n d i a r i a m Italiam Africae facerent;* Tac. *ann.* 11.22: *mox duplicatus numerus, s t i p e n d i a r i a iam Italia et accedentibus provinciarum vectigalibus.*

Civitates, urbes stipendiariae	9	Caes. *Gall.* 1.30.3: *reliquasque civitates s t i p e n d i a r i a s haberent;* Liv. 37.53.3-4: *cui dubium est, quin et a nobis aversuri sint non eas modo ciuitates, quae liberabuntur, sed etiam veteres s t i p e n d i a r i a s nostras;* Liv. 31.31.9: *civitates quae in parte Carthaginiensium fuerunt et uno animo cum illis adversus nos bellum gesserunt, s t i p e n d i a r i a s nobis ac vectigales esse;* Liv. 34.57.10: *ex eo genere cum Antiochus esset, mirari se quod Romani aequum censeant leges ei dicere quas Asiae urbium liberas et immunes, quas s t i p e n d i a r i a s esse velint, quas intrare praesidia regia regemque vetent;* Liv. 35.16.3-6: *Eandem de Zmyrna, Lampsaco civitatibusque quae Ioniae aut Aeolidis sunt causam ab Antiocho accipite. Bello superatas a maioribus et s t i p e n d i a r i a s ac vectigales factas in antiquum ius repetit;* Liv. 37.55.6: *ceterae civitates Asiae, quae Attali s t i p e n d i a r i a e fuissent, eaedem vectigal Eumeni penderent; quae vectigales Antiochi fuissent, eae liberae atque immunes essent;* Liv. 38.39.7-8: *civitatium autem cognitis causis decem legati aliam aliarum fecerunt condicionem. Quae s t i p e n d i a r i a e regi Antiocho fuerant et cum populo Romano senserant, iis immunitatem dederunt; quae partium Antiochi fuerant aut s t i p e n d i a r i a e Attali regis, eas omnes vectigal pendere Eumeni iusserunt;* Liv. 28.25.9: *leniter agi placuit et missis circa s t i p e n d i a r i a s civitates exactoribus stipendii spem propinquam facere;* Serv. *Aen.* 3.20: *quod autem de Libero diximus, haec causa est, ut signum sit liberae civitatis: nam apud maiores aut s t i p e n d i a r i a e erant, aut foederatae, aut liberae.*
Oppida (sottinteso o no) stipendiaria	7	Plin. *nat.* 3.3.7: *oppida omnia numero CLXXV, in iis coloniae VIIII, municipia c. R. X, Latio antiquitus donata XXVII, libertate VI, foedere III, s t i p e n d i a r i a CXX;* Plin. *nat.* 3.3.12: *s t i p e n d i a r i a Callet, Callicula, Castra Gemina, Ilipula Minor, Marruca, Sacrana, Obulcula, Oningi, Sabora, Ventip<p>o;* Plin. *nat.* 3.3.15: *s t i p e n d i a r i a Besaro, Belippo, Barbesula, <B>lacippo, Ba<e>sip<p>o, Callet, Cappa cum Oleastro, I<p>tuci, <I>brona, Lascu<t>a, Saguntia, Saudo, Vsaepo;* Plin. *nat.* 3.4.20: *Dianium stipendiarium;* Plin. *nat.* 3.4.18: *oppida CLXXVIIII, in iis colonias XII, oppida civium Romanorum XIII, Latinorum veterum XVIII, foederatorum unum, s t i p e n d i a r i a CXXXV;* Plin. *nat.* 4.35.117: *tota populorum XLV, in quibus coloniae sunt quinque, municipium civium Romanorum, Latii antiqui III, s t i p e n d i a r i a XXXVI;* Plin. *nat.* 5.4.29: *o p p i d u m s t i p e n d i a r i u m unum Castriis Corneliis.*

Vectigal... stipendiarium	1	Cic. *Verr.* 2.3.6.12: *Inter Siciliam ceterasque provincias, iudices, in agrorum vectigalium ratione hoc interest, quod ceteris aut impositum vectigal est certum, quod stipendiarium dicitur, ut Hispanis et plerisque Poenorum quasi victoriae praemium ac poena belli, aut censoria locatio constituta est, ut Asiae lege Sempronia.*
Stipendiariae lacrimae	1	Ambr. *obit. Valent.* 2: *solvamus bono principi stipendiarias lacrimas, quia ille nobis solvit etiam mortis suae stipendium.*
Praedia stipendiaria	8	Gai *Inst.* 2.14a: *item stipendiaria praedia et tributaria non mancipi sunt;* Gai *Inst.* 2.21: *in eadem causa sunt provincialia praedia, quorum alia stipendiaria, alia tributaria vocamus. Stipendiaria sunt ea quae in his provinciis sunt quae propriae populi Romani esse intelleguntur;* *I.* 2.1.40: *Itaque stipendiaria quoque et tributaria praedia eodem modo alienantur. Vocantur autem stipendiaria et tributaria praedia;* *Frg. Vat.* 259: *mulier sine tutoris auctoritate praedium stipendiarium instructum non mortis causa Latino donauerat;* *Frg. Vat.* 283: *Si praediorum stipendiariorum proprietatem dono dedisti ita;* *CTh.* 3.5.8: *in praediis Italicis vel stipendiariis seu tributariis.*
Fundi stipendiarii	3	*Frg. Vat.* 61: *proinde usus fructus licet in fundo stipendiario vel tributario;* *Frg. Vat.* 289: *stipendiarii vel tributarii..... non sine traditione donatio perficitur;* *CTh.* 8.12.2: *Italicum sive stipendiarium fundum crediderit conferendum.*
Agri stipendiarii	2+ **ius stipendiarium*?	Ps. Agenn. *grom.*: *At si ad prouincias respiciamus, habent agros colonicos quidem iuris, [habent et colonicos stipendiarii] qui sunt in[com]mune*s, *<habent et colonicos stipendiarii>* qui sunt *et colonis stipendiarios. habent autem prouinciae et municipales agros aut ciuitatium peregrinarum et stipendiarios, qui nexum non habent neque possidend*o *ab alio qua*eri *possunt.*

Tab. 4: Usi del termine *stipendiarius*

Nelle fonti dell'epoca repubblicana, dunque, lo *stipendium* non appare mai come tassa sui terreni, ma viene anzi generalmente distinto da tutto ciò che concerne l'ambito agrario. Unica, ipotetica, eccezione, la suddetta *lex agraria* l. 77, dove sono menzionati *homines* (verosimilmente gli *stipendiarii* di cui si parla nella riga successiva) *quos stipendium [pro eo agro populo Romano pendere oportet*, ma anche questa frase è frutto dell'integrazione del Mommsen ad una grossa lacuna del testo. In questa sede si propone, invece, una diversa integrazione del passo, peraltro già avanzata da Rudorff: *quos stipendium [populo Romano dare oportet*[3].

Nei testi di età imperiale, al contrario, il termine inizia ad apparire quale attributo riferito ai terreni: è indicativo che tale trasferimento metonimico avvenga esclusivamente nei documenti ascrivibili alla cancelleria ufficiale, ossia nelle opere giuridiche e gromatiche[4].

Al già osservato processo di scomparsa del vocabolo *stipendiarius* se ne affiancò, dunque, uno analogo, per il quale tra il I e il IV secolo nei documenti provenienti dalla cancelleria ufficiale vennero qualificate come stipendiarie solo le terre e non più le persone, col plausibile intento, seppur non manifesto, di trasferire su oggetti inanimati il "marchio di sottomissione" insito nel termine *stipendiarius*[5].

2. Il lessico della sottomissione: l'uso del termine *stipendiarius* nelle fonti letterarie

Se si eccettuano le occorrenze, poco numerose tra le fonti letterarie e limitate a una in quelle epigrafiche, in cui esso indica il soldato mercenario, nelle testimonianze pervenute il vocabolo riveste il significato più generico di «individuo sottomesso» o quello, più specifico, di «soggetto a tributo», sebbene non sempre si possa determinare l'esatta accezione con la quale il termine era impiegato e sebbene i due concetti siano in alcuni casi indissolubili: in concreto, la sottomissione politica di cui erano stati oggetto i popoli sconfitti da Roma si era spesso tradotta in una sottoposizione al tributo, che era un vero e proprio "marchio di sottomissione", secondo l'affermazione cesariana più volte citata: *stipendium capere iure belli, quod victores victis imponere consuerint*[6].

Per le stesse ragioni, *stipendiarius* non può essere considerato sempre equivalente all'espressione «individui soggetti al pagamento dello *stipendium*», giacché, come si è visto, in molti casi appare più corretto tradurlo col generico «tributario». Tali considerazioni hanno portato a rivedere alcuni luoghi comuni

---

[3] *Supra*, § 3.1.

[4] Unica testimonianza di *stipendiarius* quale attributo, evidentemente figurato, riferito ad un oggetto, nel caso specifico le lacrime, e non ad un individuo è il passo di Ambr. *obit. Valent.* 2: *solvamus bono principi stipendiarias lacrimas, quia ille nobis solvit etiam mortis suae stipendium.* Vd. *supra*, 2.3.

[5] *Supra*, § 1.3.

[6] Caes. *Gall.* 1.44.2.

della moderna storiografia, secondo cui, ad esempio, sia l'espressione ciceroniana *vectigal certum, quod stipendiarium dicitur* sia l'uso del termine *stipendiarii* nella *Naturalis historia* pliniana sarebbero stati inequivocabilmente indice del pagamento, da parte dei provinciali, di un solo tipo di tributo, fisso e in moneta, ossia lo *stipendium*[7].

È più probabile, invece, che *stipendiarii* abbia designato in un primo momento (sin dal IV sec. a.C.?) le popolazioni vinte in guerra e soggette al pagamento dello *stipendium*[8], inizialmente in modo occasionale, successivamente con cadenze regolari.

In seguito, per estensione, il termine sarebbe passato a indicare i contribuenti in genere, distinti dalle popolazioni «socie» o «federate», «libere», «amiche»: questo è il significato con il quale viene impiegato in alcuni passi di Cicerone, dove ricorrono le prime attestazioni del vocabolo nelle fonti letterarie a noi pervenute[9], e che si impose probabilmente tra la fine dell'epoca repubblicana e l'epoca imperiale. Esempi significativi in tal senso sono rappresentati dai brani di Cesare e Livio, dove *stipendiarius* è usato tra l'altro per indicare rapporti di subordinazione tra popoli stranieri, e probabilmente anche in Svetonio[10]; Velleio Patercolo è l'autore che lo impiegherà più diffusamente in tal senso. Analoga gerarchia valoriale, che rimonta a differenze di tipo istituzionale, è quella presentata da Plinio, nella cui *Naturalis historia* il termine continua a ricorrere prevalentemente nella sua generica accezione di «sottomesso» per designare alcune comunità e distinguerle dalle popolazioni che, a vario titolo, potevano vantare *status* giuridico-amministrativi considerati più favorevoli: le colonie, i municipi, le città di diritto latino, ecc…[11]

3. La peculiare situazione africana

È, tuttavia, significativo che la prima occorrenza in assoluto del termine appaia in un testo epigrafico-giuridico, la ben nota *lex agraria* del 111 a.C., e in riferimento alla situazione africana: proprio in terra d'Africa, dove si trovava il più acerrimo nemico di Roma, *stipendiarius* è stato impiegato in maniera relativamente precoce – se si considera che i territori africani furono annessi alla Repubblica solo nel 146 a.C. – e ha conosciuto una considerevole continuità d'uso almeno fino al II sec. d.C. nelle fonti epigrafiche e fino al V sec. d.C. in quelle letterarie, come attestano le opere di Tertulliano e Agostino.

---

[7] Cfr. *supra*, § 2.1.1 (occorrenze nella *Naturalis historia*) e 2.2.1 (Cic. *Verr.* 2.3.6.12: *vectigal est certum, quod stipendiarium dicitur*).

[8] *Supra*, § 1.2.

[9] I già citati *div. in Caec.* 3.7; *Pis.* 41.98 e *leg.* 3.18.41. Cfr. *supra*, § 2.1.

[10] Caes. *Gall.* 1.30.3; 1.36.4; 7.10.1; Liv. 34.57.10; 35.16.6; 37.53.3-4; 37.55.6; 38.39.7-8; Suet. *Iul.* 71.1.

[11] *Supra*, § 2.1.1.

Negli scritti di Tertulliano, in particolare, il termine ha una connotazione fortemente negativa[12], a testimonianza del fatto che, nella regione teatro delle guerre dalle conseguenze più significative che la storia di Roma ricordi, i vincitori vollero accentuare l'aspetto di subordinazione politica, economica e, in ultima analisi, la condizione di profonda inferiorità che separava la popolazione locale da quella vincitrice. Come afferma Gruen a proposito del pagamento imposto ai Cartaginesi al termine della seconda guerra punica, "continous, long-term payments emphasized the submission of the former enemy and gave repeated reminder of her defeat, a lesson to other powers who might be recalcitrant or belligerent"[13].

Mi sembra, del resto, altrettanto significativo che le uniche quattro epigrafi[14] nelle quali ricorre il vocabolo *stipendiarius* provengano dalla provincia d'Africa e che la metà di esse mostrino gli *stipendiarii* presenti in *pagi* di origine cartaginese (§ 3, fig. 7)[15]. Nelle epigrafi africane, due delle quali risalenti all'epoca repubblicana e due a quella imperiale, il significato di *stipendiarius* appare più circoscritto e strettamente connesso al versamento dello *stipendium*, inteso come tributo le cui precise caratteristiche non sono del tutto chiare; nell'interpretazione offerta nel corso del presente studio, essa va con buona probabilità ricondotta ad una forma di tassazione in moneta dall'ammontare non variabile e non direttamente applicata ai terreni ma alle persone, basata sul rapporto tra la terra e chi la coltivava[16].

Si può, quindi, parlare di peculiarità della situazione africana e rintracciare un'evoluzione semantica del termine nei territori un tempo appartenuti ai Cartaginesi.

All'indomani della creazione della provincia d'Africa, una buona parte della popolazione locale, ora sottomessa ai Romani, fu inclusa nel novero degli *stipendiarii*, soggetti *iure belli* al pagamento dello *stipendium*. Tra il I sec. a.C. e il I d.C. tale imposta veniva versata dagli *stipendiarii* agli appaltatori romani che operavano in provincia, i *mancipes stipendiorum*; la supervisione delle operazioni di riscossione era affidata ai *quaestores*, che dovevano rivestire un ruolo non indifferente sia nell'agevolare i compiti degli esattori sia nel garantire gli interessi dei contribuenti[17]. Ancora nel II sec. d.C., nell'epigrafe di Henchir-Mettich che disciplina l'attività di coloro i quali coltivavano le terre di proprietà imperiale, vengono ricordati gli *stipendiarii* impiegati nel fondo.

La categoria degli *stipendiarii*, attestata nell'Africa Proconsolare dal II sec. a.C. fino al II d.C., conosce, quindi, una lunga vita; per poco meno di quattro secoli e fat-

---

[12] Vd. *supra*, § 2.3 n. 110-111.

[13] Gruen 1984, 293.

[14] Occorre, tuttavia, sempre considerare la possibilità che si tratti di una casualità dovuta allo stato della documentazione in nostro possesso: altri documenti, contenenti il termine e riferibili a regioni del mondo romano diverse da quella africana, potrebbero non essersi conservati.

[15] Briand-Ponsart 2009, 102-103.

[16] *Supra*, § 3.

[17] Sulle responsabilità finanziarie dei questori provinciali vd., da ultimo, Pina Polo, Díaz Fernández 2019, 164-180 e, in partic., 166.

te salve alcune eccezioni, i discendenti dei Punici sconfitti da P. Cornelio Scipione l'Emiliano scontarono il peso di una disfatta militare che ebbe nella regione profonde ripercussioni politiche, economiche e sociali.

Non è difficile immaginare che le distinzioni tra le varie categorie di abitanti della provincia saranno state gradualmente eliminate dopo l'emanazione della *Constitutio Antoniniana*. Occorrerà, quindi, attendere la dinastia dei Severi, il cui capostipite era di origine africana, perché buona parte della popolazione dell'Africa Proconsolare potesse godere dei diritti politici dei cittadini romani: solo allora verosimilmente sarà stato abbandonato in Africa il termine *stipendiarius*, che, per la sua connotazione negativa di marchio di sottomissione, era cominciato a cadere in disuso forse già un secolo prima in altre province e che, comunque, anche nella stessa Proconsolare doveva ormai essere rimasto solo un relitto, numericamente circoscritto. Non sarà, tuttavia, un caso, che, pur nell'eccezionalità del suo utilizzo, il termine continui ad essere impiegato in epoca imperiale soprattutto da autori appartenenti all'area africana, come Tertulliano e Agostino.

Naturalmente, l'ottenimento della cittadinanza romana e la cancellazione delle gerarchie "istituzionali" fra gli abitanti dei territori provinciali non comportò la corrispondente eliminazione delle imposte gravanti su di essi; al contrario, il gettito fiscale continuò ad essere assicurato, ma il divario tra contribuenti provinciali e italici si ridusse sempre di più[18]. Tuttavia, per un processo che iniziò nel I sec. d.C., l'attributo di *stipendiarii* non venne più impiegato per connotare gli abitanti ma passò a designare i *fundi* o i *praedia* provinciali, come si può desumere dalle fonti giuridiche e da quanto rimane del testo di un anonimo agrimensore risalente all'età domizianea[19].

4. Il lessico della sottomissione: l'uso del termine *stipendiarius* nelle fonti giuridiche e nei testi dei gromatici

Le fonti giuridiche e i testi dei gromatici meritano, infatti, di essere considerate a sé per la loro peculiarità.

Nelle prime i *praedia* o *fundi* provinciali stipendiari e quelli tributari appaiono tra loro distinti, ma tale distinzione, lungi dall'indicare con certezza il tipo d'imposta prevalente nelle singole province (giacché un agile confronto tra le fonti basta a dimostrare l'infondatezza di questa conclusione), va piuttosto interpretata come frutto di una duplice tradizione terminologica, che, probabilmente, serviva a precisare i limiti di competenza esistenti tra l'*aerarium* (in cui confluivano i tributi delle province senatorie) e il *fiscus* (in cui confluivano i tributi delle province imperiali)[20].

---

[18] Eck 1998, 132; Corbier 2005, 364-365.
[19] *Supra*, § 4 e 5.
[20] Vd. *supra*, § 4.1.

Con la progressiva scomparsa della distinzione tra le province e con la relativa uniformazione dei criteri impositivi, anche tale duplice tradizione terminologica, che poco o nulla aveva a che fare con tipi di tributi differenti, perse di significato e i due termini finirono per indicare la medesima realtà contributiva[21].

D'altro canto, la suddivisione dei terreni provinciali presentata dalla fonte di Agennio, nell'interpretazione che di essa si offre in questa sede, conferma la condizione di inferiorità attribuita agli *agri stipendiarii* e, più in generale, allo stesso termine *stipendiarius*: la gerarchia istituzionale esistente già in epoca repubblicana tra le popolazioni soggette al dominio di Roma, che contrapponeva gli *stipendiarii* ai popoli «alleati», «amici» o «liberi», reiterata con alcune varianti anche nei primi secoli dell'età imperiale, quando, com'è possibile desumere dal testo di Plinio, gli *stipendiarii* erano distinti dagli abitanti delle colonie, dei municipi o da quelli cui era stato attribuito il diritto latino, venne trasferita ai terreni provinciali.

Secondo il testo dello Pseudo-Agennio, quindi, le terre stipendiarie si trovavano nel gradino più basso della gerarchia istituzionale dell'impero, in quanto non appartenenti al territorio di nessuna comunità "privilegiata" (colonia, municipio o città peregrina); esse non erano semplicemente «soggette a tributo», ma portavano anche nel nome il peso del trionfo del popolo romano.

---

[21] *Supra*, § 1.3 e 4.2.

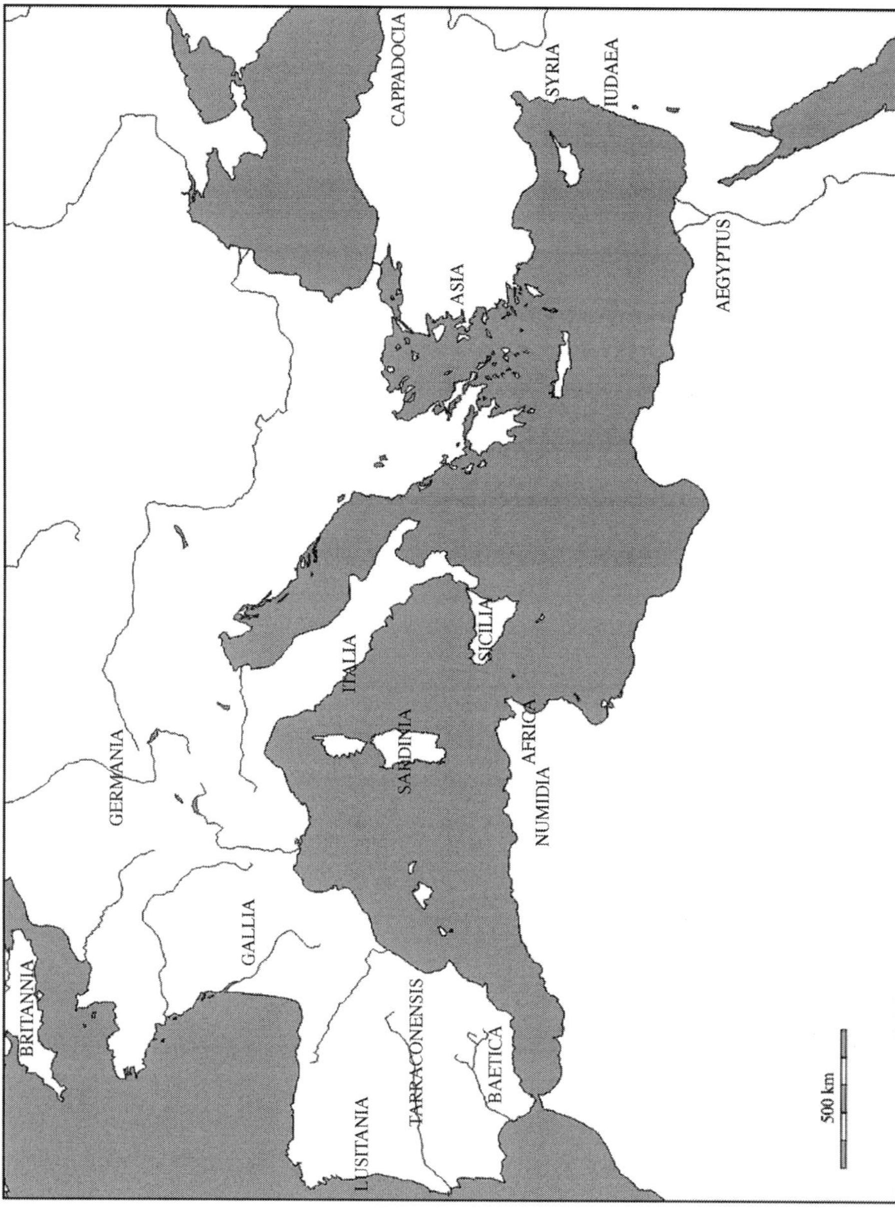

Fig. 8: Paesi in relazione ai quali è esplicitamente impiegato il termine *stipendiarius*

Edizioni delle fonti

Gli autori greci e latini sono citati, rispettivamente e salvo pochissime eccezioni, secondo le abbreviazioni utilizzate dal Greek English Lexicon di H.G. Liddel e R. Scott (Oxford 1940[9]) e dal *Thesaurus Linguae Latinae*.

Si riporta qui di seguito l'elenco delle fonti menzionate nel testo con le relative abbreviazioni; ogni qual volta sono state consultate più edizioni di una stessa opera, l'edizione prevalentemente seguita in questa sede è contrassegnata da un asterisco.

Si precisa che, per ragioni di uniformità, nel presente volume si è preferito uniformare il modo di citare i brani in latino e inserire la distinzione "u"/"v" anche nelle opere in cui gli editori avevano preferito impiegare il grafema "u" in funzione sia di vocale sia di consonante. Tale criterio è stato applicato ovunque, eccetto che nel riportare i passi della *lex agraria epigraphica* e dello Pseudo-Agennio: in ragione della loro lacunosità e per evitare fraintendimenti, si è preferito riprodurli come apparivano nelle edizioni di riferimento.

Fonti letterarie

Ambr. *epist.*	Sanctii Ambrosii episcopi mediolanensis, Epistulae (I-XXXV), ed. O. Faller, Mediolani Romae 1988. Sanctii Ambrosii episcopi mediolanensis, Epistulae (XXXVI-LXIX), volumen secundum editionem Patrum Maurinorum (PL 16), Mediolani Romae 1988.
Ambr. *in psalm.*	Sanctii Ambrosii episcopi mediolanensis, Expositio psalmi CXVIII, ed. M. Petschenig, Mediolani Romae 1987.
Ambr. *obit. Valent.*	Ambrosius Mediolanensis, De obitu Valentiniani, ed. O. Faller, CSEL 73, Vindobona 1955.
Amm.	Ammianus Marcellinus, *Rerum gestarum libri qui supersunt*, edd. W. Seyfarth, L. Jacob-Karau, I. Ullmann, I-II, Lipsiae 1978.
Anon. *de mach. bell.*	Anonymi auctoris, De rebus bellicis, ed. R.I. Ireland, Lipsiae 1984.

App. *b.c.* Appiani historia romana, I-II, edd. P. Viereck, A.G. Roos, E. Gabba, Lipsiae 1962.

App. *Lib.* Appiani historia romana, I-II, edd. P. Viereck, A.G. Roos, E. Gabba, Lipsiae 1962.

App. *Sik.* Appiani historia romana, I-II, edd. P. Viereck, A.G. Roos, E. Gabba, Lipsiae 1962.

App. *Syr.* Appiani historia romana, I-II, edd. P. Viereck, A.G. Roos, E. Gabba, Lipsiae 1962.

Ascon. *Pis.* Quintus Asconius Pedianus, Orationum Ciceronis quinque enarratio, ed. A.C. Clark, Oxonii 1907.

Aug. *c.Faust.* Augustinus Hipponensis, Contra Faustum, ed. J. Zycha, CSEL 25, Vindobona 1891.

Aug. *catech. rud.* Augustinus Hipponensis, De catechizandis rudibus, ed. J.-B. Bauer, CC SL 46, Turnhout 1969.

Aug. *civ.* Sant'Agostino, *La città di Dio*, testo latino dell'edizione maurina confrontato con il *Corpus christianorum*, Roma 1988.

Aug. *epist.* Sant'Agostino, *Le lettere*, testo latino dell'edizione maurina confrontato con il *Corpus scriptorum ecclesiasticorum latinorum*, Roma 1969-1974.

Aug. *in evang. Ioh.* Augustinus Hipponensis, In Iohannis evangelium tractatus, ed. R. Willems, CC SL 36, Turnhout 1954.

Aug. *in Iob* Augustinus Hipponensis, Adnotationes in Iob, ed. J. Zycha, CSEL 28/2, Vindobona 1895.

Aug. *in psalm.* Augustinus Hipponensis, Enarrationes in Psalmos, ed. E. Dekkers, J. Fraipont, CC SL 38-40, Turnhout 1956.

Aug. *quaest. hept.* Sant'Agostino, *Locuzioni e questioni sull'Ettateuco*, testo latino dell'edizione maurina confrontato con il *Corpus christianorum* e il *Corpus scriptorum ecclesiasticorum latinorum*, XI/1-2, Roma 1997-1998.

Aug. *serm.* Sant'Agostino, *Discorsi*, I-VI, testo latino dell'edizione maurina e delle edizioni post-maurine, Roma 1979-1990.

Aur. Vict. *Caes.* Aurelius Victor, *Livre des Césars*, ed. P. Dufraigne, Paris 1975.

Beda *de temp. ratione* Beda Venerabilis, De temporum ratione liber, ed. C.W. Jones, CC SL 123B, Turnhout 1977.

Bell. Afr. C. Iuli Caesaris Commentarii belli Alexandrini, Belli Africi, Belli Hispaniensis, in C. Iuli Caesaris Commentarii, III, ed. A. Klotz, Lipsiae 1966.

Caes. *b.c.* *C. Iuli Caesaris Commentarii belli civilis, in C. Iuli Caesaris Commentarii, II, ed. A. Klotz, Lipsiae 1950[2].

C. Iuli Caesaris Commentariorum pars posterior qua continentur, Libri III de bello civili cum libris incertorum auctorum de bello Alexandrino Africo Hispaniensi, éd. R. Du Pontet, Oxonii 1901.

Caes. *Gall.* C. Iuli Caesaris Commentarii belli Gallici, ed. O. Seel, Lipsiae 1961.

Cato *orig.*	M. Porcius Cato, Origines, in Historicorum Romanorum reliquiae, ed. H. Peter, Lipsiae 1914[2].
Cic. *Att.*	M. Tullius Cicero, Epistulae ad Atticum, in Cicéron, *Correspondance*, I-XI, Paris 1962-2002 (dal vol. I al III ed. L.-A. Constans; vol. IV éds. L.-A. Constans, J. Bayet; vol. V éd. J. Bayet; dal vol. VI al vol. XI éd. J. Beaujeu).
Cic. *Balb.*	Cicéron, *Discours*, t. XV: *Pour Caelius. Sur les provinces consulaires. Pour Balbus*, éd. J. Cousin, Paris 1962.
Cic. *div. in Caec.*	M. Tulli Ciceronis orationes, III: Divinatio in Q. Caecilium, In C. Verrem, ed. W. Peterson, Oxonii 1917.
Cic. *Fam.*	M. Tullius Cicero, Epistulae ad familiares, in Cicéron, *Correspondance*, I-XI, Paris 1962-2002 (dal vol. I al III ed. L.-A. Constans; vol. IV éds. L.-A. Constans, J. Bayet; vol. V éd. J. Bayet; dal vol. VI al vol. XI éd. J. Beaujeu).
Cic. *Flacc.*	M. Tulli Ciceronis scripta quae manserunt omnia, ed. L. Fruechtel, Lipsiae 1932.
Cic. *Font.*	M. Tulli Ciceronis scripta quae manserunt omnia, ed. F. Schoell, Lipsiae 1923.
Cic. *leg.*	M. Tulli Ciceronis scripta quae manserunt omnia, ed. C.F.W. Müller, Lipsiae 1905.
Cic. *Manil.*	Cicéron, *Discours*, t. VII: *Pour M. Fonteius – Pour A. Cécina – Sur les pouvoirs de Pompée*, éd. A. Boulanger, Paris 1929.
Cic. *Pis.*	*M. Tullius Cicero, In Pisonem, in M. Tulli Ciceronis Orationes, IV, ed. A.C. Clark, Oxonii 1909. Cicero, In L. Calpurnium Pisonem oratio, ed. R.G.M. Nisbet, Oxford 1961.
Cic. *prov.*	M. Tulli Ciceronis scripta quae manserunt omnia, ed. A. Klotz, Lipsiae 1919.
Cic. *Verr.*	M. Tulli Ciceronis orationes, vol. III: Divinatio in Q. Caecilium, In C. Verrem, ed. W. Peterson, Oxonii 1917.
Colum.	L. Iuni Moderati Columellae Opera quae exstant, edd. V. Lundström, Å. Josephson, S. Hedberg, Uppsala 1902-1968.
Curt.	Curtius Rufus, Historiae Alexandri Magni, ed. E. Hedicke, Lipsiae 1908.
Dio	Cassii Dionis Cocceiani Historiarum romanarum quae supersunt, I-III, ed. U.P. Boissevain, Berlin 1895-1901.
Diod.	Diodore de Sicile, *Bibliothèque historique. Fragments*, t. IX: l. XIV, éds. E.R. Bennett, M. Bonnet, Paris 1997.
Dion. Halic.	Dionysii Halicarnasei Antiquitatum romanarum quae supersunt, I-IV, ed. C. Jacoby, Lipsiae 1885-1905. Dionysi Halicarnasensis Antiquitatum romanarum quae supersunt, I-IV, ed. A. Kiessling, Lipsiae 1860-1870.
Eutr.	Eutropius, Breviarium ab urbe condita, ed. C. Santini, Lipsiae 1979.
Fest.	Sexti Pompei Festi De verborum significatu quae supersunt cum Pauli Epitome, ed. W.M. Lindsay, Lipsiae 1913.

Flor. *epit.* — L. Annaei Flori Quae exstant, ed. E. Malcovati, Roma 1938.

Frontin. *grom.* — *Les arpenteurs romains*. Hygin le Gromatique – Frontin, éd. J.-Y. Guillaumin, Paris 2005.

Fulg. *myth.* — Fabii Planciadis Fulgentii opera, ed. R. Helm, Lipsiae 1898.

Gell. — A. Gelli Noctes Atticae, I-II, ed. K. Marshall, Oxonii 1968.

Gran. Lic. — Grani Liciniani Reliquiae, ed. N. Criniti, Lipsiae 1981.

Heges. — Hegesippi qui dicitur Historiae libri V, ed. V. Ussani, Vindobonae Lipsiae 1932.

Hier. *in Matth.* — Saint Jérôme, *Commentaire sur saint Matthieu*, I-II, éd. É. Bonnard, Paris 1977-1979.

Hier. *in Dan.* — Hieronymus, Commentariorum in Danielem libri III, ed. F. Glorie, CC SL 75/A, Turnhout 1964.

Hil. *psalm. instr.* — S. Hilarii Episcopi Pictaviensis, Tractatus super Psalmos. In psalmum CXVIII, cura et studio J. Doignon (iuvamen praestante R. Demeulenaere), CC SL 61/A, Turnhout 2002.

Hist. Aug. *Hadr.* — Histoire Auguste, t. I, 1: *Introduction générale. Vies d'Hadrien, Aelius, Antonin*, éds. J.-P. Callu, A. Gaden, O. Desbordes, Paris 1992.

Hist. Aug. *Sept. Sev.* — Historia Augusta, *Septimius Severus, in Scriptores Historiae Augustae*, I, edd. E. Hohl, 1965².

Hyg. *grom.* — *Les arpenteurs romains*. Hygin le Gromatique – Frontin, éd. J.-Y. Guillaumin, Paris 2005.

Isid. *orig.* — Isidori Hispalensis episcopi, Etymologiarum sive Originum libri XX, ed. W.M. Lindsay, Oxonii 1911.

Iustin. — Marcus Iunianus Iustinus, Epitoma historiarum Philippicarum Pompei Trogi, ed. O. Seel, Lipsiae 1985.

Lc. — Evangelium secundum Lucam, in *The Greek New Testament*, edd. K. Aland, M. Black, C.M. Martini, B.M. Metzger, A. Wikgren, Stutgardiae 1968.

Leo M. *serm.* — Sancti Leonis Magni Romani pontifici tractatus septem et nonaginta, CC SL 138A, Turnhout 1973.

Liv. — Tite-Live, *Histoire romaine*, livres I-XXXV, éds. J. Bayet *et al.*, Paris 1940-2004.
*Titi Livi Ab urbe condita, I-IV, edd. M. Hertz, W. Weissenborn, M. Müller, W. Heraeus, Lipsiae 1857-1908.

Lyd. *mag.* — Jean le Lydien, *Des magistratures de l'État romain*, I-III, éds. M. Dubuisson, J. Schamp, Paris 2006.

Mart. Cap. — Martianus Capella, *Les noces de Philologie et de Mercure*. Livre VI: *la géométrie*, éd. M. Ferré, Paris 2007.

Mc. — Evangelium secundum Marcum, in *The Greek New Testament*, edd. K. Aland, M. Black, C.M. Martini, B.M. Metzger, A. Wikgren, Stutgardiae 1968.

Men. *fr.* — Comicorum Atticorum fragmenta, ed. T. Koch, I-III, Lipsiae 1888.

Mt.	Evangelium secundum Matthaeum, in *The Greek New Testament*, edd. K. Aland, M. Black, C.M. Martini, B.M. Metzger, A. Wikgren, Stutgardiae 1968.
Oros.	Orosio, *Le storie contro i pagani*, I-II, a cura di A. Lippold, Milano 2001[4].
Paul. Nol. *epist.*	Sancti Pontii Meropii Paulini Nolani *Epistulae*, ed. G. de Hartel, CSEL 29, Pragae Vindobonae Lipsiae 1894.
Paus.	Pausanias, *Description de la Grèce*, Livre VIII: *L'Arcadie*, ed. M. Casevitz, Paris 1998.
Petr. Chrys.	Sancti Petri Chrysologi Collectio sermonum, ed. A. Olivar, Mediolani Romae 1996.
Petron.	Petronii Arbitri Satyricon reliquiae, ed. K. Müller, Stutgardiae et Lipsiae 1995.
Plaut. *Bacch.*	Titus Maccius Plautus, Bacchides, in Plauti Comoediae, I-II, edd. G. Goetz, F. Schoell, Lipsiae 1904.
Plaut. *Most.*	Titus Maccius Plautus, Mostellaria, in Plauti Comoediae, I-II, edd. G. Goetz, F. Schoell, Lipsiae 1927.
Plin. *nat.*	Pline l'Ancien, *Histoire naturelle*: Livre III, éd. H. Zehnacker, Paris 2004[2]; Livre IV, éds. A. Silberman, H. Zehnacker, Paris 2015; Livre V, 1ère partie, éd. J. Desanges, Paris 2003; C. Plini Secundi, Naturalis Historiae libri XXXVII, I-V, ed. C. Mayhoff, 1892-1909[2].
Plut. *Caes.*	Plutarque, *Vies*, t. IX: *Alexandre-César*, éds. É. Chambry, R. Flacelière, Paris 1975.
Pol.	*Polybii Historiae, I-IV, ed. T. Büttner-Wobst, Lipsiae 1889-1905.
Ps. Agenn. *grom.*	Gromatici veteres, I, ed. C. Lachmann, Berolini 1848. *Corpus agrimensorum Romanorum, I: Opuscola agrimensorum veterum, ed. C. Thulin, Lipsiae 1913.
Ps. Aur. Vict. *epit.*	Ps. Aurelius Victor, Epitome, in Sextus Aurelius Victor, De Caesaribus, ed. F. Pichlmayr, Lipsiae 1961.
Rufin. *hist.*	Eusebius Werke, Zweiter Band: *Die Kirchengeschichte. Die Lateinische Übersetzung des Rufinus*, Hg. Th. Mommsen, Leipzig 1903-1909.
Rufin. *Orig. in Iesu Naue hom.*	*Origenes Werke*, VII, Hg. W.A. Baehrens, Leipzig 1921.
Sall. *epist. Pomp.*	C. Sallustius Crispus, Ex historiis fr. II, 98: Epistula Cn. Pompei ad senatum, in C. Sallustius Crispus, Catilina, Iugurtha, Fragmenta ampliora, ed. A. Kurfess, Lipsiae 1964.
Sall. *Iug.*	C. Sallustius Crispus, Bellum Iugurthinum, in C. Sallustius Crispus, Catilina, Iugurtha, Fragmenta ampliora, ed. A. Kurfess, Lipsiae 1964.
Sall. *or. Cottae*	C. Sallustius Crispus, Ex historiis fr. II, 47: Oratio C. Cottae ad populum Romanum, in C. Sallustius Crispus, Catilina, Iugurtha, Fragmenta ampliora, ed. A. Kurfess, Lipsiae 1964.

Salv. *gub.*	Salvien de Marseille, *Oeuvres*, II: *Du gouvernement de Dieu*, éd. G. Lagarrigue, Paris 1975.
Serv. *Aen.*	Maurus Servius Honoratus, In Vergilii Aeneidos Libros, in Servi Grammatici qui feruntur In Vergilii carmina commentarii, I-II, edd. G. Thilo, H. Hagen, 1878-1887.
Sulp. Sev. *chron.*	Sulpice Sévère, *Chroniques*, Paris 1999.
Str.	Strabon, *Géographie*. Livre VIII, tome V, ed. R. Baladié, Paris 1978.
Suet. *Aug.*	C. Suetonius Tranquillus, Divus Augustus, in Suétone, *Vies des douze Césars*, I, éd. H. Ailloud, Paris 1967[4].
Suet. *Iul.*	C. Suetonius Tranquillus, Divus Iulius, in Suétone, *Vies des douze Césars*, I, éd. H. Ailloud, Paris 1967[4].
Suet. *Vesp.*	C. Suetonius Tranquillus, Divus Vespasianus, in Suétone, *Vies des douze Césars*, III, éd. H. Ailloud, Paris 1964[3].
Tac. *ann.*	Cornelius Tacitus, Annales ab excessu divi Augusti, t. I, ed. H. Heubner, Stuttgart 1983.
Tac. *hist.*	Cornelius Tacitus, Historiae, t. II, ed. H. Heubner, Stuttgart 1978.
Tert. *apol.*	Quintus Septimius Florens Tertullianus, Apologeticum, ed. E. Dekkers, CC SL 1, Turnhout 1954.
Tert. *fug.*	Quintus Septimius Florens Tertullianus, De fuga in persecutione, ed. J.J. Thierry, CC SL 2, Turnhout 1954.
Tert. *nat.*	Quintus Septimius Florens Tertullianus, Ad nationes, ed. J.W.Ph. Borleffs, CC SL 1, Turnhout 1954.
Val. Max.	Valerii Maximi Factorum et dictorum memorabilium libri novem cum Iulii Paridis et Ianuarii Nepotiani Epitomis, ed. C. Kempf, 1888.
Varro *v. pop.rom.*	M. Terenti Varronis De vita populi Romani: *fonti, esegesi, edizione critica dei frammenti*, ed. B. Riposati, Milano 1972[2].
Varro. *ling.*	M. Terenti Varronis De linguae latinae quae supersunt, ed. G. Goetz, F. Schoell, Lipsiae 1910.
Vell.	*Velleius Paterculus, *Histoire romaine*, ed. J. Hellegouarc'h, I-II, Paris 1982.
	Velleius Paterculus, *Compendium of Roman history*, ed. F.W. Shipley, London 1924.
Vict. Vit.	*Histoire de la persécution vandale en Afrique. La passion des sept martyrs. Registre des provinces et des cités d'Afrique*, éd. S. Lancel, Paris 2002.
Zonar.	Ioannis Zonarae Epitome historiarum, I-III, ed. L. Dindorf, Lipsiae 1868-1870.

Fonti epigrafiche

AÉ	«Année Épigraphique», 1888-
CIL	Corpus Inscriptionum Latinarum, Berolini 1863-

IAM	*Inscriptions antiques du Maroc*, II: *Inscriptions latines*, éds. M. Euzennat, J. Marion, Paris 1982.
I.Didyma	A. Rehm, *Didyma*, II: *Die Inschriften*, Hg. von R. Harder, Berlin 1958.
IGLSyr	*Inscriptions grecques et latines de la Syrie*, Paris 1929-
ILAfr	*Inscriptions latines d'Afrique (Tripolitaine, Tunisie, Maroc)*, ed. R. Cagnat, L. Chatelain, A. Merlin, Paris 1923.
ILLRP	Inscriptiones latinae liberae rei publicae, I-II, a cura di A. Degrassi, Firenze 1957-1963.
ILM	*Inscriptions latines du Maroc*, éd. L. Chatelain, Paris 1942.
ILPBardo	*Catalogue des inscriptions latines paiennes du Musée du Bardo*. Recherches d'archéologie africaine publiées par l'Institut National d'archéologie et d'art de Tunis, éds. B. Abdallah, Z. Benzina, Rome 1986.
ILS	Inscriptiones latinae selectae, ed. H. Dessau, Berlin 1892-1916.
ILTun	*Inscriptions latines de la Tunisie*, éd. A. Merlin, Paris 1944.
Inschr. Ephesus	*Die Inschriften von Ephesos*, Teil 1a, Hg. H. Wankel, Bonn 1979.
OGI	Orientis Graeci inscriptiones, ed. W. Dittenberg, I-II, 1903-1905.
TitAq.	Tituli Aquincenses, edd. P. Kovács, Á. Szabó, Budapest 2009-

Fonti giuridiche

CI.	Codex Iustinianus, in Corpus iuris civilis, II, ed. P. Krüger, Berlin 1963^{13}.
CTh.	Codex Theodosianus, edd. Th. Mommsen, P. Krüger, Berlin 1962^{3}.
D.	Digesta, in Corpus iuris civilis, I, edd. Th. Mommsen, Paul Krüger, Berlin 1963^{17}.
FIRA	Fontes Iuris Romani Antejustiniani, I-III, edd. S. Riccobono, J. Baviera, J. Furlani, V. Arangio-Ruiz, Firenze 1941-1964^{2}.
Frg. Vat.	Fragmenta Vaticana, in *FIRA*, II, edd. J. Baviera, J. Furlani, Firenze 1964^{2}.
Gai inst.	Gaius, Institutiones, in *FIRA*, II, edd. J. Baviera, J. Furlani, Firenze 1964^{2}.
I.	Institutiones, in Corpus iuris civilis, I, ed. P. Krüger, Berlin 1963^{13}.

Abbreviazioni e sigle

ANRW	*Aufstieg und Niedergang der römischen Welt*, Berlin-New York 1972-
DAGR	C. Daremberg, E. Saglio, *Dictionnaire des antiquités grecques et romaines*, Paris 1877-1919.
ED	*Enciclopedia del diritto*, dir. F. Calasso, Milano 1953-
ESAR	*An economic survey of ancient Rome*, ed. T. Frank, Baltimore 1933-1940.
ND	*Novissimo Digesto*, I-XX, dir. A. Azara, E. Eula, Torino 1957-1971.
OLD	*Oxford Latin dictionary*, ed. P.G.W. Glare, Oxford 1982.
PIR	*Prosopographia Imperii Romani*, saec. I, II, III, Berolini-Lipsiae 1933²-
RE	*Paulys Realencyclopädie der classischen Altertumswissenschaft*. Neue Bearbeitung begonnen von Georg Wissowa, Stuttgart 1893-1972.

Bibliografia

AA.VV., 1974, Atti del Convegno Internazionale sul tema: *I diritti locali nelle province romane con particolare riguardo alle condizioni giuridiche del suolo* (Roma, 26-28 ottobre 1971), Roma.

AA.VV., 2005, Corpus Agrimensorum Romanorum VI: Agennius Urbicus, *Controverses sur les terres*, texte traduit par O. Behrends, M. Clavel-Lévêque, D. Conso, A. Gonzales, J.-Y. Guillaumin, J. Peyras, S. Ratti, Luxembourg.

Accame S., 1946, *Il dominio romano in Grecia dalla guerra acaica ad Augusto*, Roma.

Adams J.N., 2007, *The regional diversification of Latin 200 BC-AD 600*, Cambridge.

Aguilar Guillén M.ª A., Ñaco del Hoyo T., 1997, *Fiscalidad romana y la aparición de la moneda ibérica. Apuntes para una discusión*, II. *195-171 a.C.: algunos textos polémicos*, «Habis», 28, 71-86.

Aguilar Guillén M.ª A., Ñaco del Hoyo T., 1995, *Fiscalidad romana y la aparición de la moneda ibérica: apuntes para una discusión.* 1, *Período protoprovincial* (206-195 a.C.), in María Paz García-Bellido (a cura di), *La moneda hispánica: ciudad y territorio.* Actas del I Encuentro Peninsular de numismática antigua, Madrid, 281-288.

Albertario E., 1933, *La possession romaine*, «Tijdschrift voor Rechtsgeschiedenis – Revue d'histoire du droit – Legal history Review», 13/1, 1-28.

Alföldi G., 1975, *Römische Sozialgeschichte*, Wiesbaden.

Amelotti M., 1953, *La* donatio mortis causa *in diritto romano*, Milano.

Amelotti M., 1958, *La prescrizione delle azioni in diritto romano*, Milano.

Andreau J., Chankowski V. (éds.), 2007, *Vocabulaire et expression de l'économie dans le monde antique*, Bordeaux.

Andreotti R., 1964, *Tradizione ed astrattismo nell'imperatore Giuliano*, in *Synteleia Vincenzo Arangio-Ruiz*, Napoli, 849-859.

Andreu Pintado J., 2005, Edictum, municipium *y* lex: *la provincia Lusitania en época flavia (69-96 d.C.)*, «Conimbriga», 44, 69-145.

Aounallah S., 2010, Pagus, castellum et civitas. *Étude d'épigraphie et d'histoire sur le village et la cité en Afrique romaine*, Bordeaux.

Archi G.G., 1981 (1964), *Donazione*, in *Scritti di diritto romano*, II: *Studi di diritto privato*, Milano 1981, 973-1026 (già in *ED*, XIII, 1964, 930-955).

Arnaud P., 2007-8, *Texte et carte de Marcus Agrippa: historiographie et données textuelles*, «Geographia antiqua», 16-17, 73-126.

Arnold W.T., 1914³, *The Roman system of administration to the accession of Constantine the Great*, Oxford.

Baccini Leotardi P., 2004, in AA.VV., Lexicon topographicum urbis Romae – Suburbium, II (C-F), Roma.

Barthel W., 1904, *Zur Geschichte der römischen Städte in Africa*, Greifswald.

Badian E., 1984, *Foreign clientelae (264-70 B.C.)*, Amsterdam.

Bats M., 2007, *Droit latin,* adtributio *et* contributio: *Strabon, Pline, Nîmes et les Volques Arécomiques*, «MEFRA», 119, 1, 51-62.

Bauman R.A., 1974, Impietas in principem. *A study of treason against the Roman emperor with special reference to the first century A.D.*, München.

Beck H., Jehne M., Serrati J. (eds.), 2016, *Money and power in the Roman Republic*, Bruxelles.

Behrends O., 1992, *Bodenhoheit und privates Bodeneigentum in Grenzwesen Roms*, in O. Behrends, L. Capogrossi Colognesi (Hg.), *Die römische Feldmesskunst: interdisziplinäre Beiträge zu ihrer Bedeutung für die Zivilisationsgeschichte Roms*, Göttingen, 192-284.

Beloch J., 1886, *Die Bevölkerung der griechisch-römischen Welt*, Leipzig.

Beloch G., 1909, *La popolazione del mondo greco-romano* (Biblioteca di storia economica IV), Milano.

Bernhardt R., 1980, *Die* immunitas *der Freistädte*, «Historia», 29/2, 190-207.

Bernhardt R., 1982, *Immunität und Abgabenpflichtigkeit bei römischen Kolonien und Munizipien in den Provinzen*, «Historia», 31/3, 343-352.

Bernhardt R., 1999, *Entstehung,* immunitas *und* munera *der Freistädte. Ein kritischer Überblick*, «MedAnt», 2, 2, 1999, pp. 49-68.

Bertrand J.-M., 1991, T*erritoire donné, territoire attribué: note sur la pratique de l'attribution dans le monde impérial de Rome*, «CCG», 2, 125-164.

Besson A., 2020, Constitutio Antoniniana: *l'universalisation de la citoyenneté romaine au 3e siècle*, Basel-Berlin.

Best J.G., Isaac B.H., 1977, *The Helvetians: from* foederati *to* stipendiarii: *Cicero's* Pro Balbo *and the legal status of the Helvetians*, «ΤΑΛΑΝΤΑ», 8-9, 11-32.

Bikerman E., 1937, *Notes sur Polybe*, «REG» 50, 217-239.

Bleckmann B., 2016, *Roman war finances in the age of the Punic wars*, in Beck, Jehne, Serrati 2016, 82-96.

Bleicken J., 1974, In provinciali solo dominium populi Romani est vel Caesaris. *Zur Kolonisationspolitik der ausgehenden Republik und frühen Kaiserzeit*, «Chiron», 4, 359-414.

Bolchazy L.J., 1977, *Hospitality in early Rome. Livy's concept of its humanizing force*, Chicago.

Bonfante P., 1918, *Scritti giuridici vari*, II: *Proprietà e servitù*, Torino.

Boren H.C., 1983, *Studies relating to the* stipendium militum, «Historia», 32, 427-460.

Bozza F., 1942, *Gaio II, 7 e la proprietà provinciale*, «Athenaeum», 20, 66-85.

Braund D., 1984, *Rome and the friendly king. The character of the client kingship*, London-Canberra-New York.

Bravo Bosch M.J., 2009, *Vespasiano y la concesión del* ius Latii *a Hispania*, in C. Russo Ruggeri (a cura di), *Studi in onore di Antonino Metro*, t. I, Milano, 141-162.

Bretone M., 1962, *La nozione romana di usufrutto*, I: *Dalle origini a Diocleziano*, Napoli.

Briand-Ponsart C., 2009, *Le statut des communautés en Afrique Proconsulaire aux Ier et IIe siècles*, «Pallas», 68, 93-116.

Briscoe J., 1973, *A commentary on Livy. Books XXXI-XXXIII*, Oxford.

Brockmeyer N., 1968, *Arbeitsorganisation und ökonomisches Denken in der Gutswirtschaft des römischen Reiches*, Bochum.

Broughton T.R.S., 1929, *The romanization of Africa Proconsularis*, London.

Broughton T.R.S., 1938, *Roman Asia*, in *ESAR*, IV, Baltimore, 499-918.

Brugi B., 1897, *Le dottrine giuridiche degli agrimensori romani comparate a quelle del* Digesto, Verona-Padova.

Brunt P.A., 1950, *Pay and superannuation in the Roman army*, «PBSR», 18, 50-71.

Brunt P.A., 1974, *Addendum II* a Jones 1974, 180-183.

Brunt P.A., 1981, *The revenues of Rome*, «JRS», 71, 161-172 (poi in Id., *Roman imperial themes*, Oxford 1990, 324-346).

Bryen A.Z., 2016, *Reading the citizenship papyrus (*P.Giss. *40)*, in Ando C. (ed.), *Citizenship and empire in Europe 200-1900: the Antonine Constitution after 1800 years*, Stuttgart, 29-43.

Bullo S., 2002, Provincia Africa. *Le città e il territorio dalla caduta di Cartagine a Nerone*, Roma.

Buraselis K., 1996, Vix aerarium sufficeret. *Roman finances and the outbreak of the second Macedonian war*, «GRBS», 37, 149-172.

Cadiou F., 2008, Hibera in terra miles, Madrid (consultato online il 29/8/20: https://books.openedition.org/cvz/562).

Cagnat R., 1911, s.v. *Stipendium*, in *DAGR*, IV, 2, Paris, 1512-1515.

Caiazza D., 1970, *Quae Romanis cum sociis Italicis rationes fuerint quibusque de causis bellum, quod sociale vocatur, exarserit*, «A&R», 15, 25-28.

Cannata C.A., 1962, Possessio possessor possidere *nelle fonti giuridiche del basso impero romano. Contributo allo studio del sistema dei rapporti reali nell'epoca postclassica*, Milano.

Canto A.M., 1996, Oppida stipendiaria: *los municipios flavios en la descripción de* Hispania *de Plinio*, «CPAM», 23, 212-243.

Capalvo Liesa A., 1986, *El lexico pliniano sobre Hispania. Etnonimía y designación de asentamientos urbanos*, «Caesaraugusta», 63, 49-67.

Capogrossi Colognesi L., 1969, *La struttura della proprietà e la formazione dei* iura praediorum *nell'età repubblicana*, Milano.

Carcopino J., 1914, *La loi de Hiéron et les Romains*, Paris.

Carlsen J., 2006, *The rise and fall of a Roman noble family: the Domitii Ahenobarbi 196 BC-AD 68*, Odense.

Carrié J.-M., 2005, *Developments in provincial and local administration*, in A.K. Bowman, P. Garnsey, A. Cameron (eds.), *The Cambridge Ancient History*, 12: *The crisis of Empire, A.D. 193-337*, Cambridge, 269-312.

Casavola F., 1960, *Lex Cincia. Contributo alla storia delle origini della donazione romana*, Napoli.

Cerami P., 1997, *Aspetti e problemi di diritto finanziario romano*, Torino.

Cerati A., 1975, *Caractère annonaire et assiette de l'impôt foncier au Bas-Empire*, Paris.

Chastagnol A., 1987, *À propos du droit latin provincial*, «Iura», 38, 1987, 1-24.

Chemain F., 2016, *L'économie romaine en Italie à l'époque républicaine*, Paris.

Chorus J.M.J., 2014, *Unmöglichkeit der auflösend befristeten* traditio*?* Fragmenta Vaticana *283 und* Scholion *1* ad Basilica *16.1.4 revisited*, «Fundamina», 20/1, 163-174.

Chouquer G., Favory F., 2001, *L'arpentage romain. Histoire des textes – droit – techniques*, avec la collaboration d'A. Roth Congès, Paris.

Chouquer G., 2016, *Les catégories du droit agraire à la fin du IIe s. av. J.-C. (*sententia Minuciorum *de 117 av. J.-C. et* lex agraria *de 111 av. J.-C.)*, Paris.

Christol M., 1994, *Pline l'Ancien et la* formula *de la province de Narbonnaise*, in *La mémoire perdue. À la recherche des archives oubliées, puliques et privées, de la Rome antique*, Paris, 45-63.

Ciapessoni P., 1930, *Sul senatoconsulto neroniano*, in *Studi in onore di Pietro Bonfante nel XL anno d'insegnamento*, III, Milano, 649-727.

Cimma M.R., 1976, Reges socii et amici populi Romani, Milano.

Clerici L., 1943, *Economia e finanza dei Romani. Dalle origini alla fine delle guerre sannitiche*, Bologna.

Coffee N., 2017, *Gift and gain. How money transformed ancient Rome*, Oxford.

Coli U., 1966, *Recensione* a F. De Martino, *Storia della costituzione romana*, IV, parte 2a, Napoli 1965, «IVRA», 17, 328-338.

Corbier M., 1988, *L'impôt dans l'Empire romain: résistances et refus (Ier-IIIe siècles)*, in T. Yuge, M. Doi (eds.), *Forms of control and subordination in Antiquity*, Leiden-New York-København-Köln, 259-274.

Corbier M., 1990, *De la razzia au butin. Du tribut à l'impôt. Aux origines de la fiscalité: prélèvements tributaires et naissance de l'État*, in J.-P. Genet (éd.), *L'État moderne: genèse, bilans et perspectives*, Paris, 95-107.

Corbier M., 2005, *Coinage and taxation: the state point of view*, A.D. 193-337, in A.K. Bowman, P. Garnsey, A. Cameron (eds.), *Cambridge Ancient History*, second edition, 12, Cambridge, 327-392.

Corbo C., 2008, Constitutio Antoniniana. Ius philosophia religio, Napoli.

Cornioley P., 1983, Ius *et* lex: *leurs rapports*, in *Studi in onore di Arnaldo Biscardi*, IV, Milano, 31-58.

Crawford M.H., 1985, *Coinage and money under the Roman Republic. Italy and the Mediterranean economy*, Berkeley-Los Angeles.

Crawford M.H. (ed.), 1996, *Roman statutes*, I, London.

Cresci Marrone G., 1993, *Ecumene augustea. Una politica per il consenso*, Roma.

Cristofori A., 1995, *L'Africa* arx omnium provinciarum *in età tardorepubblicana*, in Simblos. *Scritti di storia antica*, Bologna, 75-128.

Croke B., 1976, *Arbogast and the death of Valentinian II*, «Historia», 25, 237-244.

Cuneo O., 2008, *La tematica della premorienza del donatario nel diritto romano*, in *Studi in onore di Remo Martini*, I, 795-814.

Cuntz O., 1888, *De Augusto Plinii geographicorum auctore*, Bonn.

Cuntz O., 1926, *Zum Briefwechsel des Plinius mit Traian*, «Hermes», 61, 192-207.

D'Ors A., 1986, *La ley Flavia municipal (texto y comentario)*, Romae.

De Filippi M., 2012[3], Fragmenta Vaticana. *Storia di un testo normativo*, Bari.

De Ligt L., 1998-1999, *Studies in legal and agrarian history I: the inscription from Henchir-Mettich and the Lex Manciana*, «Ancient Society», 29, 219-239.

De Ligt L., 2001, *Studies in legal and agrarian history IV: Roman Africa in 111 B.C.*, «Mnemosyne», 54/2, 182-217.

De Martino F., 1965, *Storia della costituzione romana*, IV, Napoli.

De Martino F., 1973[2], *Storia della costituzione romana*, II, Napoli.

De Salvo L., 1979, *Un passo di Agennio Urbico su talune condizioni di* agri colonici *in ambito provinciale romano*, «RIL», 113, 3-13.

DESANGES J., 1972, *Le statut des municipes d'après les données africaines*, «RDH», 50, 353-373.

DESANGES J., 1991, *L'Afrique romaine et libyco-berbère,* in C. Nicolet (éd.), *Rome et la conquête du monde méditerranéen: 264-27 avant J.-C.*, II: *Genèse d'un empire*, Paris, 627-656.

DESANGES J. (éd.), 2003² (1ère édition 1980), Pline l'Ancien, *Histoire naturelle*, V, 1: *L'Afrique du Nord*, Paris.

DETLEFSEN D., 1886, *Vermuthungen über Varros Schrift* De ora maritima (*Untersuchungen zu den geographischen Büchern des Plinius. 2*), «Hermes» 21, 240-265.

DETLEFSEN D., 1901, *Die Beschreibung Italiens in der* Naturalis Historia *des Plinius und ihre Quellen*, Leipzig.

DETLEFSEN D., 1908, *Die Geographie Afrikas bei Plinius und Mela und ihre Quellen. Die formulae provinciarum eine Hauptquelle des Plinius*, Berlin.

DÍAZ ARIÑO B., 2012, *Las tábulas de hospitalidad y patronato del Norte de África*, «*Mélanges de l'École française de Rome – Antiquité*», 124, 1, 205-239.

DONATI A., 1967, *Epigrafia cortonese. Testi greci e romani*, Cortona.

DOWNEY G., 1939-40, *The political status of Roman Antioch*, «Berytus», 6, 1-6.

DOWNEY G., 1961, *A history of Antioch in Syria from Seleucus to the Arab conquest*, Princeton N.J.

DUNCAN-JONES R., 1990, *Structure and scale in the Roman economy*, Cambridge.

DUPONT C., 1963, *La réglementation économique dans les Constitutions de Constantin*, Lille.

ECK W., 1998, *Der Kaiser, die Führungsschichten und die Administration des Reiches (von Vespasian bis zum Ende der antoninischen Dynastie)*, in Id., *Die Verwaltung de römischen Reiches in der hohen Kaiserzeit. Ausgewählte und erweiterte Beiträge*, 2, Basel, 3-145.

EIBACH D., 1980 (Nachdruck), *Untersuchungen zum spätantiken Kolonat in der kaiserlichen Gesetzgebung unter besonderer Berücksichtigung der Terminologie*, Diss. Köln.

ENGERBEAUD M., 2017, *Rome devant la défaite (753-264 avant J.-C.)*, Paris.

ERDKAMP P., 1995, *The corn supply of the Roman armies during the third and second centuries B.C.*, «Historia», 44, 168-191.

ERDKAMP P., 1998, *Hunger and the sword. Warfare and food supply in Roman republican wars (264-30 B.C.)*, Amsterdam.

ESPINOSA ESPINOSA D., 2013, *La* Historia Natural *de Plinio el Viejo: un proyecto 'augusteo' de época Flavia*, in R.M.ª Cid López, E. García Fernández (eds.), Debita verba. *Estudios en homenaje al Profesor Julio Mangas Manjarrés*, I, Oviedo, 671-684.

ESPINOSA ESPINOSA D., 2018, *The question of the* oppida veteris Latii *in Pliny the Elder's* Naturalis historia, «CQ», 68/1, 232-245.

EVANS-GRUBBS J., 2007, *Marrying and its documentation in later Roman law*, in P.L. Reynolds, J. White (eds.), *To have and to hold. Marrying and its documentation in Western Christendom* (400-1600), 43-94.

FERRARY J.-L., 2014², *Philhellénisme et impérialisme. Aspects idéologiques de la conquête romaine du monde hellénistique*, Roma.

FINKENAUER T., 2010, *Vererblichkeit und Drittwirkungen der Stipulation im klassischen römischen Recht*, Tübingen.

FINLEY M.I., 2001⁶ (1968). *Storia della Sicilia antica*, trad. it., Roma-Bari.

FISCHER F., 1985, *Caesar und die Helvetier. Neue Überlegungen zu einem alten Thema*, «BJ», 185, 1-26.

FLACH D., 1978, *Inschriftenuntersuchungen zum römischen Kolonat in Nordafrika*, «Chiron», 8, 441-492.

FLACH D., 1982, *Die Pachtbedingungen der Kolonen und die Verwaltung der kaiserlichen Güter in Nordafrika*, in *ANRW*, II 10, 2, 427-473.

FLACH D., 1990, *Römische Agrargeschichte*, München.

FLORIANI SQUARCIAPINO M., GISMONDI I., BARBIERI G., BLOCH H., CALZA R. (a cura di), 1958, *Scavi di Ostia*. III: *Le Necropoli*, 1. *Le tombe di età repubblicana e augustea*, Roma.

FRANCE J., 2001a, Quadragesima Galliarum. *L'organisation douanière des provinces alpestres, gauloises et germaniques de l'Empire romain*, Rome.

FRANCE J., 2001b, *Remarques sur les* tributa *dans les provinces nord-occidentales du Haut Empire romain (Bretagne, Gaules, Germanies)*, «Latomus», 60, 359-379.

FRANCE J., 2003, *Les rapports fiscaux entre les cités et le pouvoir impérial dans l'Empire romain: le rôle des assemblées provinciales (à propos d'une dédicace de Tarragone,* CIL, *II, 4248)*, «CCG», 14, 209-225.

FRANCE J., 2005, *La mise en place de l'impôt provincial sous le règne d'Auguste en Aquitaine et dans le nord de l'Hispanie: un bilan*, in P. Sillières (éd.), *L'Aquitaine et l'Hispanie septentrionale à l'époque julio-claudienne. Organisation et exploitation des espaces provinciaux*, 13e supplément d'*Aquitania*, 65-93.

FRANCE J., 2006, Tributum *et* stipendium. *La politique fiscale de l'empereur romain*, «RD», 84, 1-16.

FRANCE J., 2007a, *Deux questions sur la fiscalité provinciale d'après Cicéron* Verr. *3.12*, dans J. Dubouloz et S. Pittia (dir.), *La Sicile de Cicéron. Lectures des Verrines*, Besançon, 169-184.

FRANCE J., 2007b, *Les catégories du vocabulaire de la fiscalité dans le monde romain*, in ANDREAU, CHANKOWSKI 2007, 333-365.

FRANK T., 1926a, *The inscriptions of the imperial domains of Africa*, «AJPh», 47, 1, 55-73.

FRANK T., 1926b, *A commentary on the inscription from Henchir Mettich in Africa*, «AJPh», 47, 2, 153-170.

FRANK T., 1933, *Rome and Italy of the Republic*, in *ESAR*, I, Baltimore.

FREIS H. (Hg.), 1984, *Historische Inschriften zur römischen Kaiserzeit von Augustus bis Konstantin*, Darmstadt.

FRÉZOULS E., 1986, *La fiscalité provinciale de la République au Principat: continuité et rupture*, «Ktema», 11, 17-28.

FUHRMANN C., 2012, s.v. Ius Italicum, in *The Encyclopedia of Ancient History*, Horsham.

GABBA E., 1988 (1977), *Esercito e fiscalità a Roma in età repubblicana*, in ID., *Del buon uso della ricchezza. Saggi di storia economica e sociale del mondo antico*, Milano 1988, 163-177 (già in *Armées et fiscalité dans le monde antique*. Colloques nationaux du CNRS, Paris 1977, 13-33).

GAGLIARDI L., 2006, *Mobilità e integrazione delle persone nei centri cittadini romani. Aspetti giuridici*, I: *La classificazione degli* incolae, Milano.

GALLO F., 1958, *Studi sulla distinzione fra* res mancipi *e* res nec mancipi, Torino.

GARCÍA FERNÁNDEZ E., 2000, *Plinio y los* oppida stipendiaria: *a propósito de un artículo de Alicia Mª Canto*, «Gerión», 18, 571-591.

GARCÍA RIAZA E., 1999, *La financiación de los ejércitos en época romano-republicana*, in *III Curs d'Història monetaria d'Hispània. Moneda i exèrcits*, Barcelona, 39-58.

GARNSEY P.D.A., 1978, *Rome's African empire under the Principate*, in P.D.A. Garnsey, C.R. Whittaker (eds.), *Imperialism in the ancient world*, Cambridge, 223-254.

Garnsey P., 1983, *Grain for Rome*, in *Trade in ancient economy*, P. Garnsey, K. Hopkins, C.R. Whittaker (eds.), London, 118-130.

Garnsey P., 1997 (1988), *Carestia nel mondo antico. Risposte al rischio e alla crisi*, Firenze.

Garzetti A., 1996 (1947), *Appio Claudio Cieco nella storia politica del suo tempo*, in Id., *Scritti di storia repubblicana e augustea*, Roma 1996, 21-62 (= «Athenaeum», 25, 1947, 175-224).

Gascou J., 1971, Municipia civium Romanorum, «Latomus», 30, 133-141.

Gascou J., 1982, *Les pagi carthaginois*, in P.A. Fevrier et Ph. Leveau (éds.), *Villes et campagnes dans l'Empire romain*. Acte du Colloque organisé à Aix en Provence (16-17 mai 1980), Aix en Provence, 139-175.

Gatti C., 1970, *Riflessioni sull'istituzione dello* stipendium *per i legionari romani*, «Acme», 23, 131-135.

Gaudemet J., 1953, Testamenta ingrata et pietas Augusti. *Contribution à l'étude du sentiment impérial*, in *Studi in onore di V. Arangio-Ruiz nel XLV anno del suo insegnamento*, 3, Napoli, 115-137.

Gaudemet J., 1967, *Institutions de l'Antiquité*, Paris.

Gebbia C., 2003, *Cicerone e l'*utilitas provinciae Siciliae, «Kokalos», 45, 27-40.

Gelzer M., 1956, *Über die Arbeitsweise des Polybios*, Heidelberg.

Genovese M., 1993, *Condizioni delle* civitates *della Sicilia ed assetti amministrativo-contributivi delle altre province nella prospettazione ciceroniana delle Verrine*, «Iura», 44, 171-243.

Genovese M., 2011, Mortis causa capitur: *di una speciale categoria di acquisti patrimoniali*, Torino.

Giliberti G., 1996, «*Dominium Caesaris*», «Index», 24, 199-228.

Goffart W., 1974, Caput *and colonate. Towards a history of late Roman taxation*, Toronto.

Golosetti R., 2019, *The occurrence of* stips *from the Alps to the Mediterranean: interpreting the presence of coins in Roman period sanctuaries*, «Gallia», 76/2, 121-163.

Gonzales A., 2007, *Les agrimensores romains: acteurs et modélisateurs de la conquête*, in P. Rodriguez (éd.), *Pouvoir et territoire I (Antiquité-Moyen Âge)*. Actes du colloque organisé par le CERHI, Saint-Étienne, 47-56.

Gonzales A., 2015, *Du* praedium *au* fundus. *Proscriptions, expropriations et confiscations chez les Agrimensores romains: problèmes techniques et juridiques*, «MEFRA», 127/2, 1-25 (consultato online il 3 agosto 2020: http://journals.openedition.org/mefra/2946).

Gonzales J., 1984, Tabula Siarensis, Fortunales Siarenses et municipia civium Romanorum, «ZPE», 55, 55-100.

Gonzáles J., 1986, *Los* municipia civium Romanorum *y la* Lex Irnitana, «Habis», 17, 221-242.

Gonzáles J., 2012, *La* lex Flavia municipalis *y los* municipia Hispaniae, in *Vespasiano e l'impero dei Flavi*. Atti del convegno (Roma, 18-20 novembre 2009), Roma, 97-109.

Gonzáles Rodriguez M.ª C., 2017, *Grupos de población en la descripción de Plinio*, in P. Ciprés (ed.), *Plinio el Viejo y la construccion de Hispania Citerior*, Vitoria Gasteiz, 127-152.

González Román C., 1979, *Imperialismo, ejército y circulación de riqueza en la Península Ibérica durante el s. II a. de C.*, «MHA», 3, 81-96.

Gonzáles Román C., 1994, Ius Italicum *e* immunitas *en las colonias romanas de* Hispania, in J. Gonzáles (ed.), *Roma y las provincias. Realidad administrativa e ideología imperial*, Madrid, 131-146.

Goukowsky P. (ed.), 2001, Appien, *Histoire romaine*, t. IV, livre VIII: *Le livre africain*, texte établi et traduit par P. Goukowsky avec la collaboration de S. Lancel, Paris.

Grant M., 1949, *The decline and fall of city-coinage in Spain*, «NC», 9/1-2, 93-106.

Grebe, S. 1999, *Martianus Capella*, De nuptiis Philologiae et Mercurii. *Darstellung der Sieben Freien Künste und ihrer Beziehungen zueinander*, Stuttgart-Leipzig.

Grelle F., 1963, Stipendium vel tributum. *L'imposizione fondiaria nelle dottrine giuridiche del II e III secolo*, Napoli.

Grelle F., 1990, *L'appartenenza del suolo provinciale nell'analisi di Gaio, 2.7 e 2.21*, «Index», 18, 167-183.

Grelle F., 2005 (1996), *La signoria sul suolo provinciale nella Parafrasi di Teofilo*, «Labeo», 12, 1996, 209-218 (ora in Id., *Diritto e società nel mondo romano*, a cura di L. Fanizza, Roma 2005, 101-112).

Grosso G., 1958^2, *Usufrutto e figure affini nel diritto romano*, Torino.

Grosso G., 1969, *Le servitù prediali nel diritto romano*, Torino.

Grosso G., 1974, *La condizione del suolo provinciale negli schemi giuridici della giurisprudenza del Principato*, in AA.VV. 1974, 65-76.

Gruen E.S., 1984, *The Hellenistic world and the coming of Rome*, I, Berkeley-Los Angeles.

Guillaumin J.-Y., 2014, *L'étonnant renouvellement d'un texte gromatique sur les* alienigenae, «RELat», 14, 87-96.

Günther S., 2008, Vectigalia nervos esse rei publicae. *Die indirekten Steuern in der Römischen Kaiserzeit von Augustus bis Diokletian*, Wiesbaden.

Harmand L., 1957, *Le patronat sur les collectivités publiques des origines au Bas-Empire*, Paris.

Harmatta J., 1972, *Landed property in early Roman Pannonia*, «AAntHung», 20, 123-132.

Harris W.V., 1979, *War and imperialism in republican Rome (327-70 B.C.)*, Oxford.

Haywood R.M., 1938, *Roman Africa*, in *ESAR*, IV, Baltimore, 1-119.

Hennig D., 1975, L. Aelius Seianus. *Untersuchungen zur Regierung des Tiberius*, München.

Hermon E., 1996, *Forme de domination et formes d'administration provinciale dans l'empire romain républicain*, in E. Hermon (ed.), *Pouvoir et* imperium *(IIIe av. J.-C.-Ier ap. J.-C.)*. Actes du colloque tenu dans le cadre du Congrès de la Fédération Internationale des Études Classiques (F.I.E.C.) du 24 au 26 août, à l'Université Laval, Napoli, 7-27.

Hinrichs F.T., 1966, *Die* lex agraria *des Jahres 111 v. Chr.*, «ZRG-RA», 83, 252-307.

Hinrichs F.T., 1974, *Die Geschichte der gromatischen Institutionen*, Wiesbaden.

Hitchner R.B., 2000 (1997), s.v. *Carthago* e *Theveste-Hadrumetum*, in *Barrington Atlas of the Greek and Roman world*, Princeton, *Maps* 32-33 and *Map-by-map directory*, I, 493-519.

Holm A., 1898, *Geschichte Siciliens im Alterthum*, III, Leipzig.

Honoré T., 1983, *Sale and transfer of ownership: the compilers' point of view*, in P.G. Stein, A.D.E. Lewis (eds.), *Studies in Justinian's Institues in memory of J.A.C. Thomas*, London, 56-72.

Honoré T., 1989, *Conveyances of land and professional standards in the Later Empire*, in P. Birks (ed.), *New perspectives in the Roman law of property. Essays for Barry Nicholas*, Oxford, 137-152.

Hopp J., 1977, *Untersuchungen zur Geschichte der letzten Attaliden*, München.

Humbert M., 1978, Municipium et civitas sine suffragio. *L'organisation de la conquête jusqu'à la guerre sociale*, Rome.

Humm M., 2005, *Appius Claudius Caecus: la République accomplie*, Rome.

Hurlet F., 2015, *Le gouverneur et les clientèles provinciales: la province romaine d'Afrique de sa création à Auguste (146 av. J.-C.-14 ap. J.-C.)*, in M. Jehne, F. Pina Polo (ed.), *Foreign clientelae in the Roman Empire. A reconsideration*, Stuttgart, 165-183.

Ilari V., 1974, *Gli Italici nelle strutture militari romane*, Milano.

Jacques F., 1991, Municipia libera *de l'Afrique proconsulaire*, in *Epigrafia*. Actes du colloque international d'épigraphie latine en mémoire de Attilio Degrassi pour le centenaire de sa naissance (Rome, 27-28 mai 1988), Rome, 583-606.

Jacques F., 1993, *L'origine du domaine de la* Villa Magna Variana id est Mappalia Siga *(Henchir Mettich): une hypothèse*, «AntAfr», 29, 63-69.

Johannsen K., 1971, *Die* lex agraria *des Jahres 111 v. Chr. Text und Kommentar*, München.

John M., 2002, *Antiochos III and the cities of Western Asia Minor*, Oxford.

Johnson A.C., Coleman-Norton P.R., Bourne F.C. (edd., general editor P. Clyde), 1961, *Ancient Roman statutes. A translation with introduction, commentary, glossary and index*, Austin.

Jones A.H.M., 1939, Civitates liberae et immunes *in the East*, in W.M. Calder, J. Keil (eds.), *Anatolian studies presented to W.H. Buckler*, Manchester, 103-117.

Jones A.H.M., 1941, In eo solo dominium populi Romani est vel Caesaris, «JRS», 31, 26-31 (poi in Id., *Studies in Roman government and law*, Oxford 1960, 141-149).

Jones A.H.M., 1971, *Rome and the provincial cities*, «Tijdschrift voor Rechtsgeschiedenis – Revue d'histoire du droit – Legal history review», 39/4, 513-552.

Jones A.H.M., 1974, *The Roman economy. Studies in ancient economic and administrative history*, Oxford.

Jördens A., 1993, *Überlegungen zur römischen Agrargeschichte. Eine Besprechung des Handbuches von Dieter Flach*, «APF», 39, 49-81.

Kaser M., 1967², *Römische Rechtsgeschichte*, Göttingen (ed. or. 1950).

Kaser M., 1971², *Das römische Privatrecht*, I: *Das altrömische, das vorklassische und klassische recht*, München.

Kaser M., 1975², *Das römische Privatrecht*, II: *Die nachklassischen Entwicklungen*, München.

Kaser M., 1988, *Altrömisches Eigentum und* usucapio, «ZRG-RA», 105, 122-164.

Kay Ph., 2014, *Rome's economic revolution*, Oxford.

Kehoe D.P., 1985, *Lease regulations for imperial estates in North Africa. Part II*, «ZPE», 59, 151-172.

Kehoe D.P., 1988, *The economics of agriculture on Roman imperial estates in North Africa*, Göttingen.

Klotz A., 1906, Quaestiones Plinianae geographicae, Berlin.

Kolendo J., 1976, *Le colonat en Afrique sous le Haut-Empire*, Paris.

Korhonen K., Soraci C., 2019, *Forme amministrative e scelte linguistiche nelle epigrafi e nelle monete della Sicilia romana*, «Gerión», 37/1, 97-116.

Kornemann E., 1900, s.v. *coloniae*, in *RE*, IV, coll. 511-588.

Kotula T., 1988, Modicam terram habes, id est villam. *Sur une notion de villa chez saint Augustin*, in A. Mastino (a cura di), *L'Africa romana*. Atti del V convegno di studio (Sassari, 11-13 dicembre 1987), Sassari, 339-347.

Krause J.-U., 1994, *Wirtschaftliche und gesellschaftliche Stellung von Witwen*, Stuttgart.

Kuhn E., 1864, *Die städtische und bürgerliche Verfassung des römischen Reichs bis auf die Zeiten Justinians*, Leipzig.

Laffi U., 1966, Adtributio *e* contributio. *Problemi del sistema politico-amministrativo dello stato romano*, Pisa.

LAMBRINI P., 1998, *L'elemento soggettivo nelle situazioni possessorie del diritto romano classico*, Padova.

LE ROUX P., 1986, *Municipe et droit latin en Hispania sous l'Empire*, «RHD», 64, 325-350.

LE ROUX P., 1991, Municipium latinum *et* municipium Italiae: *à propos de la* lex Irnitana, in *Epigrafia*. Actes du colloque international d'épigraphie latine en mémoire de Attilio Degrassi pour le centenaire de sa naissance (Rome, 27-28 mai 1988), Rome, 565-582.

LE ROUX P., 1998, *Rome et le droit latin*, «RHDFE», 76/3, 315-341.

LE ROUX P., 2015, *Auguste et les* Segobrigenses stipendiarii celeberrimi, «Mélanges de la Casa de Velázquez», 45/1, 155-177.

LÉCRIVAIN Ch., 1919, s.v. *Tributum*, in *DAGR*, V, Paris, 430-439.

LEWIS N., REINHOLD M., 1955, *Roman Civilization. Selected Readings*, 2: *The Empire*, New York.

LINK S., 1995, ...ut optimo iure optimaque lege cives Romani sint. *Bürgerrecht, Liturgie- und Steuerfreiheit im Übergang von der Republik zum Prinzipat*, «ZRG», 112, 370-384.

LINTOTT A., 1992, *Judicial reform and land reform in the Roman Republic. A new edition, with translation and commentary, of the laws from Urbino*, Cambridge.

LIPPOLD A., 1963, Consules. *Untersuchungen zur Geschichte des römischen Konsulates von 264 bis 201 v. Chr.*, Bonn.

LO CASCIO E., 1979, *Recensione* a D. Eibach, *Untersuchungen zum spätantiken Kolonat in der kaiserlichen Gesetzgebung unter besonderer Berücksichtigung der Terminologie*, Diss. Köln 1977, «Athenaeum», 57, 496-499.

LO CASCIO E., 1986, *La struttura fiscale dell'impero romano*, in M. Crawford (a cura di), *L'impero romano e le strutture economiche e sociali delle province*, Como, 29-59 (ora in Id., *Il* princeps *e il suo impero. Studi di storia amministrativa e finanziaria romana*, Bari 2000, 177-203).

LO CASCIO E., 1989, *Ancora sullo* stipendium *legionario dall'età polibiana a Domiziano*, «AIIN», 36, 101-120.

LO CASCIO E., 1991, *Le tecniche dell'amministrazione*, in A. Momigliano e A. Schiavone (dir.), *Storia di Roma, 2. L'impero mediterraneo, 2: I principi e il mondo*, Torino, 119-191.

LO CASCIO E., 1999, Census *provinciale, imposizione fiscale e amministrazioni cittadine nel Principato*, in W. Eck (Hg.), *Lokale Autonomie und römische Ordnungsmacht in den kaiserzeitlichen Provinzen vom 1.-3. Jahrhundert*, München, 197-211 (poi in ID., *Il* princeps *e il suo impero. Studi di storia amministrativa e finanziaria romana*, Bari 2000, 205-219).

LO CASCIO E., 2015, *Recensione* a C. Soraci, Sicilia frumentaria. *Il grano siciliano e l'annona di Roma*, V a.C.-V d.C., Roma 2011, «Ivra», 63, 239-243.

LORETO L., 1991, *La censura di Appio Claudio, l'edilità di Cn. Flavio e la razionalizzazione delle strutture interne dello stato romano*, «Athenaeum», n.s. 36/4, 181-203.

LORETO L., 1993, *Sull'introduzione e la competenza originaria dei secondi quattro questori (ca. 267-210 a.C.)*, «Historia», 42, 4, 494-502.

LORETO L., 2007, *La grande strategia di Roma nell'età della prima guerra punica (ca. 273-ca. 229 a.C.): l'inizio di un paradosso*, Napoli.

LUCHETTI G., 2004, *Contributi di diritto giustinianeo*, Milano.

LUZZATTO G., 1953, *La riscossione tributaria in Roma e l'ipotesi della proprietà-sovranità*, in *Atti del congresso internazionale di diritto romano e di storia del diritto* (Verona, 27-28-29 IX 1948), IV, Milano, 65-101 (poi in ID., *Scritti minori epigrafici e papirologici*, Bologna 1984, 203-241).

LUZZATTO G.I., 1971, s.v. *Stipendium*, in *ND*, 18, 444.

Luzzatto G.I., 1973, s.v. *Tributum*, in *ND*, 19, 851-853.

Luzzatto G.I., 1974, *Sul regime del suolo nelle province romane. Spunti critici e problematica*, in AA.VV. 1974, 9-53.

Luzzatto G.I., 1975, s.v. *Vectigalia*, in *ND*, 20, 587-589.

Luzzatto G.I., 1985, *Roma e le province*, I: *Organizzazione, economia, società*, Bologna.

Maganzani L., 1997, *Gli agrimensori nel processo privato romano*, Roma.

Magie D., 1950, *Roman rule in Asia Minor to the end of the third century after Christ*, 1-2, Princeton.

Manganaro G., 1979, *La provincia romana*, in *Storia della Sicilia*, II, Napoli, 411-461.

Manganaro G., 1988, *La Sicilia da Sesto Pompeo a Diocleziano*, in *ANRW*, II, 11, 1, Berlin-New York, 3-89.

Marchetti P., 1977, *A propos du* tributum *romain: impôt de quotité ou de répartition?*, in *Armées et fiscalité dans le monde antique*. Colloques nationaux du CNRS (Paris, 14-16 octobre 1976), Paris, 107-131.

Marino R., 1988, *La Sicilia dal 241 al 210 a.C.*, Roma.

Marotta V., 2009, *La cittadinanza romana in età imperiale (secoli I-III d.C.). Una sintesi*, Torino.

Marotta V., 2017a, *Egyptians and citizenship from the first century AD to the* Constitutio Antoniniana, in L. Cecchet, A. Busetto (eds.), *Citizens in the Graeco-Roman World. Aspects of Citizenship from the Archaic Period to AD 212*, Leiden-Boston, 172-198.

Marotta V., 2017b, *I giuristi e l'impero: tra storia e interpretazione*, in A. Schiavone (a cura di), *Giuristi romani e storiografia moderna: dalla* Palingenesia iuris civilis *agli* Scriptores iuris Romani, Torino, 213-257.

Marquardt J., 1851, *Handbuch der römischen Alterthümer nach den Quellen bearbeitet*, begonnen von W.A. Becker, III/2, Leipzig.

Marquardt J., 1881², *Römische Staatsverwaltung*, I (*Handbuch der Römischen Alterthümer*, IV), Lepizig.

Marquardt J., 1884², *Römische Staatsverwaltung*, II (*Handbuch der Römischen Alterthümer*, V), Lepizig.

Masi A., 1966, *Studi sulla condizione nel diritto romano*, Milano.

Mastino A., 2013, Constitutio Antoniniana: *la politica della cittadinanza di un imperatore africano*, «Bullettino dell'Istituto di diritto romano "Vittorio Scialoja"», 3, 37-56.

Mazzarino S., 1974, Ius Italicum *e storiografia moderna*, in AA.VV. 1974, pp. 357-372 (poi in Id., *Antico, tardoantico ed èra costantiniana*, II, Bari 1980, pp. 188-213).

Meloni P., 1975, *La Sardegna romana*, Sassari.

Merola D., 2001, *Autonomia locale, governo imperiale. Fiscalità e amministrazione nelle province asiane*, Bari.

Merola G.D., 2001, *Il sistema tributario asiano tra repubblica e principato*, «MedAnt», 4, 459-472.

Merola G.D., 2004, *Il valore dei termini δημοσιώνης e τελώνης nel* Monumentum Ephesenum, in Storchi Marino 2004, 173-189.

Migliario E., 1997, *Nota in margine alla* Tabula Banasitana, in Miscillo flamine. *Studi in onore di Carmelo Rapisarda*, a cura di A. Degl'Innocenti e G. Moretti, Trento, 221-229.

Milazzo F., 1993, *La realizzazione delle opere pubbliche in Roma arcaica e repubblicana.* Munera *e* ultro tributa, Napoli.

Mommsen Th., 1844, *Die römischen Tribus*, Altona.

Mommsen Th., 1869, *Bemerkungen zum Decret des Paulus*, «Hermes», 3/2, 261-267.

Mommsen Th., 1885a, *Der Rechtsstreit zwischen Oropos und den römischen Steuerpächtern*, «Hermes», 20, 268-287.
Mommsen Th., 1885b, *Römische Geschichte*, V: *Die Provinzen von Caesar bis Diocletian*, Berlin.
Mommsen Th., 1887[3], *Römisches Staatsrecht*, I-III/1, Leipzig.
Mommsen Th., 1892, *Zum römischen Bodenrecht*, «Hermes», 27/1, 79-117.
Mommsen Th., 1905a, Lex agraria a.u.c. DCXLIII, ante Chr. 111, in Id., *Juristische Schriften*, I, Berlin, 65-145.
Mommsen Th., 1905b, *Die Kaiserbezeichnung bei den römischen Juristen*, in *Juristische Schriften*, II, Berlin, 155-171.
Morel J.-P., 2007, *Early Rome and Italy*, in W. Scheidel, I. Morris, R. Saller (eds.), *The Cambridge economic history of the Greco-Roman world*, Cambridge, 487-510.
Morelli M., 2019, *L'efficacia nel tempo delle norme tributarie romane*, «Teoria e storia del diritto privato», 12, 1-87.
Muñiz Coello J., 1986, *Las finanzas públicas en la Hispania del Alto Imperio*, «Habis», 17, 305-347.
Muñiz Coello J., 2011, *El* stipendium, *el cuestor y* qui aes tribuebat (Gai *inst.* IV 26), «Klio», 93/1, 131-148.
Naber J.C., 1919, Observatiunculae de iure romano, «Mnemosyne», 47/4, 419-444.
Ñaco del Hoyo T., 1999, *La presión fiscal romana durante las primeras décadas de la conquista de Hispania (218-171 a.C.): un modelo a debate*, «SHHA», 17, 321-369.
Ñaco del Hoyo T., 2003a, *El sinuoso vocabulario de la dominación:* annuum vectigal *y la terminología fiscal republicana*, «Latomus», 62, 290-306.
Ñaco del Hoyo T., 2003b, *Los* stipendiarii *griegos en Asia Menor (189-188 a.C.): instituciones helenísticas y su "interpretatio romana"*, in *Histoire, espaces et marges de l'Antiquité. Hommage à Monique Clavel-Lévêque*, 2, Besançon, 35-46.
Ñaco del Hoyo T., 2003c, *Roman Realpolitik in taxing Sardinian rebels (177-175 B.C.)*, «Athenaeum», 91/2, 531-540.
Ñaco del Hoyo T., 2003d, Vectigal incertum. *Economía de guerra y fiscalidad republicana en el occidente romano: su impacto histórico en el territorio (218-133 a.C.)*, Oxford.
Ñaco del Hoyo T., 2005, Vectigal incertum: *guerra y fiscalidad republicana en el siglo II a.C.*, «Klio», 87, 366-395.
Ñaco del Hoyo T., 2006, *The late republican West: imperial taxation in the making?*, in O. Hekster, G. de Kleijn, D. Slootjes (eds.), *Crises and the Roman empire*. Proceedings of the Seventh Workshop of the International Network Impact of Empire (Nijmegen, June 20-24, 2006), Leiden-Boston 2007, 219-231.
Ñaco del Hoyo T., 2011, *Roman economy, finance and politics in the Second Punic War*, in D. Hoyos (ed.), *A companion to the Punic wars*, Oxford, 376-390.
Ñaco del Hoyo T., 2019, *Rethinking* stipendiarius *as tax terminology of the Roman Republic. Political and military dimensions*, «Museum Helveticum», 76, 1, 70-87.
Ñaco del Hoyo T., Prieto Arciniega A., 1999, *Moneda e historia monetaria: ¿economía, política, fiscalidad?*, «SHHA», 17, 193-241.
Neesen L., 1980, *Untersuchungen zu den direkten Staatsabgaben der römischen Kaiserzeit (27 v. Chr.-284 n. Chr.)*, Bonn.
Nicolet C., 1966, *L'ordre equestre à l'époque républicaine (312-43 av. J.-C.)*, Paris.
Nicolet C., 1976, Tributum. *Recherches sur la fiscalité directe sous la Republique romaine*, Bonn.

Nicolet C., 1978, *Le* stipendium *des Alliés Italiens avant la guerre sociale*, «PBSR», 46, 1-11.

Nicolet C., 1984 (1977), *Strutture dell'Italia romana (sec. III-I a.C.)*, Roma 1984 (ed. or. Paris 1977).

Nicolet C., 1984, *Pline, Paul et la théorie de la monnaie*, «Athenaeum», 62, 105-135.

Nicolet C., 1988, *La pensée économique des Romains. République et Haut-Empire*, in Id., *Rendre à Cesar. Économie et société dans la Rome antique*, Paris, 117-219.

Nicolet C., 1989 (1988), *L'inventario del mondo. Geografia e politica alle origini dell'impero romano*, trad. it., Roma-Bari (ed. or. Paris 1988).

Nicolet C., 1995, *Les littératures techniques dans le monde romain*, in C. Nicolet (éd.), *Les littératures techniques dans l'antiquité romaine. Statut, public et destination, tradition: sept exposés suivis de discussions*, Vandoeuvre-Genève, 1-17.

Nicosia G., 1960, *L'acquisto del possesso mediante i* potestati subiecti, Milano.

Nostrand J.J. van, 1925, *The imperial domains of Africa proconsularis. An epigraphical study*, Berkeley, California.

Nostrand J.J. van, 1937, *Roman Spain*, in *ESAR*, III, Baltimore, 119-224.

Olivares Pedreño J.C., 1998, *Conflicto político y promoción jurídica de comunidades en el occidente romano (133 a.C.-74 d.C.)*, Valencia.

Orejas A., Sastre I., 1999, *Fiscalité et organisation du territoire dans le Nord-Ouest de la Péninsule Ibérique:* civitates, *tribut et* ager mensura comprehensus, «DHA», 25/1, 159-188.

Ørsted P., 1992, *Quattuor publica Africae: custom duties or landtax?*, in A. Mastino (a cura di), *L'Africa romana*. Atti del IX convegno di studio (Nuoro, 13-15 dicembre 1991), t. 2, Sassari, 813-829.

Ørsted P., 1985, *Roman imperial economy and romanization. A study in Roman imperial administration and the public lease system in the Danubian provinces from the first to the third century A.D.*, Copenhagen.

Pais E., 1888, *Alcune osservazioni sulla storia e sulla amministrazione della Sicilia durante il dominio romano*, «ASS», n.s. 13, 113-256.

Pallu de Lessert C., 1908, *L'oeuvre géographique d'Agrippa et d'Auguste*, «MSAF», VII s., 8, 215-298.

Paredi A., 1941, *S. Ambrogio e la sua età*, Milano.

Paredi A., 1985, *Sant'Ambrogio. L'uomo, il politico, il vescovo*, Milano.

Pareti L., 1952, *Storia di Roma e del mondo romano*, II, Torino.

Peyras J., 2014, *La loi agraire de 643 a.u.c. (111 av. J.-C.) et l'Afrique. Individus et communautés*, «DHA», 40/1, 188-209.

Peyras J., 2015a, *La loi agraire de 643 a.u.c. (111 avant J.-C.) et l'Afrique. Le dispositif juridique*, «DHA», 41/1, 264-284.

Peyras J., 2015b, *La loi agraire de 643 a.u.c. (111 avant J.-C.) et l'Afrique. Présentation, essai de restitution (lignes 43-95), traduction et notes*, Besançon.

Pezzana A., 1962, *Intorno alla* lex Manciana, in *Studi in onore di Emilio Betti*, III, Milano, 629-674.

Picard G., Mahjoubi A., Bechaouch A., 1963, *Pagus Thuscae et Gunzuzi*, «CRAI», 121-130.

Picard G.-C., 1966, *L'administration territoriale de Carthage*, in *Mélanges d'archéologie et d'histoire offerts à André Piganiol*, éd. par R. Chevallier, III, Paris, 1257-1265.

Picard G.-C., 1969, *Le pagus dans l'Afrique romaine*, «Karthago», 15, 3-12.

Pierobon-Benoit R., 1994, *L'Asia Minore e l'approvvigionamento in grano di Roma*, in *Le ravitaillement en blé de Rome et des centres urbains des débuts de la République jusqu'au*

Haut Empire. Actes du colloque international organisé par le Centre Jean Bérard et l'URA 994 du CNRS (Naples, 14-16 février 1991), Naples-Rome, 305-321.

Piganiol A., 1962, *Les documents cadastraux de la colonie romaine d'Orange*, Paris.

Pina Polo F., Díaz Fernández A., 2019, *The quaestorship in the Roman Republic*, Berlin-Boston.

Pinzone A., 1999 (1979), Maiorum sapientia *e* lex Hieronica*: Roma e l'organizzazione della* provincia Sicilia *da Gaio Flaminio a Cicerone*, in Provincia Sicilia*. Ricerche di storia della Sicilia romana da Gaio Flaminio a Gregorio Magno*, Catania, 1-37 (= «AAPel», 55, 1979, 165-194).

Pinzone A., 1999 (1990), *La* cura annonae *di Pompeo e l'introduzione dello* stipendium *in Sicilia*, in Id., Provincia Sicilia. *Ricerche di storia della Sicilia romana da Gaio Flaminio a Gregorio Magno*, Catania, 173-207 (= «Messana», n.s. 3, 1990, 169-200).

Pinzone A., 2008, *Città libere e città stipendiarie nella Sicilia romana: alcune riflessioni*, «MediterrAnt», 11, 1-2, 115-129.

Prieto-Arciniega A., 1996, *L'espace social du pouvoir en Hispanie romaine*, in Hermon 1996, 213-226.

Provera G., 1971, *Servitù prediali ed obbligazioni* propter rem, in *Studi in onore di Edoardo Volterra*, II, Milano, 14-48.

Quinn J.C., 2004, *The role of the 146 settlement in the provincialization of Africa*, in M. Khanoussi, P. Ruggeri e C. Vismara (a cura di), *L'Africa romana. Ai confini dell'impero: contatti, scambi, conflitti*. Atti del XV convegno di studi (Tozeur, 11-15 dicembre 2002), t. 3, Roma, 1593-1601.

Raggi A., 2006, *Seleuco di Rhosos. Cittadinanza e privilegi nell'Oriente greco in età tardo-repubblicana*, Pisa.

Richardson J.S., 1976, *The Spanish mines and the development of provincial taxation in the second century*, «JRS», 66, 139-152.

Richardson J.S., 1986, *Hispaniae*, Cambridge.

Rickman G., 1980, *The corn supply of ancient Rome*, Oxford.

Rizzo F.P., 1994, *Dai* Commentarii *di Agrippa alla carta di Augusto*, «Seia», 11, 9-45.

Robbe U., 1966, *Osservazioni su Gaio*, in *Gaio nel suo tempo*. Atti del simposio romanistico, Napoli, 111-141.

Roby H.J. (ed.), 1886, De usufructu: Iustiniani Digestorum Lib. VII tit. I, Cambridge.

Roddaz J.-M., 1984, *Marcus Agrippa*, Rome.

Romanelli P., 1959, *Storia delle province romane dell'Africa*, Roma.

Romanelli P., 1974, *Le condizioni giuridiche del suolo in Africa*, in AA.VV. 1974, 171-215.

Roselaar S.T., 2010, *Public land in the Roman Republic. A social and economic history of ager publicus in Italy (396-89 BC)*, Oxford.

Rosenstein N., 2016a, Bellum se ipsum alet*? Financing Mid-Republican imperialism*, in Beck, Jehne, Serrati 2016, 114-130.

Rosenstein N., 2016b, Tributum *in the Middle Republic*, in J. Armstrong (ed.), Circum mare: *themes in ancient warfare*, Leiden-Boston, 80-97.

Rostowzew M., 1910a, s.v. *Frumentum*, in *RE*, VII_1, coll. 126-187.

Rostowzew M., 1910b, *Studien zur Geschichte der römischen Kolonates*, Leipzig-Berlin.

Rostovtzeff M., 1926, *The social and economic history of the Roman empire*, Oxford.

Rudorff A.A.F., 1839, *Das Ackergesetz des Spurius Thorius*, «Zeitschrift für geschichtliche Rechtswissenschaft», 10, 1-194.

Ruggini Cracco L., 1989, *La città imperiale*, in *Storia di Roma*, IV: *Caratteri e morfologie*, Torino, 201-266.

Sacchi O., 2006, *Regime della terra e imposizione fondiaria nell'età dei Gracchi. Testo e commento storico-giuridico della legge agraria del 111 a.C.*, Napoli.

Saéz Fernández P., 2002, *Algunas consideraciones sobre el territorio de las ciudades de la Bética*, in *Estudios sobre las ciudades de la Bética*, edd. Cristóbal González Román e Á. Padilla Arroba, Granada, 389-445.

Sallmann K.G., 1971, *Die Geographie des älteren Plinius in ihrem Verhältnis zu Varro. Versuch einer Quellenanalyse*, Berlin-New York.

Saquete Chamizo J.C., Iñesta Mena J., 2009, *Un fragmento de ley municipal hallado en la* Baeturia Turdulorum *(conventus* Cordubensis, *provincia* Baetica*)*, «ZPE», 168, 293-297.

Saquete Chamizo J.C., 2000, *Privilegio y sociedad en* Augusta Emerita*: la cuestión del* ius Italicum *y la* immunitas, in *Sociedad y cultura en Lusitania romana,* IV Mesa Redonda Internacional, Mérida, 379-389.

Saumagne C., 1962, *Essai sur une législation agraire. La* lex Manciana *et le* jus mancianum, «CT», 10, 12-114.

Saumagne C., 1963, *Le Byzacium protoromain. Villes libres*, stipendiarii, *liberi Massinissae*, «CT», 11, 44, 47-62.

Saumagne C., 1965a, *Le droit latin et les cités romaines sous l'Empire. Essais critiques*, Paris.

Saumagne C., 1965b, *Les domanialités publiques et leur cadastration au Ier siècle de l'Empire romain*, «Journal des savants», 1965, 73-116.

Scheid J., 1984, *La spartizione a Roma*, «StudStor», 25, 945-956.

Scheid J., 1988, *La spartizione sacrificale a Roma*, in C. Grottanelli, N.F. Parise (a cura di), *Sacrificio e società nel mondo antico*, Roma-Bari, 267-292.

Schmitt H.H., 1957, *Rom und Rhodos*, München.

Schmitt H.H., 1964, *Untersuchungen zur Geschichte Antiochos' des Grossen und seiner Zeit*, Wiesbaden.

Scholl R., Schubert C., 2004, Lex Hadriana de agris rudibus *und* lex Manciana, «APF», 50, 79-84.

Schubert C., 2008, *Die kaiserliche Agrargesetzgebung in Nordafrika von Trajan bis Justinian*, «ZPE», 167, 251-275.

Schulten A., 1897, *Die* lex Manciana, *eine afrikanische Domänenordnung*, Berlin.

Schwahn W., 1939, s.v. *Tributum*, in *RE*, VII_1, coll. 1-78.

Scramuzza V.M., 1937, *Roman Sicily*, in *ESAR*, III, Baltimore, 225-377.

Sears G., 2011, *The cities of Roman Africa*, Stroud.

Seeck O., 1898a, *Die* Lex Manciana, «Neue Jahrbücher für das klassische Altertum», 1, 628-634.

Seeck O., 1898b, *Die Pachtbestimmungen eines römischen Gutes in Afrika*, «Zeitschrift für Social- und Wirtschaftsgeschichte», 6, 305-368.

Segrè A., 1947, *The Byzantine colonate*, «Traditio», 5, 103-133.

Segrè G., 1974 (1936-1937), *Se i fondi provinciali fossero* res nec mancipi, in Id., *Dalla radice pandettistica alla maturità romanistica. Scritti di diritto romano*, a cura di N. Scapini, Torino 1974, 577-580 (già in «AAT», 72, 1936-1937, 84-88).

Simshäuser W., 1980, *Untersuchungen zur Entstehung der Provinzialverfassung Italiens*, in *ANRW*, 2.13, Berlin-New York, 401-452.

Sisani S., 2011, In pagis forisque et conciliabulis. *Le strutture amministrative dei distretti rurali in Italia tra la media repubblica e l'età municipale*, Roma.

Sisani S., 2015, *L'*ager publicus *in età graccana [133-111 a.C.]. Una rilettura testuale, storica e giuridica della* lex agraria *epigrafica*, Roma.

SOLAZZI S., 1931, *Appunti sulle* res nec mancipi, in *Atti del secondo congresso nazionale di studi romani*, Roma, 1-12 (estratto).

SOLAZZI S., 1963 (1942), *Alla ricerca dei* fundi stipendiarii vel tributarii, in ID., *Scritti di diritto romano*, IV (1938-1947), Napoli 1963, 381-403 (già in *Annali della Facoltà di Giurisprudenza dell'Università di Bari*, 5, 1942, 7-39).

SORACI C., 2004, *L'Etna e le Eolie. L'emergenza vulcani e i provvedimenti messi in atto dal governo romano*, «Quaderni Catanesi di studi antichi e medievali», 3, 469-473.

SORACI C., 2009, Amor honestus solis animis*: comunione morale e materiale tra coniugi in età imperiale*, in *Il matrimonio dei cristiani: esegesi biblica e diritto romano.* XXXVII Incontro di studiosi dell'antichità cristiana (Roma, 8-10 maggio 2008), Roma, 87-105.

SORACI C., 2010, *Riflessioni storico-comparative sul termine* stipendiarius, in M. Cataudella, A. Greco, G. Mariotta (a cura di), *Strumenti e tecniche della riscossione dei tributi nel mondo antico.* Atti del Convegno Nazionale (Firenze, 6-7 dicembre 2007), Padova, 43-80.

SORACI C., 2011, Sicilia frumentaria. *Il grano siciliano e l'annona di Roma (V a.C.-V d.C.)*, Roma.

SORACI C., 2016, *Città siciliane "privilegiate" in epoca repubblicana*, «DHA», 42/1, 97-136.

SORACI C., 2016b, *Osservazioni in merito al lessico giuridico-amministrativo e tributario di Plinio il Vecchio*, in P. Dalena, C. Urso (a cura di), Ut sementem feceris, ita metes. *Studi in onore di Biagio Saitta*, Acireale-Roma, 553-572.

SORACI C., 2020a (a cura di), *Fiscalità ed epigrafia nel mondo romano*, Roma.

SORACI C., 2020b, *Gli* stipendiarii *d'Africa (I a.C.-II d.C.)*, in SORACI 2020a, 77-91.

SORACI C., 2020c, *Sull'integrazione di alcune linee della* Lex agraria epigraphica *(ll. 78-80)*, «ZPE», 214, 269-272.

SORACI C., in cds., *Tax resistance and voluntary contributions in the Middle Roman Republic.*

SORACI R., 1982, *Regime del suolo e rapporti di lavoro nella Dacia romana*, in *La Dacia pre-romana e romana, i rapporti con l'Impero* (Roma, 18-19 novembre 1980), Roma, 65-97.

SORACI R., 2005-2006, *Brevi note sui* publicani *(III sec. a.C.-I d.C.). Il giudizio di Tacito*, «QC», n.s. IV-V, 5-54.

SORDI M., 1953, *La simpolitia presso i Galli*, «PP», 8, 111-125.

SOTULENKO E., 2018, Usu non capta *und* morte Cincia removetur *in* frg. Vat. 259, «ZSS», 135/1, 592-602.

SPAGNUOLO VIGORITA T., 1978, Bona caduca *e giurisdizione procuratoria agli inizi del terzo secolo d.C.*, «Labeo», 24, 131-168.

SPAGNUOLO VIGORITA T., 1993, *Cittadini e sudditi tra II e III secolo*, in *Storia di Roma*, III: *L'età tardoantica*, 1: *Crisi e trasformazione*, Torino, 5-50.

SPAGNUOLO VIGORITA T., MERCOGLIANO F., 1992, s.v. *Tributi*, in *ED*, XLV, 85-105.

SPEIDEL M.A., 2009, *Wirschaft und Moral im Urteil Diokletians. Zu den kaiserlichen Argumenten für Höchstpreise*, «Historia», 58/4, 486-505.

SPEIDEL M.A., 2014, *Roman army pay scales revisited: responses and answers*, in M. Reddé (éd.), *De l'or pour les braves! Soldes, armées et circulation monétaire dans le monde romain.* Actes de la table ronde organisée par l'UMR 8210 (AnHiMa) à l'Institut national d'histoire de l'art (12-13 septembre 2013), Bordeaux, 53-62.

STEIN P., 1985, *Lex Cincia*, «Athenaeum», 63, 145-153.

Storchi Marino A. (a cura di), 2004, *Economia, amministrazione e fiscalità nel mondo romano. Ricerche lessicali*, Bari.

Stuart Stavelei E., 1959, *The political aims of Appius Claudius Caecus*, «Historia», 8/4, 1959, 410-433.

Stylow A.U., 1991, *El* municipium Flavium V(---) *de Azuaga (Badajoz) y la municipalización de la* Beturia Turdulorum, «Studia Historica. Historia Antigua», 9, 11-27.

Tan J., 2017, *Power and public finance at Rome (264-49 BC)*, Oxford.

Tanaka M., 2014, *Lorenzo Valla e i suoi successori sulla terminologia relativa agli immobili*, in P. Maffe, G.M. Varanini (a cura di), Honos alit artes. Studi per il settantesimo compleanno di Mario Ascheri, III: *Il cammino delle idee dal Medioevo all'Antico Regime. Diritto e cultura nell'esperienza europea*, Firenze, 391-401.

Tarpin M., 1998, *L'Italie, la Sicile et la Sardaigne*, in C. Lepelley (ed.), *Rome et l'integration de l'empire*, II, Paris, 5-70.

Tarpin M., 1999, Oppida vi capta, uici incensi… *Les mots latins de la ville*, «Latomus», 58, 279-297.

Tarpin M., 2017, *Un écho d'une organisation pré-augustéenne chez Pline l'Ancien et la culture de son temps: la "première liste" de la Narbonnaise*, in P. Ciprés (ed.), *Plinio el Viejo y la construccion de Hispania Citerior*, Vitoria Gasteiz, 47-73.

Taylor M., 2020, *Soldiers and silver. Mobilizing resources in the age of Roman conquest*, Austin.

Teutsch L., 1962, *Das Städtewesen in Nordafrika in der Zeit von C. Gracchus bis zum Tode des Kaisers Augustus*, Berlin.

Thomasson B.E., 1996, Fasti africani. *Senatorische und ritterliche Amtsträger in der römischen Provinzen Nordafrikas von Augustus bis Diokletian*, Stockholm.

Thulin C., 1911, *Die Handschriften des* Corpus agrimensorum Romanorum, Berlin.

Toneatto L., 1983, *Tradition manuscrite et éditions modernes du* Corpus Agrimensorum Romanorum, in M. Clavel Lévêque (éd.), *Cadastres et espace rural. Approches et réalités antiques*. Table ronde de Besancon (mai 1980), Paris, 21-50.

Toneatto L., 1994, Codices artis mensoriae: *i manoscritti degli antichi opuscoli latini d'agrimensura (V-XIX sec.)*, I, Spoleto.

Toneatto L., 1994-1995, Codices artis mensoriae: *i manoscritti degli antichi opuscoli latini d'agrimensura (V-XIX sec.)*, II-III, Spoleto.

Toutain J., 1911, s.v. *Stips*, in *DAGR*, IV, 2, Paris, 1515-1516.

Toynbee A.J., 1965, *Hannibal's legacy: the Hannibalic wars effects on Roman life*, 1, London.

van Gils L., Kroon C., 2019, *Discourse-linguistic strategies in Livy's account of the battle at Cannae*, in L. van Gils, I.J.F. de Jong, C. Kroon (eds.), *Textual strategies in ancient war narrative. Thermopylae, Cannae and beyond*, Leiden-Boston, 191-233.

Vera D., 1996, *Augusto, Plinio il Vecchio e la Sicilia in età imperiale. A proposito di recenti scoperte epigrafiche e archeologiche ad Agrigento*, «Kokalos», 42, 31-58.

Vera D., 2005, *Aureliano, Valentiniano I e il vino del* populus romanus, «AntTard», 13, 247-264.

Vine B., 2010, *Latin* aliās *'at another time'*, in B.R. Page, A.D. Rubin (eds.), *Studies in classical linguistics in honor of Philip Baldi*, Leiden-Boston, 123-140.

Virlouvet C., 2003, *L'approvisionnement de Rome en denrées alimentaires de la République au Haut-Empire*, in Br. Marin, C. Virlouvet (éds.), *Nourrir les cités de Méditerranée. Antiquité – Temps modernes*, Paris, 61-82.

Vittinghoff F., 1951, *Römische Kolonisation und Bürgerrechtspolitik unter Caesar und Augustus*, Wiesbaden.
Vivenza G., 1994, *Divisioni agrimensorie e tributi fondiari nel mondo antico*, Padova.
Voci P., 1967[2], *Diritto ereditario romano*, I, Milano.
Voci P., 1987, *Tradizione, donazione, vendita da Costantino a Giustiniano*, «IVRA», 38, 72-148.
Walbank F.W., 1996 (1992), *Il mondo ellenistico*, Bologna (ed. or. London 1992).
Walthall A., 2017, *Recensione* a C. Soraci, Sicilia frumentaria. *Il grano siciliano e l'annona di Roma*, V a.C.-V d.C., Roma 2011, «Klio», 63/2, 734-737.
Watkins T.H., 1983, Coloniae *and* Ius Italicum *in the early empire*, «CJ», 78/4, 319-336.
Watson G.R., 1958, *The pay of the Roman army*, «Historia», 7, 113-120.
Watson A., 1991, *Studies in Roman private law*, London-Rio Grande (U.S.A.).
Weber M., 1891, *Die römische Agrargeschiche in ihrer Bedeutung für das Staats- und Privatrecht*, Stuttgart.
Whittaker C.R., 1978, *Land and labour in North Africa*, «Klio», 60, 331-362.
Will É., 1967, *Histoire politique du monde hellénistique (323-30 av. J.-C.)*, II, Nancy.
Wilson R.J.A., 1990, *Sicily under the Roman empire: the archaeology of a Roman province, 36 B.C.-A.D. 535*, Warminster.
Zecchini G., 1990, *Plinio il Vecchio e la* lex Flavia municipalis, «ZPE», 84, 139-146.
Zecchini G., 1994a, *Aspetti del federalismo celtico*, in L. Aigner Foresti, A. Barzanò, C. Bearzot, L. Prandi, G. Zecchini (a cura di), *Federazioni e federalismo nell'Europa antica. Alle radici della casa comune europea*, I, Milano, 407-423.
Zecchini G., 1994b, *La società romana in età repubblicana*, in M. Sordi (a cura di), *Roma dalle origini ad Azio*, Roma.
Zehnacker H., 1973, *Moneta. Recherches sur l'organisation et l'art des émissions monétaires de la République romaine (289-31 av. J.-C.)*, Roma.
Zehnacker H., 1979, *Pline l'Ancien et l'histoire de la monnaie romaine*, «Ktema», 4, 1979, 169-181.
Zehnacker H., 1983, *La solde de l'armée romaine, de Polybe à Domitien*, «AIIN», 30, 95-121.
Zehnacker H., 1990, *Rome: une société archaïque au contact de la monnaie (VIe-IVe siècle)*, in *Crise et transformation des sociétés archaïques de l'Italie antique au Ve siècle av. J.-C.*, Roma, 307-326.
Zehnacker H. (éd.), 2004, Pline l'Ancien, *Histoire naturelle*, III, Paris.
Zucca R., 1996, *Inscriptiones latinae liberae rei publicae Africae, Sardiniae et Corsicae*, in M. Khanoussi, P. Ruggeri e C. Vismara (a cura di), *L'Africa romana*. Atti dell'XI convegno di studio (Cartagine, 15-18 dicembre 1994), t. 3, Ozieri (SS) 1996, 1425-1489.
Zucca R., 1986, *Cornus e la rivolta del 215 a.C. in Sardegna*, in A. Mastino (a cura di), *L'Africa romana*. Atti del III convegno di studio (Sassari, 13-15 dicembre 1985), Sassari, 363-387.
Zucca R., 1988, *Le* Civitates Barbariae *e l'occupazione militare della Sardegna: aspetti e confronti con l'Africa*, in A. Mastino (a cura di), *L'Africa romana*, Atti del V convegno di studio (Sassari, 11-13 dicembre 1987), Sassari, 349-373.
Zuccotti F., 2001, *Sulla tutela processuale delle servitù cosiddette pretorie*, in Id. (a cura di), *Processo civile e processo penale nell'esperienza giuridica del mondo antico*. Atti del Convegno in memoria di Arnaldo Biscardi (Siena, Certosa di Pontignano, 13-15 dicembre 2001), Milano, 277-531.

Elenco delle tabelle e delle immagini

Descrizione	**Provenienza**
Tab. 1: Occorrenze dei termini *stipendium* e ὀψωνιασμός prima del 406 a.C.	Elaborazione personale
Fig. 1: Suddivisione semantica delle occorrenze del termine *stipendiarius* nelle fonti letterarie	Elaborazione personale
Fig. 2: Lapide eretta da *Fronto stipendiarius* e *Felix libertus*	© Budapest – Aquincumi Múzeum; foto Ortolf Harl 2006: http://lupa.at/10606
Fig. 3: *Lex agraria epigraphica*, ll. 76-80 (frg. Da+b+c+F; tra Da e F manca il frammento E, andato perduto). In evidenza, le parole *quos stipendium* della l. 77 e *stipendiariei* della l. 78	Frg. Da+b+c (Napoli, Museo Archeologico Nazionale: http://www.edr-edr.it/edr_programmi/view_img.php?id_nr=169833); frg. F (Wien, Kunsthistorisches Museum: https://www.khm.at/objektdb/detail/52474/)
Fig. 4: La dedica degli *stipendiarii* a Q. Numerio Rufo	Tunisi, Museo Nazionale del Bardo: http://db.edcs.eu/epigr/bilder.php?bild=$CIL_01_02513.jpg;$ILPBardo_00440.jpg
Fig. 5: La dedica degli *stipendiarii* a Lucio Domizio Enobarbo	Museo dell'Accademia Etrusca e della città di Cortona; foto Aounallah 2010
Fig. 6: L'iscrizione di Henchir-Mettich, col. IV	Tunisi, Museo Nazionale del Bardo: http://db.edcs.eu/epigr/bilder.php?bild=$ILPBardo_00388_1.jpg;$ILPBardo_00388_2.jpg;$ILPBardo_00388_3.jpg;$ILPBardo_00388_4.jpg;PH0000346&nr=4

Fig. 7: Localizzazione degli *stipendiarii* d'Africa in base alle testimonianze epigrafiche	Elaborazione personale
Tab. 2: Il brano dello Pseudo-Agennio menzionante gli *agri stipendiarii* nelle edizioni Lachmann e Thulin	Elaborazione personale
Tab. 3: Il brano dello Pseudo-Agennio menzionante gli *agri stipendiarii*: confronto tra il testo ricostruito nelle edizioni Lachmann, Thulin e quello proposto in questa sede	Elaborazione personale
Tab. 4: Usi del termine *stipendiarius*	Elaborazione personale
Fig. 8: Paesi in relazione ai quali è esplicitamente impiegato il termine *stipendiarius*	Elaborazione personale della mappa reperibile in https://d-maps.com/carte.php?num_car=5860&lang=en

Finito di stampare nel mese di dicembre 2020
per conto de «L'ERMA» di BRETSCHNEIDER®
da Centro Stampa di Meucci Roberto - Città di Castello (PG)